心理语言学眼动研究方法论丛

总策划：白学军 闫国利
主　编：白学军 闫国利 杨海波 吴　捷
副主编：王敬欣 臧传丽 于　秒 李　馨

教育部人文社会科学重点研究基地重大项目“核心素养视角下儿童青少年自我调节学习的发展轨迹、关键影响因素与干预研究”（22JJD190003）

心理语言学中的眼动实验范式与实操

Experimental Paradigms of Eye Movement and Practical Application in Psycholinguistics

杨海波　刘妮娜◎著

科学出版社
北　京

内 容 简 介

在心理语言学领域，特别是在眼动追踪技术的应用中，研究者开发了许多独具匠心的眼动实验范式，为我们提供了深入理解心理语言加工的机会。

本书主要介绍了心理语言学研究中常用的五种眼动实验范式，全书共六章。第一章对眼动实验范式进行概述，包含眼动追踪技术的原理和应用、实验编程逻辑的介绍以及数据分析的基本方法；接下来的五章分别介绍了移动窗口范式、消失文本范式、边界范式、视觉-情境范式和 Landolt-C 范式，包括相应实验范式的基本原理、沿革与演变、研究成果、实操，以及经典实验赏析。实操部分可帮助读者掌握眼动追踪技术在心理语言学领域的实际应用，而经典实验赏析可帮助读者深入理解每一种眼动实验范式的应用价值。

本书适合心理语言学领域的科研工作者、研究生和本科生阅读，尤其适合即将开始眼动编程实践的初学者。此外，对眼动追踪技术感兴趣的科研人员和技术人员也可将本书作为参考用书。

图书在版编目（CIP）数据

心理语言学中的眼动实验范式与实操 / 杨海波，刘妮娜著. -- 北京 : 科学出版社，2024. 6. -- （心理语言学眼动研究方法论丛 / 白学军等主编）.
ISBN 978-7-03-078745-3

Ⅰ. H0-05

中国国家版本馆 CIP 数据核字第 2024KQ7988 号

责任编辑：孙文影　冯雅萌 / 责任校对：张亚丹
责任印制：赵　博 / 封面设计：有道文化

科学出版社 出版
北京东黄城根北街 16 号
邮政编码：100717
http://www.sciencep.com
天津市新科印刷有限公司印刷
科学出版社发行　各地新华书店经销
*
2024 年 6 月第　一　版　开本：720×1000　1/16
2025 年 1 月第三次印刷　印张：15 1/2
字数：282 000

定价：99.00 元

（如有印装质量问题，我社负责调换）

心理语言学眼动研究方法论丛

丛书编委会

丛 书 序

PREFACE TO THE SERIES

眼动记录技术能够实时记录读者的阅读过程，是考察阅读中信息加工过程的重要研究方法。通过观察、记录眼动来研究个体的心理活动起源于19世纪的西方。我国于20世纪80年代引进眼动仪，并初步开展一些研究。近40年来，眼动记录技术在我国的应用发展尤为迅速。目前，借助眼动技术开展阅读研究是我国心理语言学研究领域的重要发展趋势之一。

鉴于心理语言学在心理学科中的重要地位和眼动技术的优势，越来越多的研究者开始使用眼动仪探讨心理语言学问题，与之对应，国内很多教学和科研单位购置了眼动仪。但是，目前国内部分单位的眼动仪利用率不高，科研成果产出有限。主要原因之一在于研究者不了解心理语言学眼动研究的特殊性，未能掌握相关方法学知识，这些在某种程度上制约着心理语言学眼动研究的发展与繁荣。因此，出版一套系统介绍心理语言学眼动研究的方法学系列丛书，是当代心理语言学领域的迫切需求。

天津师范大学心理学科在老一代心理学家沈德立先生的带领下稳步发展。沈德立先生高瞻远瞩，于1990年使用世界银行贷款，购置了大型精密仪器——眼动仪，为天津师范大学眼动研究事业的发展奠定了基础。沈德立先生带领天津师范大学眼动研究团队，致力于汉语阅读的眼动研究，并与国外著名阅读眼动研究专家合作，发表了一系列水平高、影响较大的研究成果，并培养出一支团结协作、具有较大发展潜力的眼动研究团队。目前，天津师范大学在国内眼动研究中占据核心地位。沈德立先生与国际著名阅读心理学专家基思·雷纳（Keith Rayner）教授于2004年共同发起了两年一次的中国国际眼动大会（China International Conference on Eye Movements），为国内外眼动研究专家提供了一个重要的学术交流平台，对中国眼动研究事业的发展起到了极为重要的推动作用。不幸的是，沈德立先生和Keith Rayner教授分别于2013年和2015年辞世。在此，我们应该铭记两位学者为促进汉语阅读眼动研究发展所做出的卓越贡献，也以丛书的出版表达对两位学者的深切缅怀。

本套丛书共有八册：

（1）《眼动研究方法学概论》，臧传丽、张慢慢著；

（2）《心理语言学眼动实验设计》，白学军、王永胜著；

（3）《EyeLink 系列眼动仪的操作与使用》，白学军、李馨著；

（4）《心理语言学中的眼动实验范式与实操》，杨海波、刘妮娜著；

（5）《阅读研究中眼动指标的选择》，吴捷、何立媛著；

（6）《言语产生的眼动研究》，闫国利、赵黎明著；

（7）《阅读的眼动经典实验》，于秒、闫国利等著；

（8）《基于 R 语言分析的心理语言学眼动数据处理》，王敬欣、李琳著。

本套丛书是基于多项国家自然科学基金项目、国家社科基金项目和教育部人文社会科学重点研究基地重大项目的丰硕成果，由教育部“长江学者”特聘教授、国家“万人计划”哲学社会科学领军人才、中国心理学会前任理事长、天津师范大学副校长白学军教授和教育部新世纪优秀人才支持计划人选、天津师范大学闫国利教授策划出版，并带领天津师范大学眼动研究团队撰写而成。参与写作的大部分作者在 *Journal of Experimental Psychology* 系列、*Quarterly Journal of Experimental Psychology*、*Psychology and Aging*、*Scientific Study of Reading*、《心理学报》和《心理科学》等国内外权威学术期刊上发表过多项阅读眼动研究成果，均具有丰富的眼动研究经验，保障了本丛书的内容质量。

本套丛书反映了当代心理语言学眼动研究的方法论及发展趋势，综述了近年来心理语言学眼动研究的重要成果，可为心理语言学领域眼动技术的使用提供方法论与技术支持。本套丛书的应用价值主要体现在以下几个方面。

第一，能够解决将眼动技术应用于心理语言学领域时遇到的各类方法论问题，包括实验设计、程序编制、数据处理和论文撰写等。

第二，能够为眼动技术的实施提供指导，使操作更规范、准确、合理及高效。

第三，系统介绍心理语言学眼动数据的前沿处理方法，即基于 R 语言的心理语言学眼动数据介绍。

第四，通过系统整理眼动仪的使用方法和其在心理、语言学研究中的应用，来提高国内教学及科研单位的眼动仪使用率和高水平成果的产出率。

总之，本套丛书的突出特点是兼具科学性、可操作性和前沿性，是从事心理语言学眼动研究的科研人员、教师和学生必读的入门书。

在此，衷心感谢周晓林教授、吴艳红教授和李兴珊研究员慨然应允为丛书予以热忱的推荐。感谢科学出版社孙文影等编辑为本书的策划和出版所做出的辛勤努力。

沈德立先生是天津师范大学心理学科发展的奠基人，也是我们的恩师。在此想引述沈先生的一段话，作为鞭策天津师范大学眼动研究团队不断进取与求索的座右铭：

人的一生能够有效地为祖国服务大约只有四五十年，对于一个专业工作者来说，这四五十年是十分珍贵的。因此，每个人应该在自己的专业领域充分地甚至是顽强地展现自己。但对个人职务和待遇，则应该看得淡一些，不去计较。

谨以本套丛书献给天津师范大学心理学科的奠基人沈德立先生！

白学军　闫国利

2020年初秋于天津师范大学心理学部

前　言

PREFACE

实验范式是指一类被广泛使用且相对固定的实验程序，在心理学研究中常用于验证某一假设或描述某种心理现象。目前，在心理语言学领域，尤其是语言理解方向，研究者基于眼动追踪技术开发出了一系列设计巧妙的实验范式，如移动窗口范式、边界范式、视觉-情境范式等。这些范式在探究心理语言学问题方面已得到广泛的应用，也促进了我们对语言加工过程及机制的理解。

本书将通过介绍这些眼动实验范式的设计原理、发展沿革及其应用场景，来帮助学习者了解和掌握眼动追踪技术在解决心理语言学问题中的实际应用。书中为每种实验范式提供了“手把手”的实操示范，以辅助初学者学习编写眼动程序。同时，书中分享了在实验设计和数据分析中可能运用到的操作技巧，方便学习者灵活自如地应用眼动追踪技术。这些内容介绍，希望可以帮助学习者独立且自信地实施其眼动实验设计。此外，针对每一种眼动实验范式，本书特别精选了具有代表性的研究文献，以供学习者赏析和领略其设计的独特之处。

全书共六章，由杨海波和刘妮娜共同主笔，杨海波在整体上对全书的写作结构和行文进行了把控，撰写了第一章；刘妮娜负责撰写了其他章节。本书的结构如下：第一章对眼动实验范式进行概述，包含眼动追踪技术的原理和应用、实验编程逻辑以及数据分析的基本方法；接下来的五章则详细介绍了五种重要的眼动实验范式，每章都包括相应实验范式的基本原理、沿革与演变、研究成果、编程实操以及经典实验赏析内容。

在此，要特别感谢本套丛书的策划者——白学军教授和闫国利教授。自20世纪90年代初，两位教授便带领天津师范大学眼动研究团队，通过不懈努力取得了一系列有影响力的研究成果，积累了丰富的阅读眼动研究经验，本书的核心内容正是来自其中。同时，能够在这样一个充满家国情怀、团结互助、勤奋严谨的团队中工作，有机会近距离接受两位教授的悉心指导也让我们倍感荣幸。此外，他们平易近人的态度、严谨治学的精神，以及高瞻远瞩的视野，深深地影响着团队中的每一位成员，激励大家在科研道路上不断前行。

在本书的编写过程中，我们还得到了浙江大学的王治国教授、北京博润视动科技有限公司的童军辉技术员，以及天津师范大学的王永胜老师和王梦思老师的大力支持，同时研究生高乾程、于杰、王迪、孙文涛、李雨欣、艾军以及郭梅华等也积极参与了本书的文字整理工作，对他们的贡献在此一并表示深深的感谢。最后，特别感谢科学出版社的孙文影和冯雅萌等编辑，正是他们的专业素养和认真负责使得本书能够顺利出版。

本书在编写过程中参考了国内外大量的文献资料，并引用了许多优秀学者的科研成果，在此向所有这些专家和作者致以诚挚的谢意。此外，由于篇幅所限，未能引用到所有有影响力的研究成果，还请各位作者见谅。鉴于学识有限，书中难免有疏漏和不足，恳请各位专家和读者批评指正。

杨海波 刘妮娜

2023 年 10 月

目　录

CONTENTS

第一章

眼动实验范式概述

实验范式（experimental paradigm）是指一种相对固定的实验程序。在心理学领域，研究者通常设计具有验证性目的的实验程序，用于检验某一假设或概念，或更准确地描述某种心理现象。其中，一类经典且被广泛使用的程序最终形成了实验范式（朱滢，2014）。在以眼动追踪技术为工具的心理语言学领域，特别是语言理解方向，研究者已经开发出一系列设计巧妙的实验范式。目前使用较广泛的包括移动窗口范式（moving window paradigm）、消失文本范式（disappearing text paradigm）、边界范式（boundary paradigm）、视觉-情境范式（visual-world paradigm）以及 Landolt-C 范式（Landolt-C paradigm）等。本书将对上述常用范式的基本原理、沿革与演变、研究成果、实操以及相关经典实验等进行详细介绍。在此之前，本章将首先提供涉及所有眼动实验范式的基本背景信息。

第一节　眼动追踪技术

眼动追踪技术是各项眼动实验范式的基础。它是借用特定的仪器设备测量眼睛运行过程的一种方法，或更准确地说，是通过仪器设备进行图像处理的一种技术。研究者利用瞳孔定位与计算机算法，可以准确告知我们正在看哪里、看多长时间以及为什么看等信息。早在 19 世纪就有人采用直接观察人的眼球运动来研究其心理活动的技术，这项技术历经了一个长期的发展过程才慢慢成熟起来。早期的眼动追踪系统由于侵入性和不便移动等原因，仅在有限的实验中使用，同时也受到伦理方面的巨大考验。然而，从 20 世纪开始，随着摄像技术、红外技术和计算机技术的发展，科学家尝试使用基于视频的眼动追踪方法，推动了基于红外高精度眼动仪的研发。

目前市面上大多数的眼动仪器采用基于视频分析的非侵入系统，其中在阅读研究领域使用最广泛的是 SR Research 公司生产的 EyeLink 眼动追踪系统。基于视频分析的眼动追踪系统的核心是一个或多个高精度采样的摄像头，每秒能够拍摄多达 2000 张眼球图像。这种系统能够在拍摄眼球图像后的 3ms 内计算出参与者在屏幕上的准确坐标位置，并将这些信息传递给控制刺激信号的计算机。该系统主要通过瞳孔-角膜反射的方法来追踪眼球位置，即利用带有角膜反射的瞳孔追踪方法来补偿微小的头部运动（图 1-1）。具体来说，当头部移动时，瞳孔中心和角膜反射中心之间的关系保持不变，只有当眼球发生旋转运动时，这种关系才会发生变化。这种方法的优点在于参与者不需要佩戴任何装置，使实验更接近自然状态，从而极大地提高了实验的生态效度。

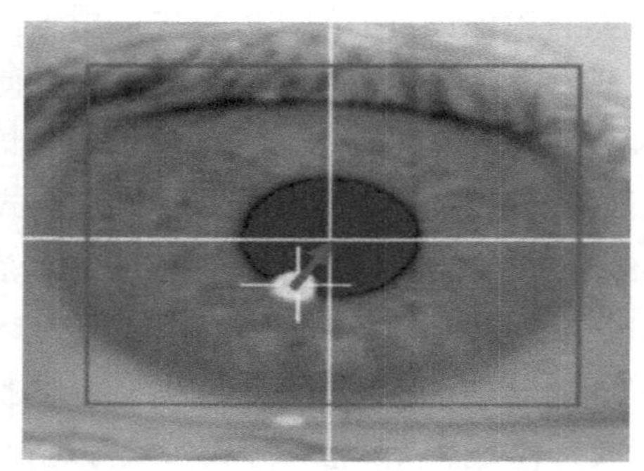

图 1-1 瞳孔-角膜反射追踪图示

Just 和 Carpenter（1980）提出了针对脑-眼关系的即时假说（immediacy assumption），即所看即所加工，使眼动行为成为反映语言加工过程的有效工具。该假说认为，眼睛向前移动表明个体对前一次注视内容（如词汇）进行了完全加工，即认知加工和眼动之间没有时间差。因此，通过监测眼睛的运动变化，我们可以推断出大脑中正在进行的认知活动。

尽管现代眼动仪技术已经相对成熟，软件界面也非常人性化，但仍然不可避免地存在一些功能上的限制。首先是瞳孔遮挡现象。采用瞳孔追踪法的眼动仪要求瞳孔的视线无遮挡，虽然在大多数情况下，即使瞳孔被部分遮挡，眼动追踪系统也可以根据算法确定瞳孔中心，但如果遮挡程度过大，系统将无法继续追踪。此外，浓密的眼睫毛有时可能被错误地识别为瞳孔，导致眼动追踪无法继续。其次是被试眼部装饰问题。在眼动实验之前，实验者通常会要求被试不化妆或不戴彩色隐形眼镜，否则容易造成红外照射无法完全捕捉瞳孔区域。最后是被试的视力和眼镜问题。这是实验者经常遇到的问题，尤其对于初学者来说，在收集数据时需要特别关注。一般不建议选择度数超过 800 度或有严重散光的被试参与实验，因为任何眼镜都会使眼睛变形，同时可能会减少一些反射的红外照明光源。现代眼动仪虽然可以追踪低度数的眼动，但在实验时研究者仍需要注意，尽量避免被试戴黑色镜框的眼镜，以免黑色镜框遮挡眼球或被误认为是瞳孔区域，这样会使得眼动追踪无法继续。

关于眼动追踪技术更多的基础内容可参阅 2018 年出版的《眼动分析技术的基础与应用》（闫国利，白学军著）、2012 年出版的《眼动研究心理学导论——揭开心灵之窗奥秘的神奇科学》（闫国利，白学军著），以及相关眼动学习公众号，如"Eyelink 博润视动""眼动之家"等。

第二节　实验编程逻辑

本书中的所有眼动实验范式程序都统一采用 SR Research EyeLink 系统所提供的 EB（Experimental Builder）软件编制。EB 是目前眼动研究中使用最广泛的编程软件，能够满足几乎所有常见眼动实验范式的需求，同时它也有与之相配套的 DV（Data Viewer）数据分析软件，便于后期数据的整理与分析。虽然其他型号的眼动追踪系统或者第三方编程软件也具有相似的功能，但为了适应最广泛的实验设计和研究人群，本书将详细介绍 EB 这一编程软件。

一、EB 编程软件界面

EB 是一个功能强大的可视化编程工具。它的界面由菜单栏、工具栏、工作区和一些辅助面板等构成（图 1-2）。菜单栏包括常见的按钮，如 File、Edit、View、Experiment 和 Help（图 1-2 中的编号 1）。工具栏则提供了菜单栏常用功能的快捷按钮（图 1-2 中的编号 2）。对这些部分不再做过多解释。接下来，我们将重点介绍工作区和常用的辅助面板。

按照从上到下的顺序，工作区依次包括工作标签、组件栏和主工作区，以及导航器（依次如图 1-2 中的编号 7～10 所示）。工作标签显示在整个工作区域的上方，提示当前的工作区域显示的是哪个对象的内容，并且允许用户快速切换不同的对象。组件栏包含构建实验程序所需的全部功能控件，具体分为 Action（动作）、Trigger（触发）和 Other（其他）（图 1-2 中的编号 8）。Action 用于命令眼动仪器执行特定的操作，如在被试机上显示刺激材料，调用眼动镜头记录眼动行为等。Trigger 控制 Action 的开始和结束，例如，鼠标可以作为 Trigger 控件，通过点击鼠标开始或结束刺激的呈现。Other 是除上述两种类型之外的辅助控件，如增加实验所需的一些变量。主工作区是用于编辑实验的区域，如图 1-3 所示。EB 编程界面的底部是导航器，可以帮助研究者快速了解当前工作区的上级结构。

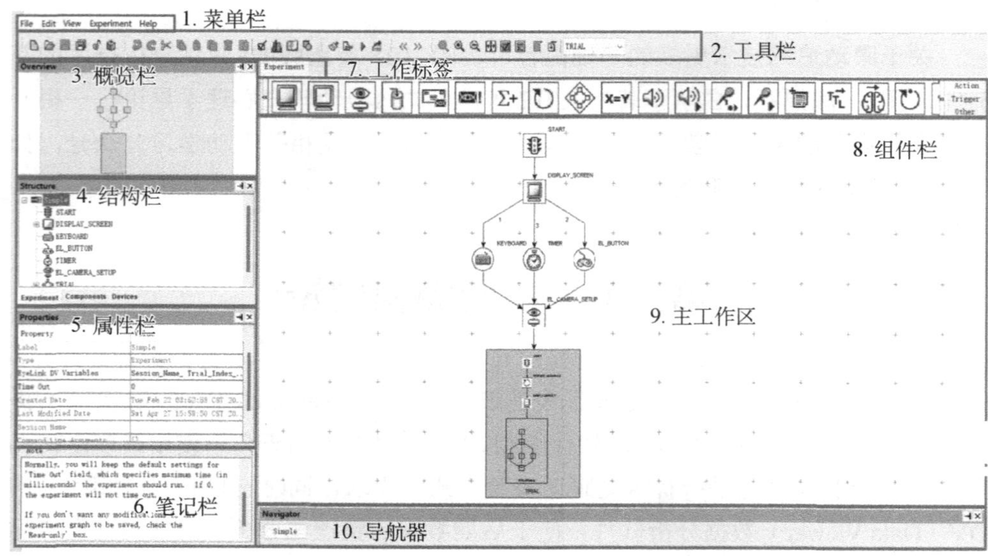

图 1-2 EB 编程界面

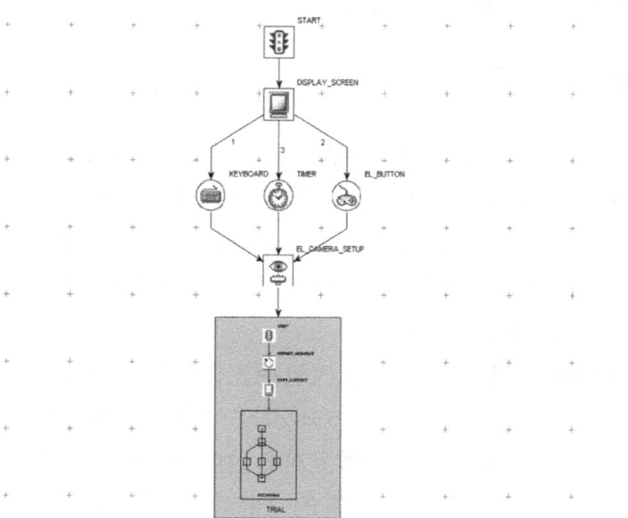

图 1-3 EB 主工作区

常用的辅助面板包括 Overview（概览栏）、Structure（结构栏）、Properties（属性栏）以及 Note（笔记栏）（依次如图 1-2 中的编号 3～6 所示）。Overview 面板显示了工作区内实验流程的缩略图，当实验程序图非常长时，该面板可以帮助实验者快速导航到所需位置。Structure 面板以 3 个层次解析实验的结构：Experiment（实验）按照树形结构显示了实验的所有控件；Components（组件）将实验中使用的组件按类型分类显示；Devices（设备）列出了实验中涉及的硬件设备。Properties 面板用于显示选定对象的属性，当实验者在编制程序过程中选择一个对象时，其属性会显示在 Properties 面板中。Note 面板类似于 Properties 面板，显示了选定对象的备注信息。

二、实验程序编写

编写实验程序时通常不需要用到代码（除非涉及呈现随眼动变化的范式，如消失文本范式），而是使用 EB 中提供的常用功能控件，并将它们按照实验逻辑关系连接在一起，然后在相应的属性面板中设置控件的参数。下面以一个简单的例子来介绍 EB 编写程序的逻辑（图 1-4）。实验从 START 开始；然后通过第二行的 DISPLAY_SCREEN 控件呈现预先设定的刺激内容；刺激呈现完毕后，等待第三行中不同的触发器被触发。这三个触发器同时等待触发信号，当其中任意一个触发器被触发后，根据箭头的连接继续执行第四行的 DISPLAY_BLANK。因此，第二行的 DISPLAY_SCREEN 同时连接了 3 个触发器——TIMER、EL_BUTTON 和 EL_KEYBOARD。在呈现刺激后，等待被试通过反应手柄或键盘提供行为反馈，一旦接收到反馈信息，系统会清空显示内容并呈现空白屏；然而，如果被试在规定的时间内未提供反馈，系统在计时结束后会直接呈现空屏幕。总之，EB 通过这种可视化方式完成了实验程序的编写。

本书所介绍的所有眼动实验范式及其演变范式的程序都将包括如下四个层级：实验（experiment）层、区组（block）层、试次（trial）层和记录（recording）层。每个层级嵌套在上一层级中（图 1-5），共同构成一个完整的实验程序。

实验层：代表整个实验，包括问候或指导语、一个或多个区组和再见或询问。

区组层：按照需要将整个实验拆分成多个小区块，每个小区块称为一个区组。常见的拆分原因包括实验中途休息、练习以及特殊设计等。

试次层：实验的最小循环单位，包括从计算机中读取呈现的材料、呈现刺激材料并记录眼动数据的整个过程。

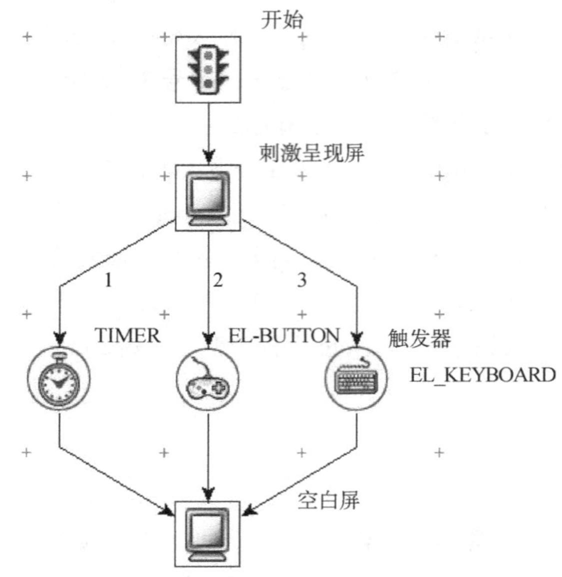

图 1-4 EB 编程逻辑示例

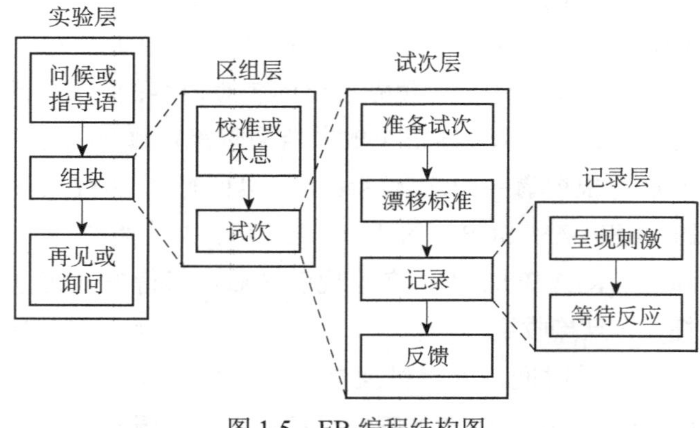

图 1-5 EB 编程结构图

记录层：包含在试次层中需要记录眼动数据的部分。实验刺激的内容和被试反馈等会在这个层级中被编写。

关于 EB 编程的更多内容可阅读“心理语言学眼动研究方法论丛”中即将出版的《Eyelink 系列眼动仪的操作与使用》（白学军，李馨著）一书，也可访问公众号“Eyelink 博润视动”，推荐阅读其中的文章与视频内容包括“EyeLink 眼动仪操作实验过程（文字版）”、“Experiment Builder 简介”以及“实验技巧|EB 中常见问题汇总（二）”等。

第三节　数据分析简介

一、兴趣区定义

兴趣区（areas of interest，AOI）指研究者在测量和分析时感兴趣的内容。在基于文本的研究中，兴趣区可能是字、词、短语或句子的一部分，也可能是更大的区域。例如，在儿童图画书阅读中，相比注视整个画面的时间所占的比例，研究者可能对儿童在文本区域的注视时间更感兴趣，这时兴趣区可以划定为整段文本和整个画面。在基于图像的实验中，兴趣区可以是刺激呈现的具体区域。例如，在视觉情境范式中，兴趣区是每个视觉刺激图像。在结合文本和图像的研究中，同样以图画书阅读为例，研究者可能对某个具体的文本内容和图像感兴趣，这些内容便可以作为兴趣区。此外，在包含视频或音频等随时间变化的实验刺激中，研究者的兴趣区可以是某个具体时间点或时间窗口内的相关区域。本书中所介绍的各项眼动范式在准备实验刺激之前都需要确定每个刺激项目的兴趣区，只有这样才能有效控制实验材料和无关变量的影响，提高实验操作和分析的有效性。根据刺激材料类型对兴趣区的选择通常有以下两种情况。

其一，基于文本研究的兴趣区选择。在基于文本的研究中，研究者需要确定兴趣区是单个字词、更大单元的短语、从句，还是句子或语篇，这取决于研究者关注的内容。例如，在研究词汇加工水平时，兴趣区通常基于词汇区域进行定义；而在涉及句法或语篇层面的研究中，较长的文本可能成为兴趣区。在本书中，研究者采用知觉广度范式，关注读者在一次注视中能够获取多大范围的信息。这类研究通常使用句子作为刺激材料，通过比较不同移动窗口大小下读者的阅读速度或加工速度开始受到影响的时间点，来确定信息获取的范围。窗口大小是按照字或词的个数来定义的，因此很难选择一个字或词作为兴趣区，以确定其加工是否受到影响，相反，定义整个句子作为兴趣区，并研究在整个句子水平上加工速度的变化将更加有效。与知觉广度范式不同的是边界范式，研究者通常通过操作句子中的一个字或词的属性来研究词汇加工的影响。因此，兴趣区被定义为基于字词的区域，而不是整个句子。

其二，基于视频和音频类型刺激研究的兴趣区选择。在基于文本或图像的静态刺激研究中，兴趣区通常是所呈现图像的一部分内容。然而，在一些可能需要将图像和音频结合起来的实验中，如视觉情境范式中的视觉情境刺激和声音刺激，研究者更关注眼动是如何随着时间推移而变化的，或对屏幕上特定时间段内显示的特定内容感兴趣，因此在定义兴趣区时需要考虑时间维度的设定。以视觉情境范式为例，兴趣区可以在空间和时间两个维度上进行划分。空间维度指的是空间区域（region），如图 1-6 中位于 4 个角的 4 张图片所处的象限。时间维度指的是时间间隔（interval），时间间隔的设定很大程度上取决于研究者的假设。以 Yee 和 Sedivy（2006）的研究中考察口语词汇识别过程中的语义激活为例，研究者以 100ms 为单位时间窗口，分析口语词汇呈现 0～1100ms 时被试对目标图、语义相关图和控制图区域的注视比例。句子加工的研究通常在选择时间间隔方面更为复杂，在这一情况下，时间兴趣间隔的设定部分取决于理论和实验目的。在眼动追踪系统中，可以通过软件设置兴趣区在屏幕上的位置和发生的时间窗口，从而自动划定研究者的兴趣区域。

图 1-6　兴趣区空间维度示例（Yee & Sedivy，2006）

二、眼动指标选择

人眼的运动包括两种基本行为：注视（fixation）和眼跳（saccade）。其中，注视指在眼动过程中眼睛保持相对静止，视觉信息的获取主要发生在注视期间；眼跳指眼睛从一个注视点到下一个注视点之间的跳动，目的是将新的视觉内容呈现在视网膜视敏度最高的中央凹区域内。因此，反映眼动行为的指标也可分为注视和眼跳两大类。注视类指标与眼睛何时移动有关，又称为时间维度眼动指标，如首次注视时间、凝视时间、回视时间等；眼跳类指标与眼睛空间移动位置有关，又称为空间维度眼动指标，如跳读率、首次注视位置等。接下来，我们就本书所涉及的眼动实验范式中可能会使用到的指标进行逐一介绍[①]。

（一）时间维度眼动指标

时间维度眼动指标对语言变量非常敏感（Staub & Rayner，2007），是研究者使用最广泛的一类指标。按照反映认知加工的不同程度，这类指标可以分为早期指标（early measures）、中期指标（intermediate measures）和晚期指标（late measures）。早期指标主要反映高度自动化的词汇识别，即词汇识别的获取过程；晚期指标则往往反映更有意识的和策略性的加工过程（Paterson et al.，1999；Staub & Rayner，2007）；中期指标则位于早期指标和晚期指标之间。具体内容参见表 1-1。

表 1-1 常用眼动指标

加工阶段	指标	定义和描述
早期指标	跳读率	首次阅读中兴趣区被跳读的频率与该兴趣区被跳读和被注视的频率之和的比值
	首次注视时间	在首次通过阅读中某兴趣区内的首个注视点的注视时间，不用考虑该兴趣区内有多少个注视点，如图 1-7 中的注视点（1）、（3）、（4）、（5）、（9）至（12）
	单一注视时间	在最初的从左到右的句子阅读中，兴趣区内有且只有一次注视时的时间，如图 1-7 中注视点（3）、（4）、（5）、（9）、（10）和（11）
	第一遍注视时间/凝视时间	从首次注视点开始到注视点首次离开当前兴趣区之间的持续时间，包括兴趣区内的回视，如图 1-7 中注视点（1）和（2）的时间之和即为兴趣区“泥石流”的凝视时间
中期指标	回视路径时间/回视时间	在第一次离开兴趣区并向右侧边界移动之前，在兴趣区上的注视点以及任何回视到句子先前部分的所有注视点持续时间之和，如图 1-8 中，第二个兴趣区的回视路径阅读时间等于第（6）至（14）注视点的时间之和
	回视概率（或者回视出）	包含回视的试次数÷总试次数
晚期指标	总阅读时间	兴趣区内所有注视点的持续时间之和
	重读时间	兴趣区中的回视路径时间减去第一遍阅读时间，如图 1-8 中，第二个兴趣区的重读时间就等于第（7）至（14）注视点的时间之和
	第二遍阅读时间	对某兴趣区第一遍阅读之后注视点再次回到该兴趣区的所有注视点的持续时间之和，包括第二次，甚至第三次离开该兴趣区后又再次回到该兴趣区的注视时间，如图 1-8 中，第一个兴趣区的第二遍阅读时间为第（7）至（11）这五个注视点的时间之和
	总注视次数	兴趣区上的总注视次数

① 眼动仪器能够提供的指标众多，研究者可结合具体研究目的灵活使用，本章主要介绍本书可能涉及的常用指标，更多指标详见《阅读研究中眼动指标的选择》一书。

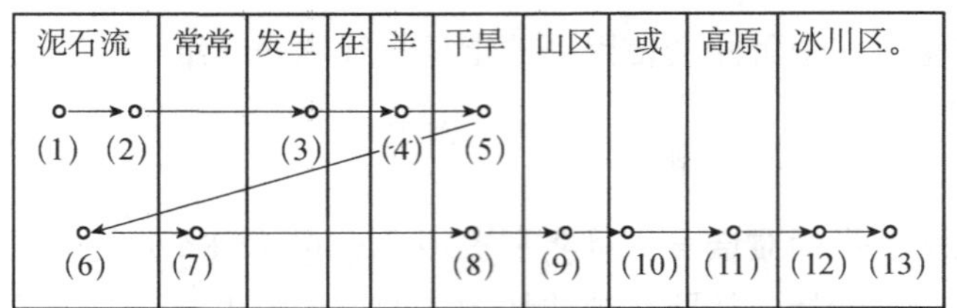

图 1-7 假设的眼动轨迹图 1

注：该轨迹图以词语为兴趣区，兴趣区间用竖线隔开，圆点代表注视点，箭头代表眼跳方向，数字序号代表注视词序。下同

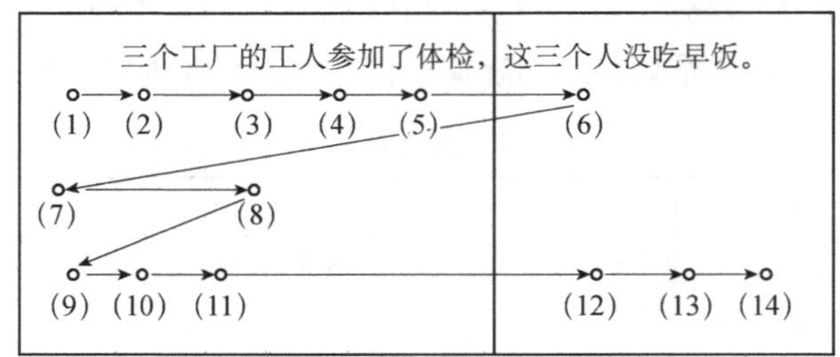

图 1-8 假设的眼动轨迹图 2

注：该图以句子为兴趣区

1. 早期指标

早期指标通常是被用作衡量词汇通达的指标，或是读者在心理词典中识别和检索词汇的难易程度。早期指标也被研究者用来观察实验效应在阅读过程中出现的最早阶段（Liversedge et al.，1998）。目前的研究表明，影响早期指标的文本因素包括词频、熟悉性、歧义性和可预测性等（闫国利等，2013）。早期指标主要包括以下常用指标。

跳读率（skipping probability），指在第一遍阅读时未被注视的单词或项目的比例。跳读的发生主要是因为被跳过的内容已经在视野的副中央凹视觉区域得到部分或完全加工。词汇属性，如词长、词频、可预测性和词的功能（如实词和虚词）等都是影响跳读率的重要因素，同时跳读率也会受到一些低级视觉因素的影响。

首次注视时间（first fixation duration），指第一遍注视中对兴趣区的首次注视时间。它反映了词汇的早期识别过程，并对目标加工的难度非常敏感。该指标在阅读研究中经常被使用，例如，读者对歧义句中的歧义词区域的首次注视时间通常长于相同控制条件下的非歧义词。实际上，第一遍注视可以分为只有一次注视和多次注视两种情况，而首次注视时间在这两种情况下反映的加工过程有所不同，因此可以结合单一注视时间来共同解释早期加工。

单一注视时间（single fixation duration），指在第一遍注视中只有一次注视时的注视时间。它是词识别中语义激活阶段的一个良好指标。与之相对应的另一个反映首轮注视时间的指标是凝视时间。

第一遍注视时间/凝视时间（gaze duration），指第一遍注视时对当前兴趣区所有注视的时间总和。凝视时间指标提供了一种将早期指标应用于较长的词汇或兴趣区的有效方式，大多数研究者将其视为反映词汇加工时间的最佳指标。它与首次注视时间和单一注视时间存在密切联系，但又有一些区别（如需了解更多信息，请参阅 Liversedge et al.，1998；Inhoff，1984；Rayner & Pollatsek，1987）。

2. 中期指标

中期指标主要涉及个体对已经注视或看过的内容进行回看时所产生的相关眼动行为。它通常反映了个体首次遇到理解困难且随后解决的过程，因此很难被归类为早期指标或晚期指标。中期指标主要包括以下常用指标。

回视路径时间（regression path duration），指从某个兴趣区的首次注视时间开始，直到最后一次从该区域移动到下一个新目标（如阅读过程中的右侧词汇）之间的所有注视时间之和。它包括从首次注视开始到回溯之前的所有注视时间，是衡量个体对句子进行精细加工程度的一个非常有效的指标（Liversedge et al.，1998；Calvo，2001）。

回视概率（regression probability），包括回视出概率（probability of regression out）和回视入概率（probability of regression in）两个具体指标。前者指从目标兴趣区回视到先前内容的概率，后者指从目标兴趣区之后的内容回视到当前目标区的概率。计算方法是：回视出或回视入的试次次数占总试次次数的百分比。

3. 晚期指标

晚期指标不再纯粹反映词汇属性层面的影响，而是可能受到更多语言水平较高变量的影响，如语境、句法或语篇的特点等。例如，句法歧义可能导致读者对目标兴趣区有更多的注视次数、更长的注视时间以及更高的回视概率，从而增加整体加工时间（Frazier & Rayner，1982）。晚期指标主要包括以下常用指标。

总阅读时间（total reading time），指在目标兴趣区所有注视时间的总和，包括首次注视时间和随后的再阅读时间。这是一个衡量词汇从早期的信息提取到整合的综合指标，受到词汇、语境、语篇等多层次因素的影响。

重读时间（re-reading time），指对目标兴趣区进行再阅读时所需要的时间，可通过回视路径时间减去该区域的凝视时间计算得出，反映了相对早期的个体对信息进行的深入加工。与之相关的另一个指标是第二遍阅读时间。

第二遍阅读时间（second pass reading time），指在目标兴趣区进行第一遍阅读之后，在该兴趣区上注视时间的总和，可通过该兴趣区的总阅读时间减去其凝视时间计算得出，反映了相对后期的个体对信息进行的深入加工。

总注视次数（total fixation count），指对目标兴趣区注视次数的总和。该指标通常与注视时间一起使用，可以为研究者考察个体在认知加工中所花费的注意资源提供新的视角。

4. 其他注视时间类指标

注视概率（fixation of probability）也属于注视时间类指标。它是一种主要应用于图像或视频等动态刺激中的指标，用于衡量个体在同一个试次中对不同兴趣区相对注视程度的指标，可以表示为注视次数概率或注视时间概率。当注视概率是基于整体试次的总注视来计算时，它被认为是一种晚期加工指标。然而，当注视概率用于时程分析时，即随着刺激呈现时间的变化，计算一定时长窗口内的注视概率的变化时，该变量本身能够反映从加工的早期到晚期的所有过程，因此无法被归入上述不同阶段的指标范围内。

（二）空间维度眼动指标

一些眼动研究范式还专注于空间维度的眼动指标。下面介绍两类常见的注视位置指标。

眼跳距离（saccadic length/amplitude），指一次眼跳从开始到结束之间的距离。它反映了眼跳前注视所获取的信息量的大小，眼跳距离越大，表示获取的信息相对越多，阅读效率也越高（Irwin，1998）。根据研究的需要，眼跳距离也可以衍生出其他指标，如向前眼跳距离（forward saccade length）和回视眼跳距离（regressive saccade length）。其中，向前眼跳距离基于局部目标分析，还可以分为跳入眼跳距离（incoming saccade length）和跳出眼跳距离（outgoing saccade length）等指标。

注视位置（landing position），是指注视点所处的位置。它既是前一次眼跳的落点位置（landing site），也是下一次眼跳的起跳位置（launch site）。通常根据注视点位置的像素值和对应兴趣区的像素范围来计算注视点在目标区域内的位置。根据研究需要，研究者还可以形成多个不同的注视位置指标。例如，平均首次注视位置指的是只计算第一次注视点的位置，无论兴趣区内有多少次注视；单次注视中的平均首次注视位置指的是计算单个注视过程中的首次注视点的平均位置；

多次注视中的平均首次注视位置指的是计算多个注视过程中的首次注视点的平均位置；向前注视的平均注视位置指的是计算所有向前注视的注视点的平均位置。同时，还可以生成多个相应的注视位置分布图，用于进一步分析注视位置的分布情况。

总之，无论是从眼动时间和空间维度来看，还是从认知加工时程的角度来看，所有的指标都不是彼此独立的。它们之间存在相互关联和彼此依赖的关系。举例来说，首次注视时间在多次注视情况下是首轮阅读时间的一部分，而首轮阅读时间又是总阅读时间的一部分。眼动指标之间存在较高的相关性，如注视次数和注视时间，这也构成了阅读眼动研究的一个特点，即通过一系列不同维度和时程上相互关联的指标的相互验证和补充，共同揭示一个动态完整的认知"故事"。

参考文献

闫国利, 熊建萍, 臧传丽, 余莉莉, 崔磊, 白学军. (2013). 阅读研究中的主要眼动指标评述. *心理科学进展, 21* (4), 589-605.

朱滢. (2014). *实验心理学 (第三版)*. 北京: 北京大学出版社.

Calvo, M. G. (2001). Working memory and inferences: Evidence from eye fixations during reading. *Memory*, *9* (4), 365-381.

Frazier, L., & Rayner, K. (1982). Making and correcting errors during sentence comprehension: Eye movements in the analysis of structurally ambiguous sentences. *Cognitive Psychology*, *14* (2), 178-210.

Irwin, D. E. (1998). Lexical processing during saccadic eye movements. *Cognitive Psychology*, *36* (1), 1-27.

Inhoff, A. W. (1984). Two stages of word processing during eye fixations in the reading of prose. *Journal of Verbal Learning and Verbal Behavior*, *23* (5), 612-624.

Just, M. A., & Carpenter, P. A. (1980). A theory of reading: From eye fixations to comprehension. *Psychological Review*, *87* (4), 329.

Liversedge, S. P., Paterson, K. B., & Pickering, M. J. (1998). Chapter 3—Eye movements and measures of reading time. In G. Underwood (Ed.), *Eye Guidance in Reading and Scene Perception* (pp. 55-75). Amsterdam: Elsevier.

Paterson, K. B., Liversedge, S. P., & Underwood, G. (1999). The influence of focus operators on syntactic processing of short relative clause sentences. *Quarterly Journal of Experimental Psychology*, *52* (3), 717-737.

Rayner, K., & Pollatsek, A. (1987). Eye movements in reading: A tutorial review. In M. Coltheart (Ed.), *Attention and Performance XII: The Psychology of Reading* (pp. 327-362). Mahwah: Lawrence

Erlbaum Associates.

Staub, A., & Rayner, K. (2007). Eye movements and on-line comprehension processes. In M. G. Gaskell (Ed.), *The Oxford Handbook of Psycholinguistics* (pp. 327-342). Oxford: Oxford University Press.

Yee, E., & Sedivy, J. (2006). Eye movements to pictures reveal transient semantic activation during spoken word recognition. *Journal of Experimental Psychology: Learning, Memory, and Cognition*, *32* (1), 1-14.

第二章

移动窗口范式

阅读知觉广度（perceptual span）是指在阅读过程中每次注视能够获取有用信息的范围。这是阅读研究的一个基本问题，也是阅读心理学家一直探讨的课题之一。为了探讨这个问题，移动窗口范式被提出来。该范式是由 McConkie 和 Rayner（1975）基于“呈现随眼动变化技术”（eye-movement-contingent display changes technique）发展而来的。移动窗口范式的基本原理是，在注视点周围的一个小范围内呈现文字材料，而窗口之外则被无关文字或其他符号掩盖。通过改变窗口的大小，研究者可以控制读者在每次注视时能够获取的文本信息范围。当窗口足够大，使得读者能够获取到足够多的有用信息，此时读者阅读的各项眼动行为与正常阅读时的表现相当，从而可以确定其知觉广度的大小。

第一节　移动窗口范式简介

一、移动窗口范式基本原理

在阅读过程中，眼睛通常会在一秒钟内移动 4～5 次，通过眼跳从一个注视位置跳到另一个新的注视位置，且会在每个注视位置停留一定的时间。移动窗口范式利用了计算机高速处理信息的特点，将眼动仪采集到的眼动数据实时传输到主试机中，即时追踪分析眼跳、注视等眼动事件，同时计算追踪被试眼睛在显示屏上的注视位置。这些数据可以存储在主试机的数据文件中，并通过以太网传送到被试机中。

在移动窗口范式中，根据预先编写的程序，被试机实时改变显示屏幕上呈现的窗口大小和位置，根据主试机传递的被试注视点的位置信息，屏幕呈现的内容也会改变。使用移动窗口范式，实验者可以在两个方面对呈现给被试的信息进行控制：首先，通过控制窗口大小，研究者可以精确地控制读者一次注视所能获得的信息范围；其次，通过控制掩蔽材料和掩蔽方式，研究者可以精确地控制窗口外保留的信息（McConkie & Rayner，1975）。

移动窗口范式的基本程序是在计算机屏幕上呈现句子，但呈现内容随着读者注视位置的变化而不断发生变化。具体来说，每次注视点周围的一个小范围窗口内会正常显示句子的内容，而窗口外的其他内容则会被遮蔽。随着注视的移动，可视窗口也会相应移动。因此，无论读者注视句子的哪个位置，总有一个可视窗口可以呈现句子的内容。可视窗口的变化速度非常快，一般对读者的阅读影响不大。该范式的示例见图 2-1。

中秋节是我们中华民族的传统节日 *	整行条件
※※※※※※中※※※※※※※※ *	R0条件
※※※※※们中华※※※※※※※ *	L1R1条件
※※※※我们中华民※※※※※※ *	L2R2条件
※※※是我们们中华民族※※※※※ *	L3R3条件
※※节是我们们中华民族的※※※※ *	L4R4条件

图 2-1 移动窗口范式示例

注：*代表注视点的位置，※代表掩蔽材料，没有被※掩盖的文字为窗口内可见汉字，右侧一列表示相应的窗口条件。L 代表左侧窗口，R 代表右侧窗口，数字代表除注视字外可见字数，如 L2R2 代表注视字左侧 2 个字、右侧 2 个字的窗口大小，其余以此类推

移动窗口范式的实验逻辑是这样的：当窗口大小小于读者的阅读知觉广度时，由于窗口的限制，此时读者的眼动行为与正常阅读时存在差异；相反，当窗口大小等于或大于读者的阅读知觉广度时，此时读者阅读的各项眼动行为与正常阅读时没有差异（Rayner，2009）。

为了研究读者一次注视所能获得信息的范围，研究者可以通过两种方式来设定窗口的大小。一种方式是根据注视点的位置，在其左右两侧设定一个固定的像素范围作为可视窗口，这个范围内的内容是可见的，当注视点位置发生变化时，新的注视点周围的像素范围内的内容就会呈现出来，而原来窗口内的内容则会重

新被遮蔽。另一种方式是根据兴趣区（如一个字或一个字母）来确定窗口的大小，即将注视点周围一定数量的兴趣区作为可视窗口。例如，如果注视点左侧有一个兴趣区可见，同时右侧有两个兴趣区可见，那么除了这个范围以外的内容都是不可见的。当注视点移动到下一个位置时，仍然是注视点左侧一个兴趣区可见，同时右侧两个兴趣区可见。在研究中，研究者通常会从小到大逐渐增加窗口的大小，直到整行的内容都能呈现出来。

通过使用不同的掩蔽材料和掩蔽方式，实验者可以控制窗口外保留的信息类型。例如，使用相同的字母“x”来进行掩蔽，可以使被试看到单词中字母的大小写信息；使用与单词中每个字母相似的字母来进行掩蔽，可以呈现单词的轮廓信息等。如果不对标点符号和空格进行掩蔽，可以呈现词长、标点、句首、句尾等信息。这样就可以考察被试在不同类型信息下利用的窗口大小，也即对不同类型信息的知觉广度大小。

二、移动窗口范式的发展沿革与演变

早期的窗口技术是随着计算机技术的广泛应用而发展起来的。通过利用计算机语言开发特定的程序软件，将文字材料呈现在计算机屏幕上的一个窗口中。窗口内可以是字、词、短语或句子，其大小由实验者设置。读者通过按键控制后续材料的呈现，计算机会自动记录每次按键的时间，两次按键之间的时间间隔代表了读者对窗口内材料的阅读时间。通过分析阅读时间，读者的认知加工过程可被揭示。

这种方法的理论基础主要源自 Just 和 Carpenter（1980）提出的两个理论假设。第一个是眼-脑假设（eye-mind assumption），根据这个假设，读者对某个词的注视与对该词的心理加工是同时进行的。读者大脑所加工的词正是他们眼睛所注视的那个词。因此，读者对某个词的总注视时间就是对该词的加工时间。第二个是即时假设，根据这个假设，读者对一个词的识别、对其词义的选择以及对该词在句中的指代关系等各个层次的加工是即时进行的，而不会延迟。这意味着，在阅读过程中，读者并不需要等待阅读完整个句子或从句后才对其进行加工。对于任何一个词来说，只有当对该词的所有加工都完成后，注视点才会向前移动，进行下一步的阅读。

移动窗口范式经历了一个逐步发展的过程。在发展的早期，这种范式沿着两个不同的方向前进：一条发展路径注重记录反应时，通过反应时来推测阅读的心理过程；另一条发展路径注重记录眼动行为，通过眼动轨迹来推测阅读的心理过程。前者由于操作简便，对设备要求也不高，因此得到了广泛应用。然而，随着研究的深入，后者的实时性和非干扰性等优势逐渐凸显出来。尽管后者对仪器设备和实验者的操作要求较高，但最终成为研究阅读的主流方法。

（一）注重记录反应时的发展路径

这种方法利用阅读时间作为研究阅读的指标，通过分析阅读时间来揭示读者的理解过程，下面具体进行介绍。

移动窗口法（moving window method），是指在计算机屏幕上呈现一篇文章，除窗口内显示的文字是正常的、单词没有变化之外，窗口之外文章的每个字母都由同一字母掩蔽，但保留一定字间距。被试可以通过按键控制窗口朝着阅读方向移动。每按一次键，先前看过的词就会被掩蔽掉，后面的新词就会出现。新词出现的速度由读者通过按键速度控制。移动窗口法被提出后，该种方法的以下几种变式逐渐出现。

固定窗口法（stationary window method），是指在实验中，词在屏幕上某一固定位置（即窗口）连续呈现。有研究者（Aaronson & Ferres，1984）曾使用固定窗口法来研究阅读过程。

累积窗口法（cumulative window method），与移动窗口法不同，按键后新词出现，而刚看过的词并不被掩蔽，仍然停留在屏幕上，被试可以进行回视。然而，在这种呈现方式下，被试往往形成一种策略，试图迅速呈现句子或从句中的单词，直到整个句子或从句出现在屏幕上，然后再阅读整个句子。此外，使用这种方法可能会得出与眼动研究和移动窗口范式条件下不同的结果。

指定法（pointing method），是指被试使用鼠标将光标指向计算机屏幕的某一位置，即可以看到该位置上的词，而其他词则部分被掩蔽，部分被掩蔽是因为词的长度和形状信息仍然被保留。被试可以根据需要将光标指向后续内容，也可以指向已经阅读过的内容。因此，被试在使用指定法时可以进行回视。使用指定法所得到的阅读时间模式与眼动研究以及经典的移动窗口范式所得到的模式相似。这种研究方法还允许被试通过逆向移动鼠标来阅读前面已读过的文字，如在一行内从右向左移动鼠标，从而弥补了最初的移动窗口法在回跳控制上的不足。此外，指定法使被试在阅读时能够迅速扫描文本，更符合正常阅读条件，因此，它可以克服最初的移动窗口法在阅读速度方面的局限性（Chen，1992）。

以上所述的窗口技术都需要被试通过用手按键或移动鼠标来控制窗口中的内

容呈现，因此可简称为手控窗口技术。

与眼动记录法相比，手控窗口技术具有其独特的优势。在一些阅读研究中，采用这类方法得到的阅读时间模式与使用眼动仪获得的阅读时间模式基本一致，这种一致性表明手控窗口技术是有效的。此外，手控窗口技术通常比眼动记录法更经济，并且可以在任何一台计算机上进行，因此，这种技术在阅读研究中具有重要地位。然而，这种方法也存在一些不足之处，主要表现在以下几个方面：首先，在正常阅读中，读者会跳读一些不重要的词，而在手控窗口技术条件下，被试必须阅读文章中的每一个词；其次，在正常阅读条件下，被试经常回视，而在某些手控窗口技术条件下，被试通常不能回视；最后，在手控窗口技术条件下，被试用按键启动下一个词的呈现，按键潜伏期中包含手动按键的时间。上述不足可能导致被试在手控窗口技术条件下对词的平均阅读时间延长（舒华等，1996）。在使用手控窗口技术时，研究者应该注意这些问题。

（二）注重记录眼动行为的发展路径

原始窗口技术是一种在一次注视中通过移动文章的被掩蔽部分或可视窗口，以控制被试在任意时刻所能看到的内容的方法。Poulton（1962）在研究中将整篇文章掩蔽，只有一个窗口内的文字才可见，窗口在被掩蔽的文章上移动，被试每次只能看到部分内容。窗口的大小和移动速度可以控制，实验要求被试阅读窗口内的内容，同时记录被试的眼动行为。固定窗口技术是与原始窗口技术相反的一种方法，研究者要求被试保持注视位置，使文章在屏幕上从右到左移动，窗口的大小通过改变屏幕上的字母数来控制（Newman，1966；Bouma & de Voogd，1974）。

以上所述研究发现，较小的窗口会对阅读产生较大的干扰。然而，这些技术也存在一定的问题，因为它们打乱了正常的阅读，限制了读者的正常眼动行为。在原始窗口技术中，读者不得不跟随移动的窗口阅读；在固定窗口技术中，读者必须保持注视一个位置。在这两种实验情境下，读者无法进行回视，而回视在正常阅读中是常见的眼动现象。

为了避免上述两种方法带来的缺陷，一些研究者将眼动仪与计算机窗口技术结合，创造了一种更为先进的移动窗口技术（McConkie & Rayner，1975）。这种技术使用计算机同时连接眼动仪和一个阴极射线管（cathode ray tube，CRT）。在实验中，一篇被掩蔽的文章在 CRT 上呈现，计算机根据被试眼睛的注视位置来控制 CRT 上的文章呈现部分。当读者注视文章时，窗口周围的一定范围（即窗口，其大小由主试设定）的内容会被恢复成正常的文字内容。当被试的眼睛移动时，刚才看过的内容又会被掩蔽，新的注视点周围则会显示相同范围的正常文字内容。窗口的移动由眼动来控制，因此，相对于手控窗口技术，这种技术被称为眼控窗口技术。与其他窗口技术相比，这种技术具有更大的优越性。它既可以操纵一次注视时给被试呈现的内容的多少，又能使被试在比较自然的情境下阅读，被试可以随意移动自己的眼睛到想看的地方。McConkie 和 Rayner（1975）使用该技术进行了阅读知觉广度等一系列研究，并且得出了许多重要的结论。

随着眼动仪的普及，眼控窗口技术逐渐超越手控窗口技术，成为研究者的首选研究方法。因此，在本章的后续内容中，笔者不再介绍手控窗口技术，而是重点介绍眼控窗口技术——McConkie 和 Rayner（1975）开发的移动窗口范式。

三、移动窗口范式的研究成果

（一）不同语言的阅读知觉广度研究

移动窗口范式是研究阅读知觉广度的一个经典范式，在不同语种的阅读知觉广度研究中得到了广泛应用。McConkie 和 Rayner（1975）进行了英语阅读知觉广度的研究。实验采用移动窗口范式，窗口大小分别设定为 13、17、21、25、31、37、45 和 100 个字符空间，注视点左右的窗口大小是对称的。结果发现，缩小可视窗口的范围对阅读速度有实质性影响，但对读者理解文章和回答问题没有影响。Rayner 和 Bertera（1979）的另一项研究也发现，窗口大小的变化对阅读理解没有太大影响，除非窗口缩小到只有一个字母的空间时才会严重影响阅读理解。他们的研究发现，阅读知觉广度大约为 30 个字符空间，这一结果在随后的实验研究中得到了验证。国外的一系列关于阅读知觉广度的研究得出了比较一致的结论：对于母语为拼音文字（如英语、法语和荷兰语）的读者，其阅读知觉广度范围为注视点右侧 14～15 个字符空间，左侧 3～4 个字符空间，呈现不对称性（Rayner，2009）。

Osaka 等（1992）对日语阅读的研究发现，由日语汉字（表意）和平假名（表音）构成的文本的阅读知觉广度大于仅由平假名构成的文本。由日语汉字和平假名共同构成的标准日语文本的阅读知觉广度为注视点右侧 7 个字符空间，而仅由平假名构成的文本的阅读知觉广度为注视点右侧 5 个字符空间。Osaka 和 Oda（1991）的研究发现，在阅读垂直方向的日语文本时，阅读知觉广度为 5～6 个字符空间。这两个研究结果表明，水平和垂直方向的阅读知觉广度是不对称的。

白学军等（2017）对藏语阅读的研究发现，与英语、汉语相比，藏语具有独特特点：①作为拼音文字，由视觉感官简单的字母构成字单元，字的书写呈现出一定的线性发展特征，虽然存在字间标记，但不像英语那样有明显的词间空格；②前后附加和上下叠写构成字（如“ཚ”）的书写特点，使其与汉字的左右、上下等构字结构相似，具有一定的立体性；③虽然藏文构字具有内含立体结构，但文字透明性（指字形和语音对应的一致性程度，即由形知音的程度）相对较高。与汉字相比，藏文的透明性较高，例如，汉字“我”无法直接由字形读出字音，而其藏语对应字“ང་”则可以通过藏文字母的读音直接读出该字的音。由于藏语独特的语体特征，它表现出与其他语言不同的阅读知觉广度范围。在藏族大学生中，阅读藏语的知觉广度右侧范围为注视点右侧 4～8 个字符空间。

Su 等（2020）对蒙语阅读进行了研究，发现蒙语文本在水平和垂直方向上都可以呈现和书写，知觉广度对阅读效应的影响在两个阅读方向上是相似的，表现为垂直方向下侧和水平方向右侧均约为 10 个字符。因此，该实验提供了一个独特的例子，说明个体的阅读感知机制可以灵活调整，以适应阅读方向的变化。

（二）中文阅读知觉广度的研究

汉字是世界上最古老的文字之一，汉语也是世界上使用人口最多的语言。中文阅读知觉广度的研究引起了许多研究者的兴趣。Tsai 和 McConkie（1995）的研究表明，汉字的阅读知觉广度为注视汉字左侧 1 个汉字到右侧 2 个汉字。Inhoff 和 Liu（1998）的研究结果表明，汉字的阅读知觉广度大致为注视汉字左侧 1 个汉字到右侧 2～3 个汉字。Chen 和 Tang（1998）的研究发现，汉字的阅读知觉广度包括注视汉字及其右侧 2 个汉字。Tsai 等（2004）的研究结果显示，从被注视汉字左侧 1 个汉字到右侧 4 个汉字之间都属于阅读知觉广度。熊建萍等（2007）的研究结果表明，高中二年级学生的阅读知觉广度大约为注视点左侧 1 个或 2 个汉字到注视点右侧 3 个或 4 个汉字的空间。闫国利等（2008）的研究表明，小学五年级学生的阅读知觉广度范围为注视点左侧 1 个汉字到注视点右侧 2 个或 3 个汉字的空间。不同研究者所得出的中文阅读知觉广度大小见表 2-1。排除了材料难度、被试、实验技术等因素的影响后，中文读者的阅读知觉广度结论相对稳定，即注视点左侧通常为 1 个汉字，而注视点右侧则多为 2～3 个汉字。

表 2-1 不同研究中关于中文阅读知觉广度的研究结论

研究	被试	句子材料	实验技术	眼动指标	左侧	右侧
Inhoff & Liu（1998）	中国留美大学生	混合句	非对称移动窗口	回视率、平均注视时间、总注视时间、眼跳幅度、登录位置、凝视时间	1 个汉字	3 个汉字

续表

研究	被试	句子材料	实验技术	眼动指标	左侧	右侧
闫国利等（2011）	大学生	混合句	非对称移动窗口	平均注视时间、阅读速度、向右眼跳幅度	1个汉字	2～3个汉字
乔静芝等（2011）	大学生	混合句	非对称移动窗口	阅读时间、阅读速度、注视次数、向右眼跳次数、向右眼跳幅度	1个汉字	2～3个汉字
闫国利等（2013）	大学生	混合句	对称移动窗口	平均注视时间、阅读速度、向右眼跳幅度	—	2～3个汉字
张巧明和王爱云（2013）	大学生	混合句	对称移动窗口	平均注视时间、阅读速度、向右眼跳幅度	—	2～3个汉字
熊建萍等（2007）	高中二年级学生	混合句	非对称移动窗口	首次注视时间、凝视时间、单字平均首次通过时间、平均注视时间、眼跳幅度	1～2个汉字	3～4个汉字
伏干和闫国利（2008）	高中二年级学生	双字词句	非对称移动窗口	注视时间、注视次数、阅读速度、向右眼跳次数、眼跳幅度	1个双字词	2个双字词

资料来源：仝文等（2014）

（三）阅读知觉广度的不对称性

读者注视点两侧的阅读知觉广度是否对称呈现？如果不对称的话，读者从注视点的哪一侧获取更多信息？McConkie 和 Rayner（1975）通过改变注视点左右的字母数研究了这个问题。研究结果表明，当阅读窗口左侧为 14 个字符空间、右侧为 4 个字符空间时，被试的阅读活动与窗口左右两侧均为 14 个字符空间时的阅读活动没有显著差异。然而，当阅读窗口右侧为 14 个字符空间、左侧为 4 个字符空间时，被试的阅读活动受到显著影响。这表明注视点的右侧阅读知觉广度大于左侧，即阅读知觉广度在左右两侧是不对称的。关于其他语言的研究也发现了阅读知觉广度的不对称性。Pollatsek 等（1981）在研究以色列人阅读从右到左排版的希伯来语时发现了有趣的现象：当阅读希伯来语时，读者的阅读知觉广度的左侧范围大于右侧；但是在阅读英文时，其阅读知觉广度的右侧范围大于左侧。这表明阅读知觉广度的不对称性与文字的排版方向相关。

（四）影响阅读知觉广度的因素

1. 年龄和阅读能力

Rayner（1986）在对英语阅读知觉广度的发展性研究中发现，在相同的控制条件下，小学二年级和四年级学生的阅读知觉广度约为注视点右侧 11 个字母，六年级学生约为注视点右侧 14 个字母，而熟练阅读者（大学生）的阅读知觉广度约为注视点右侧 14～15 个字母。初级阅读者的知觉广度和熟练阅读者相似，都呈现出不对称的特点。对芬兰语的研究显示，8 岁芬兰儿童的字母知觉广度大概为注视点右侧 5 个字母，10 岁儿童大约为注视点右侧 7 个字母，而 12 岁儿童和成年人读者则为注视点右侧 9 个字母（Häikiö et al.，2009）。在不同年龄组中，阅读速度快的读者的字母知觉广度比阅读速度慢的读者更大，这表明阅读速度快的读者不像阅读速度慢的读者那样将大部分的加工资源集中在中央凹注视词上。这些研究为我们提供了一种整体认识，即年龄和阅读能力直接影响阅读知觉广度，阅读知觉广度会随着年龄的增长和阅读能力的提高而逐步增大。

在中文阅读方面，熊建萍等（2007，2009）和闫国利等（2008）对小学五年级、初二年级和高二年级学生的汉语阅读知觉广度进行了研究。研究结果显示，阅读知觉广度会随着阅读者年龄的增长而逐渐增大，小学五年级和初二年级学生的阅读知觉广度右侧范围为 2～3 个汉字，而高二年级学生则为 3～4 个汉字。另外，闫国利等（2011）以小学五年级学生和大学生为研究对象，采用眼动技术考察了读者在阅读过程中一次注视获得信息的情况。研究结果显示，大学生读者的知觉广度范围较大（注视点右侧 2～3 个汉字），而小学生读者的知觉广度范围较小（注视点右侧 1～2 个汉字）。此外，闫国利等（2013）系统考察了小学生的阅读知觉广度及其变化。结果显示，小学三年级被试的阅读知觉广度右侧范围为 1～2 个汉字，而小学五年级被试接近成人大学生的阅读知觉广度，右侧范围均为 2～3 个汉字。

2. 阅读材料难度

在 Rayner（1986）的一个实验中，研究者让小学四年级学生和大学生阅读两种句子：一种符合小学生的阅读水平，即难度较小；另一种适合大学生阅读，即难度较大。研究发现，句子难度会影响阅读知觉广度的大小。当句子较难时，读者需要更多的注意力来处理落在中央凹区域的单词，从而使得阅读知觉广度变小。闫国利等（2008）在一项研究中考察了不同难易程度的中文句子对大学生阅读知觉广度的影响。他们发现，在阅读容易材料时，大学生的阅读知觉广度为 5 个汉字，而在阅读难材料时则为 3～5 个汉字。在另一项发展性研究中，关于阅读发展的相关研究也证实了材料难度对知觉广度的影响。研究结果显示，被试在阅读较难材料时的阅读知觉广度为 2～3 个汉字，而在阅读较易材料时则为 2～4 个汉字（闫国利等，2013）。这些研究结果充分说明了阅读材料难度对阅读知觉广度具有重要影响。

3. 工作记忆容量

工作记忆在阅读知觉广度方面发挥着重要作用。Kennison 和 Clifton（1995）对工作记忆容量是否影响副中央凹预视效应进行了研究。结果显示，尽管读者的工作记忆容量并没有显著影响副中央凹预视效应，但阅读知觉广度较小和较大的读者之间存在差异。阅读知觉广度较小的读者在处理预视词和目标词时需要更多的阅读时间和凝视时间，这使得阅读变得更为困难。Osaka M 和 Osaka N（1994）研究了不同工作记忆容量的读者在阅读日文时的阅读知觉广度。结果显示，在窗口小于阅读知觉广度的条件下，相较于工作记忆容量较低的读者，工作记忆容量较高的读者表现出更短的阅读时间、更短的注视时间和更高的理解率。此外，关善玲和闫国利（2007）研究了不同工作记忆容量的读者在不同移动窗口大小下的阅读情况。结果显示，相对于工作记忆容量较低的读者，工作记忆容量较高的读者能够更好地整合文章信息、更有效地完成阅读。这些研究结果揭示，工作记忆容量在增加阅读知觉广度方面发挥着关键作用。

4. 阅读材料类型

中文阅读知觉广度的研究结果存在较大的差异，这些差异部分来源于研究者所使用的阅读材料类型。研究者通过综合相关研究发现，阅读材料类型对知觉广度的大小有显著影响。具体而言，使用双字词句得到的阅读知觉广度大于使用单双字词混合句得到的阅读知觉广度。例如，伏干和闫国利（2013）通过比较按字单元窗口呈现和按词单元窗口呈现时的阅读知觉广度大小的差异，来考察中文阅读的加工单元。结果发现，词单元窗口条件下的阅读知觉广度大于字单元窗口条件下的阅读知觉广度。仝文等（2014）通过操作纯单字词句子，采用移动窗口范式进行了研究，结果发现大学生阅读单字词句时注视点右侧的阅读知觉广度大小为 2 个单字词。这一结果相较于其他研究的结果显示出更小的阅读知觉广度，如熊建萍等（2007）、伏干和闫国利（2008）发现注视点右侧的阅读知觉广度为 3～4 个字或者 2 个双字词，类似的研究还有 Inhoff 和 Liu（1998）、闫国利等（2011，2013）、乔静芝等（2011）、张巧明和王爱云（2013）。在同样长度的句子中，单字词句包含更多的词汇，因此信息密度更大，需要占用个体更多的注意资源。这种情况导致个体对当前注视词边缘的词汇的注意资源分配减少，进而导致有效视觉范围缩小，从而使阅读知觉广度变小。因此可以得出推论：当组成句子的词汇长度缩小时，以字为单位计算的阅读知觉广度也会相应缩小。

第二节 移动窗口范式实操

一、移动窗口范式的实验程序编制

在眼动仪的 EB 编程中，刺激呈现屏的属性中自带“呈现随注视变化”的功能，可以直接设置移动窗口的大小和位置，具体如图 2-2 所示。

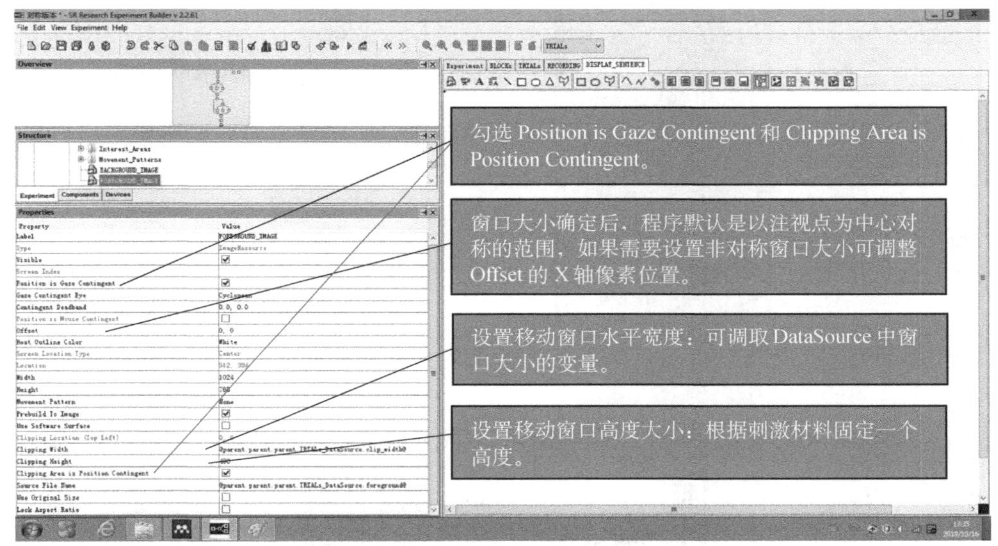

图 2-2 移动窗口程序中窗口的设定

在移动窗口范式中，呈现屏分为前景屏和后景屏。前景屏呈现掩蔽刺激图片，而后景屏呈现目标句子图片。其中，移动窗口是对前景屏属性进行设置。首先，选择“Position is Gaze Contingent”属性，表示刺激材料的呈现根据注视点的位置而变化。接着，选择“Clipping Area is Position Contingent”，表示具体位置或相应窗口的呈现能够随着注视点的移动而改变。可以在“Clipping Width”和“Clipping Height”中设置移动窗口的宽度和高度。由于文本通常是水平呈现的，研究者主要通过宽度来操作窗口的大小。研究者可以在“DataSource”中添加一列窗口宽度变量，在前景屏属性中调用该变量以实现窗口大小的调整。通常情况下，窗口的高度被设定为一个固定值，可以在“Clipping Height”的“Values”中直接输入高度的像素大小。但是，如果研究材料是竖版呈现的，或者研究者对垂直方向的窗口大小感兴趣，那么可以参考水平宽度的设置方法来调整窗口的高度。

移动窗口程序的关键在于如何设置窗口的大小，尤其是非对称窗口的设置。除了窗口大小的设置外，其他程序内容与常规眼动实验完全相同。下面将详细介绍完整移动窗口程序的编制流程，同样分为 4 个层级，即实验层、区组层、试次层和记录层，各层级的结构见图 2-3。

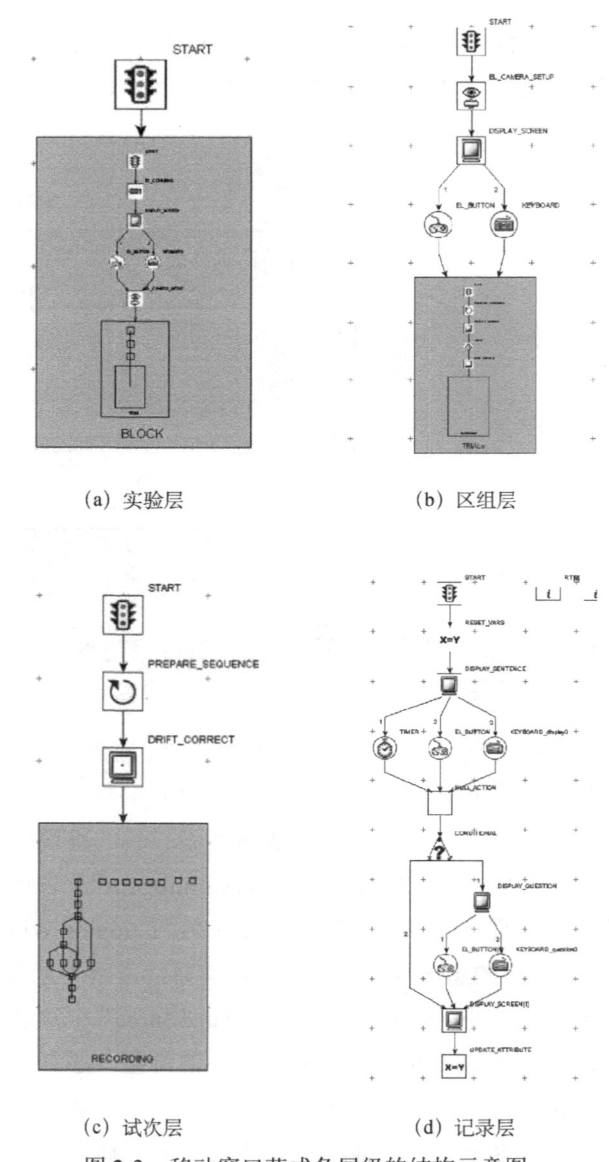

(a) 实验层　(b) 区组层

(c) 试次层　(d) 记录层

图 2-3　移动窗口范式各层级的结构示意图

（一）创建一个新的实验程序

1. 创建新实验程序步骤

1）在菜单栏中点击“File→New”。

2）出现“New Project”对话框（图 2-4），在“Project Name”这一栏里编辑程序名字，如“Moving window paradigm sample”。

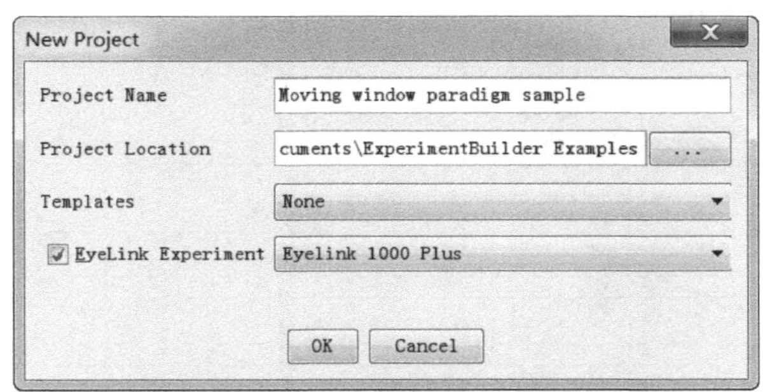

图 2-4　创建一个新的实验程序

3）点击“Project Location”右边的按钮，选择程序存储的位置。

4）确保“EyeLink Experiment”前面的对话框被勾选，并正确选择实验仪器的型号①。

5）点击“OK”，完成创建。

2. 设置新实验程序参数

实验程序创建完成之后，需要检查实验程序的参数与计算机屏幕的参数是否一致。具体步骤如下。

1）在菜单栏中选择“Edit→Preferences”，或者直接在窗口处按“F4”键，如图 2-5 所示。

2）点击“Preferences→Experiment→Devices→DISPLAY”检查显示器的设置，使程序里的参数值（宽度、高度、像素值和屏幕刷新率）与实际使用的计算机显示屏的参数相一致，如图 2-6 所示。

3）点击“Preferences→Screen”检查屏幕设置参数，同时将“Location Type”设置为“Center Position”，如图 2-7 所示。

① 仪器型号在程序中也可进行修改，编程之初如果不确定时可先任意选择一个。

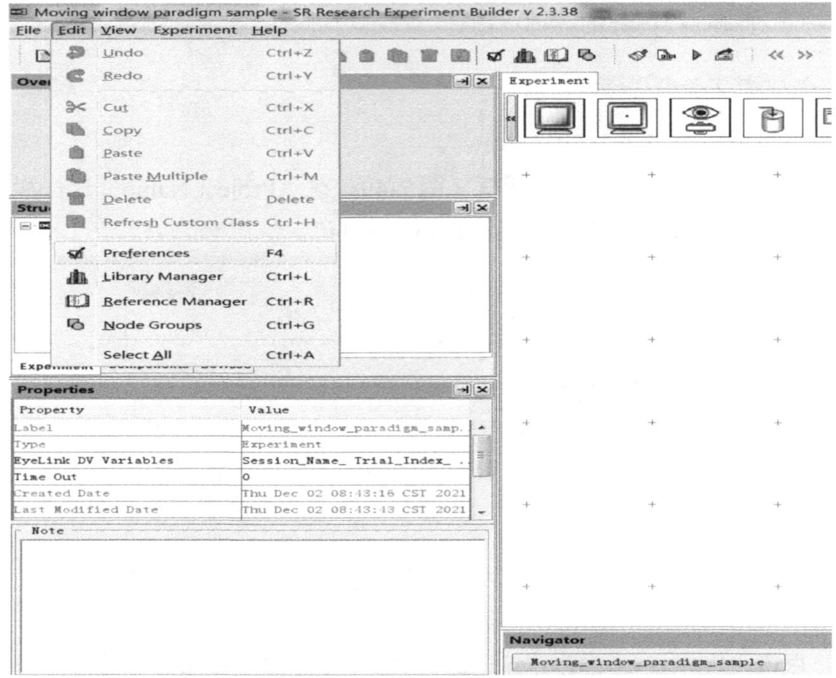

图 2-5　偏好设置

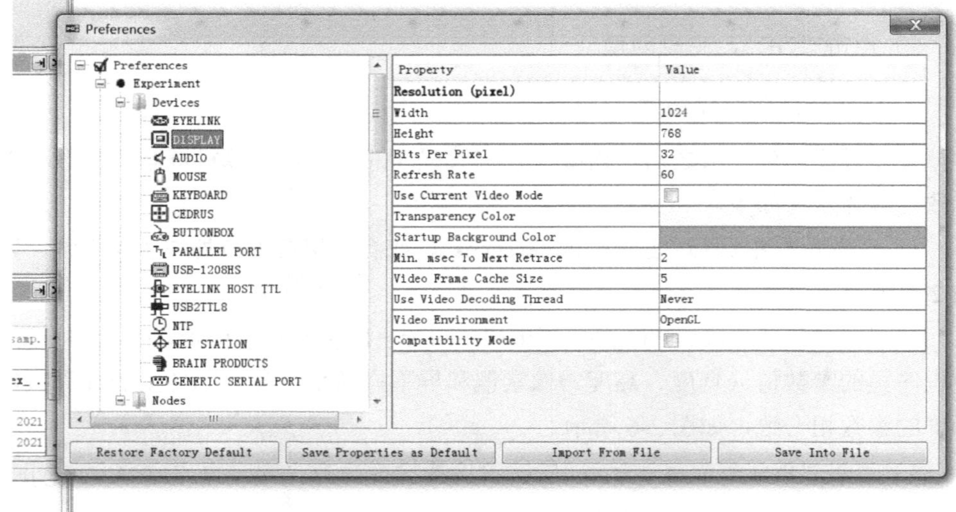

图 2-6　设置显示器参数

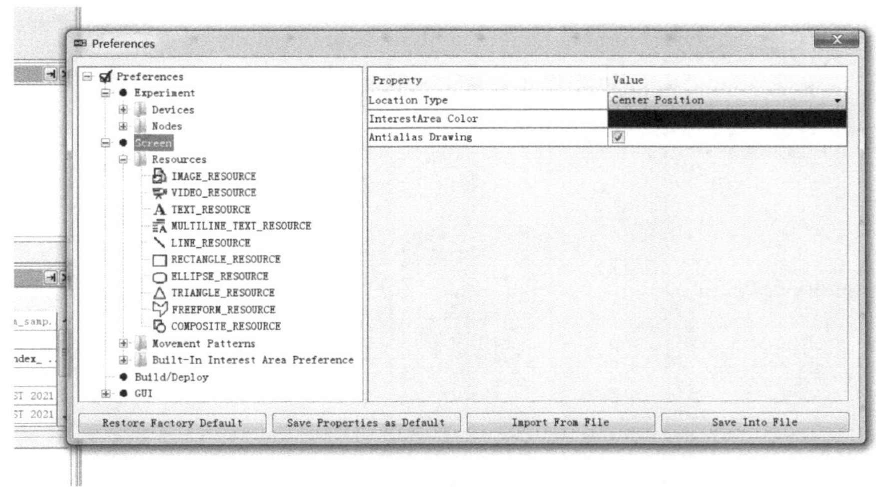

图 2-7　检查屏幕设置参数

4）点击“Preferences→Build/Deploy”，如果在 EB 中出现汉字，则必须选中“Encode Files as UTF8”，否则将会出现 2001 警告，无法处理 ASCII 代码，如图 2-8 所示。

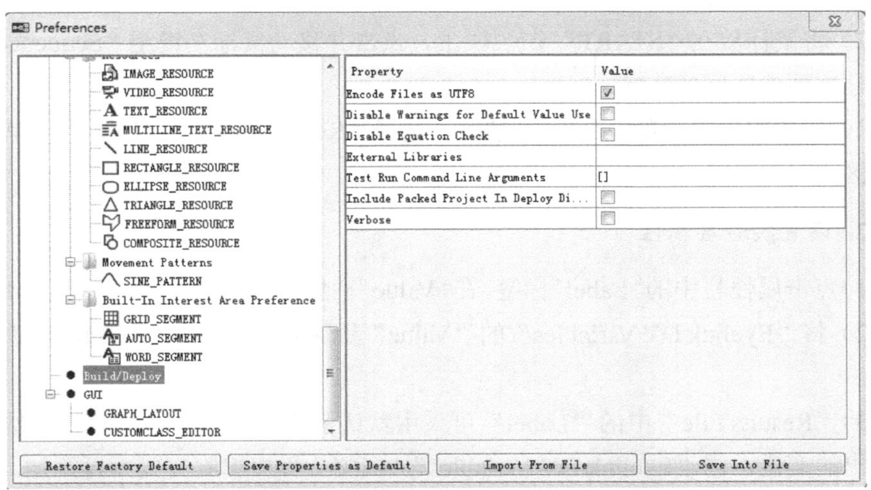

图 2-8　文件编码格式设置

5）设置完以上参数后，点击“Save Properties as Default”保存设置的参数。

（二）创建实验层

移动窗口范式中实验层的结构如图 2-9 所示。

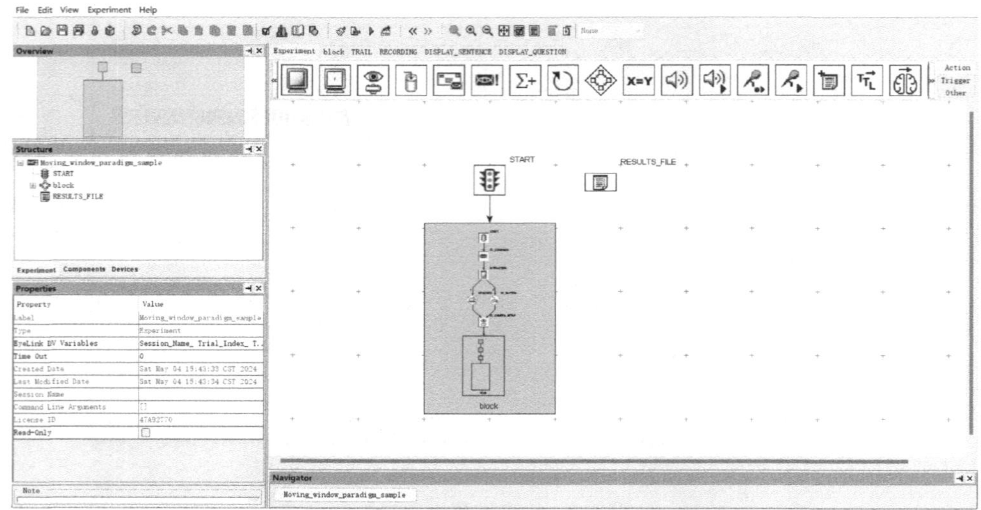

图 2-9　移动窗口范式中实验层的结构示意图

1. 添加实验层节点

1）点击组件栏中的“Action”按钮，选择“Sequence”节点，用鼠标左键将其拖到工作区内。

2）将鼠标放在“START”节点上，点击并移动鼠标左键至“Sequence”节点，建立两者之间的连接。

3）点击组件栏中的“Other”按钮，选择“Results File”节点并将其拖入工作区内。

2. 设置实验层属性

1）点击属性栏中的“Label”标签，在“Value”栏里对其重新命名，如“boundary”。

2）将“Eyelink DV Variables”的“Value”等编制完成后，再添加所有涉及的变量。

3）“Results File”中的“Label”可采用默认名称；“Columns”栏目是选择需要导出的变量，同“Eyelink DV Variables”，在整个程序编制完成后再添加。

3. 设置“Sequence”节点

1）点击属性栏里的“Label”标签，在“Value”栏里对其重新命名，将其命名为“block”。

2）在“Iteration Count”栏里进行设置，选择序列需要重复的次数，这里设置为“1”，表示区组层重复 1 次。

3）在工作区内，双击“Sequence”按钮以继续区组层的编写，如图 2-10 所示。

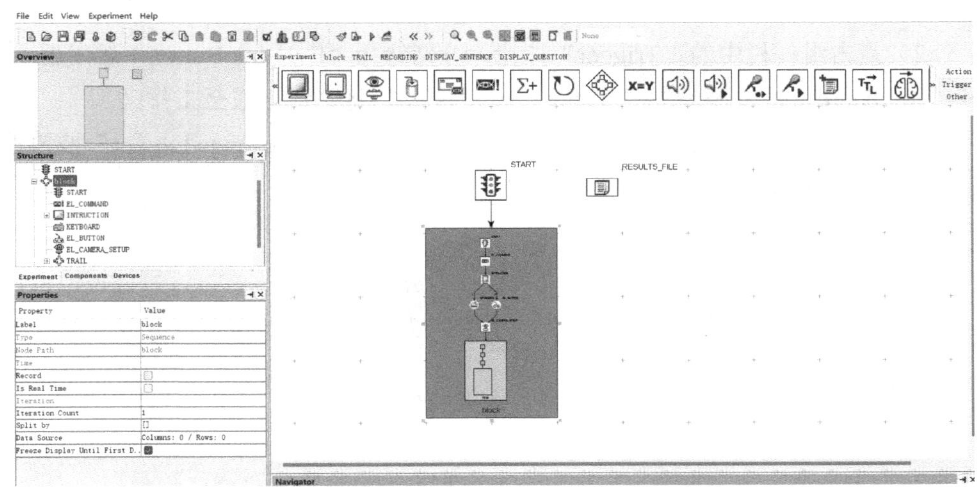

图 2-10　移动窗口范式中“Sequence”节点属性的设置

（三）创建区组层

移动窗口范式中区组层的结构如图 2-11 所示。

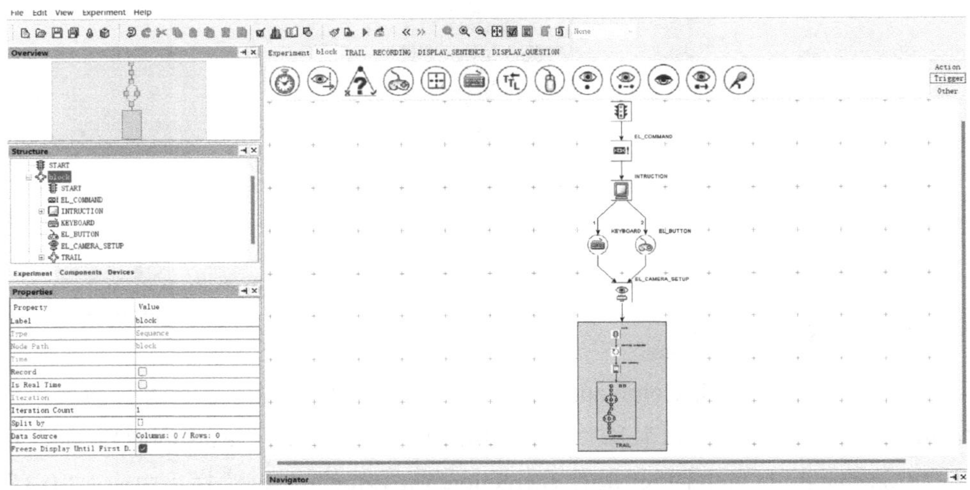

图 2-11　移动窗口范式中区组层的结构示意图

1. 添加区组层节点

1）点击组件栏中的“Action”按钮，依次选择“EyeLink Command”节点、

“Display Screen”节点、“Camera Setup”节点和“Sequence”节点，将其逐一拖至工作区。

2）点击组件栏中的“Trigger”按钮，分别选择“EyeLink Button”触发器和“Keyboard”触发器或“Timer”触发器，将其逐一拖至工作区。

3）按照图 2-11 所示，依次连接各个节点，并选择“Arrange Layout”按钮重新排列工作区内的各个节点，见图 2-12。

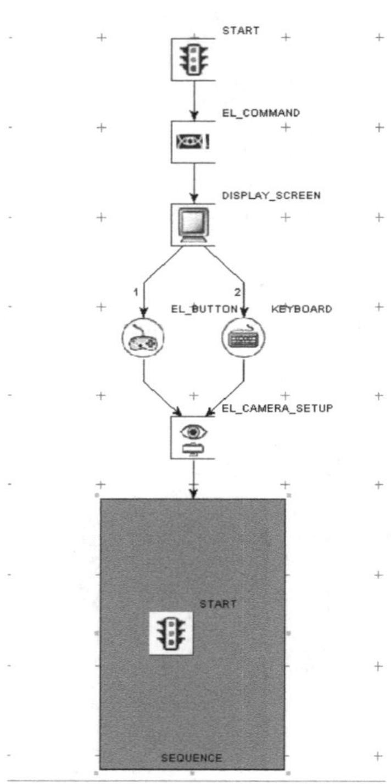

图 2-12　选择“Arrange Layout”功能后自动排列的效果

2. 设置区组层属性

1）设置“EyeLink Command”。点击该节点对“Label”栏目进行命名，如“drift_correct”或保留默认名称“EL_COMMAND”；勾选“Clear Input Queues”栏目；“Command”栏目中输入“drift_correction_rpt_error”；“Text”栏目中输入“0.3”，表示漂移校准容许的最大偏差为 0.3°。

2）设置“Display Screen”。点击该节点对“Label”栏目进行命名，如“INSTRUCTION”；勾选“Clear Input Queues”栏目和“Auto Update Screen”；双击屏幕出现编辑窗口，插入指导语图片或输入文本格式的指导语。

3）设置“Trigger”。点击“EyeLink Button”节点，设置“Buttons”用于主试按键翻页手柄的对应代码，如“5”；勾选“Press Events”栏目。点击“Keyboard”节点，设置“Keys”用于主试按键翻页，如“Space”；勾选“Press Events”栏目。

4）设置“Camera Setup”。点击该节点，选择修改“Label”和“Message”的“Value”值，也可不修改；勾选“Clear Input Queues”栏目；“Calibration Type”可按照刺激内容和实验要求进行选择，通常边界范式实验采用单行文本，因此选择“H3”。“Pacing Interval”设置为1000ms；勾选“Randomize Order”“Repeat First Point”“Select Eye After Validation”栏目。其他属性可根据所使用的显示器尺寸、分辨率和刺激呈现位置等来设定。

5）设置“Sequence”。点击属性栏里的“Label”标签，将其命名为“TRIAL”。在“Iteration Count”栏中进行设置，选择序列需要重复的次数，例如，若设置为“99”，表示有99个试次。编辑“DataSource”，具体内容见图2-13，除了常规需要程序所包含的“trial”“condition”“question”“practice”等，在“Moving Window”中必须包含如下三列：“foreground”“background”“clip_width”。其中，“foreground”列用来呈现前景图——掩蔽刺激图片，“background”列用来呈现后景图——目标刺激图片，“clip_width”列用来设置移动窗口的宽度，按照像素大小计算。例如，一个汉字为30个像素，窗口大小设置为3个汉字，这里的“clip_width”就应设置为90个像素。

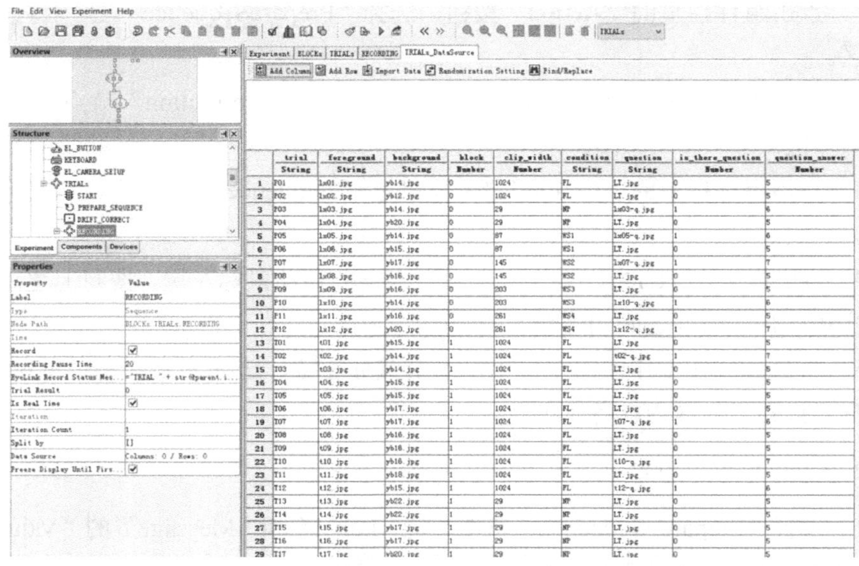

图2-13　移动窗口范式的“DataSource”属性设置

6）在工作区内，双击“Sequence”按钮以继续试次层的编写。

（四）创建试次层

移动窗口范式中试次层的结构如图 2-14 所示。

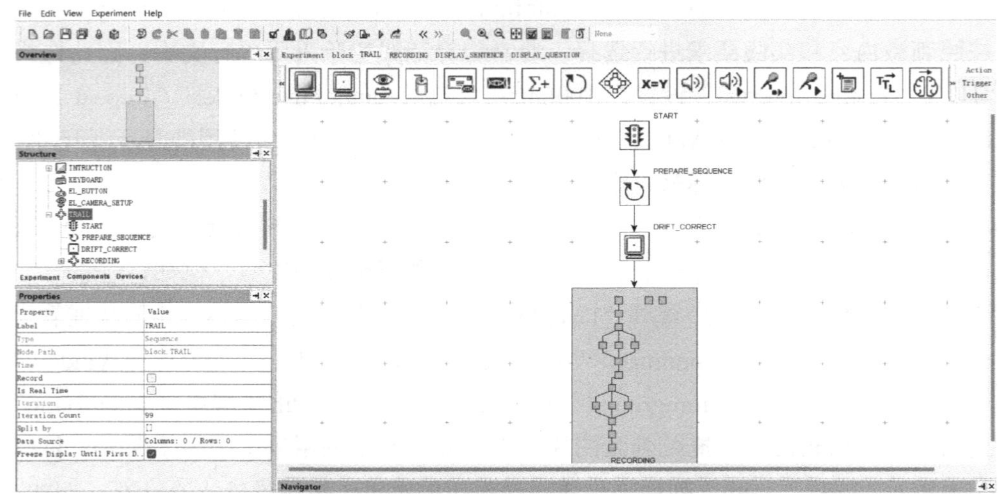

图 2-14 移动窗口范式中试次层的结构示意图

1. 添加试次层节点

1）点击组件栏里的“Action”按钮，选择“PrepareSequence”，将其拖至工作区。

2）点击组件栏里的“Action”按钮，选择“Drift Correction”节点，将其拖至工作区。

3）点击组件栏里的“Action”按钮，选择“Sequence”节点，将其拖至工作区。

4）将鼠标放在“START”节点上，点击并移动鼠标左键，按照上述添加顺序依次建立相邻组件之间的连接。

5）将鼠标放在工作区的空白处，点击鼠标左键，选择“Arrange Layout”按钮，重新排列工作区内的各个节点。

2. 设置试次层属性

1）设置“Prepare_Sequence”属性。将“Label”和“Message”的“Value”都设置为“PREPARE_SEQUENCE”；勾选“Clear Input Queues”“Load Screen Queues”

“Load Audio”栏目；将“Draw To EyeLink Host”设置为“IMAGE”；最后勾选“Reinitialize Triggers”“Reinitialize Actions”栏目。

2）设置漂移校准属性。将“Label”和“Message”的“Value”都设置为“DRIFT_CORRECT”；勾选“Clear Input Queues”栏目；设置漂移校准点位置（X值和Y值），使其位置与图片第一个字重合；将“Apply Correction”设置为“CURRENT”；勾选“Allow Setup”“Draw To EyeLink Host”栏目。

3）设置“Sequence”节点。将其名字重新命名为“RECORDING”。确保属性栏里的“Record”和“Is Real Time”被选中；将“Recording Pause Time”设置为20；可选择性地增加“Eyelink Record Status Message”，用于调整呈现实验项目个数、实验条件以及句子判断正误的反馈；将“Trial Results”设置为0；勾选“Freeze Display Until First Display”栏目。

4）单击工作区的“RECORDING”按钮，开始下一步的操作。

（五）创建记录层

移动窗口范式中记录层的结构如图2-15所示。

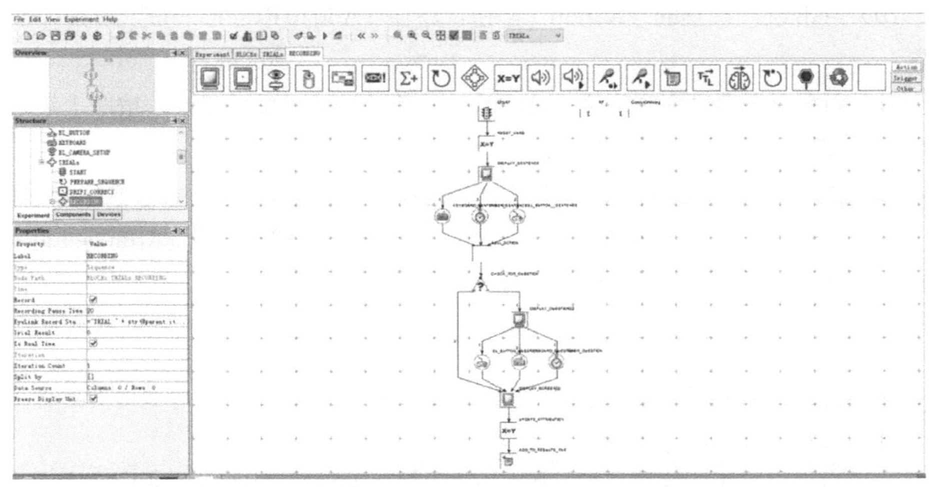

图2-15　移动窗口范式中记录层的结构示意图

1. 添加记录层节点

1）点击组件栏里的“Action”按钮，选择“Update Attribute”按钮，并用鼠标左键将其拖至工作区。

2）点击组件栏里的“Action”按钮，选择“Display Screen”按钮，并用鼠标左键将其拖至工作区。

3）点击组件栏里的"Trigger"按钮，选择添加一组"Eyelink Buttons""Keyboard""Timer"节点。

4）点击组件栏里的"Action"按钮，选择"NULL_ACTION"，添加到工作区。

5）点击组件栏里的"Trigger"按钮，选择"Conditional Trigger"，添加到工作区。

6）点击组件栏里的"Action"按钮，选择一个新的"Display Screen"按钮，添加到工作区。

7）点击组件栏里的"Trigger"按钮，选择添加新的一组"Eyelink Buttons""Keyboard""Timer"节点。

8）点击组件栏里的"Action"按钮，再次选择一个"Display Screen"按钮，添加到工作区。

9）点击组件栏里的"Action"按钮，再次选择一个"Update Attribute"按钮，添加到工作区。

10）点击组件栏里的"Action"按钮，添加"Add to Results File"按键至工作区。

11）将鼠标放在"START"节点上，点击并移动鼠标左键，按照上述添加顺序依次建立相邻组件之间的连接。

12）点击组件栏里的"Other"按钮，选择两个"Variable"添加至工作区。

13）将鼠标放在工作区域的空白地方，点击鼠标左键，选择"Arrange Layout"按钮重新排列工作区内的各个节点。

2. 设置记录层属性

移动窗口范式中添加记录层节点示意图如图 2-16 所示。

（1）设置"Update Attribute"属性

将其"Label"和"Message"命名为"RESET_VARS"，勾选"Clear Input Queues"栏目，双击"Attribute_Value List"进入对话框，将"CorrectOrValue"赋值为"-1"，将"RT"赋值为"−1"。

（2）设置第一个"Display Screen"属性

1）将"Label"和"Message"命名为"DISPLAY_SENTENCE"。

2）勾选"Clear Input Queues""Auto Update Screen""Send Eyelink DV Message"

“Use For Host Display”栏目。

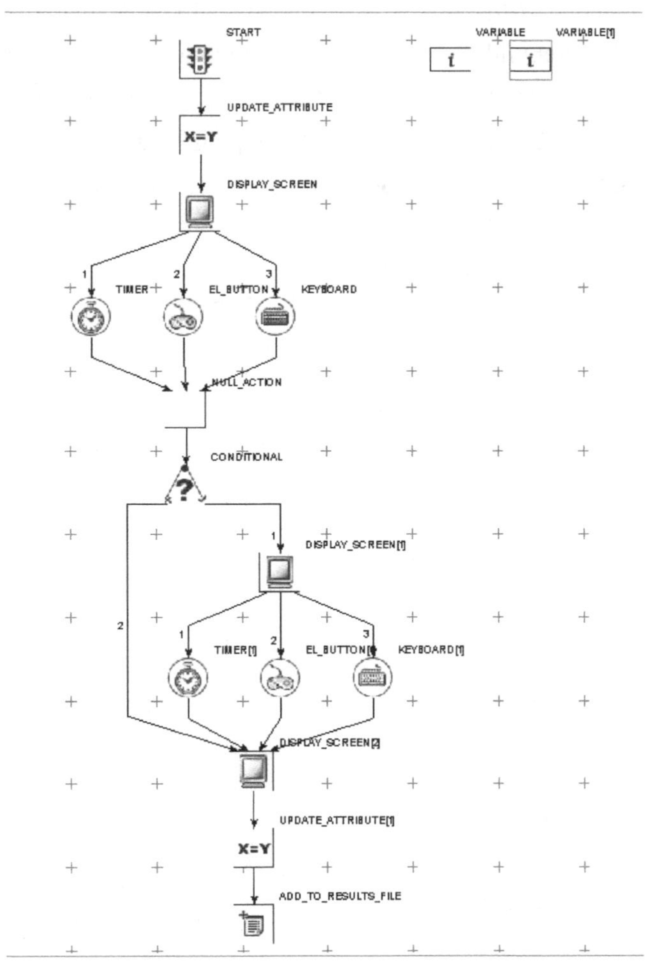

图 2-16 移动窗口范式中添加记录层节点示意图

3）点击“Structure”中“DISPLAY_SENTENCE”下的“FORGGROUND_IMAGE”，呈现屏幕添加前景图片，即掩蔽刺激图片。在屏幕构建工具栏中点击“插入图片”图标，再点击工作区的任意位置，在弹出的图片选择对话框中选择需要的图片，并对其位置进行调制；点击左侧属性栏，如图 2-17 所示，勾选“Visible ”和“Position is Gaze Contingent”栏目；设置“Gaze Contingent Eye”为“Cyclopean”；设置“Contingent Deadband”为“0.0，0.0”；需要根据窗口的类型来设置“Offset”，如果为对称窗口，这里选择默认值“0，0”，如果需要设置非对称窗口大小，可根据窗口中心需要移动的像素值来设置，例如，窗口为左侧 1 个字，右侧 2 个字，每个字为 30 个像素，“Offset”的 x 轴需要向左调整 15 个像素，即“−15，0”。勾选“Prebuild To Image”栏目；“Clipping Width”赋值为“DataSource”中的“clip_width”，用来设置移动窗口的宽度；将“Clipping Height”赋值为一个高于刺激高度的固定值，如“400”；勾选“Clipping Area is Position Contingent”栏目；“Source File Name”可调用“DataSource”中的“foreground”。

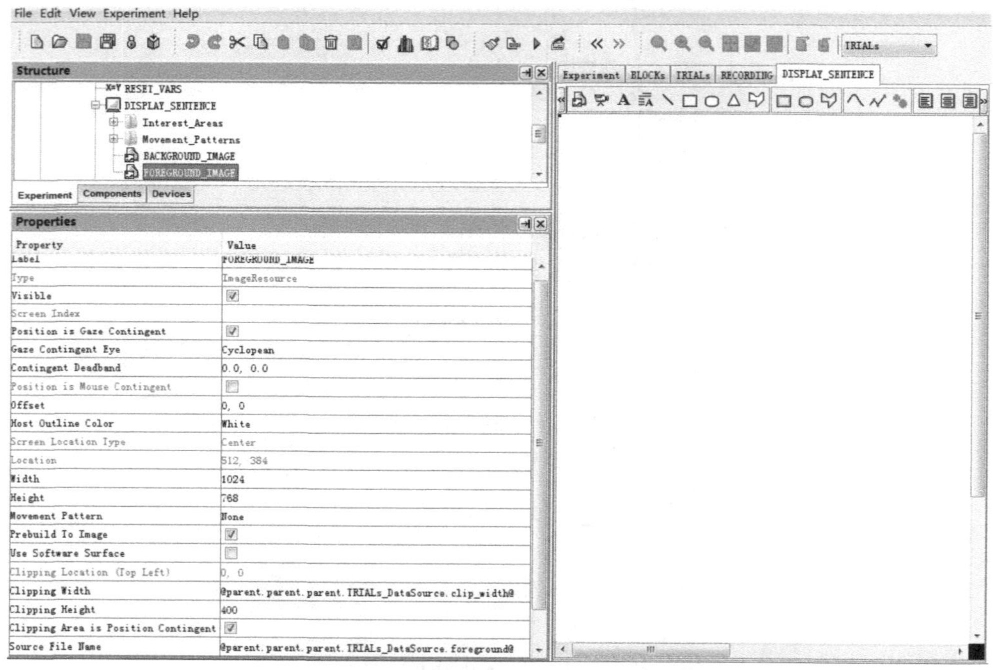

图 2-17　移动窗口范式中边界前呈现图片的设置

4）点击“Structure”中“DISPLAY_SENTENCE”下的“BACKGROUND_IMAGE”，呈现屏幕添加后景图片，即目标句图片。在屏幕构建工具栏中点击“插入图片”图标，再点击工作区的任意位置，在弹出的图片选择对话框中选择需要的图片，并对其位置进行调制；点击左侧属性栏，如图 2-18 所示，勾选“Visible”“Prebuild To Image”栏目；“Source File Name”可调用“DataSource”中的“background”。

（3）设置目标刺激屏的“Trigger”属性

1）在“EyeLink Button”的属性栏中，将其命名为“BE_BUTTON_SENTENCE”，在“Clear Input Queues”中选择“NO”；将“Buttons”设置为一个固定的按键，如

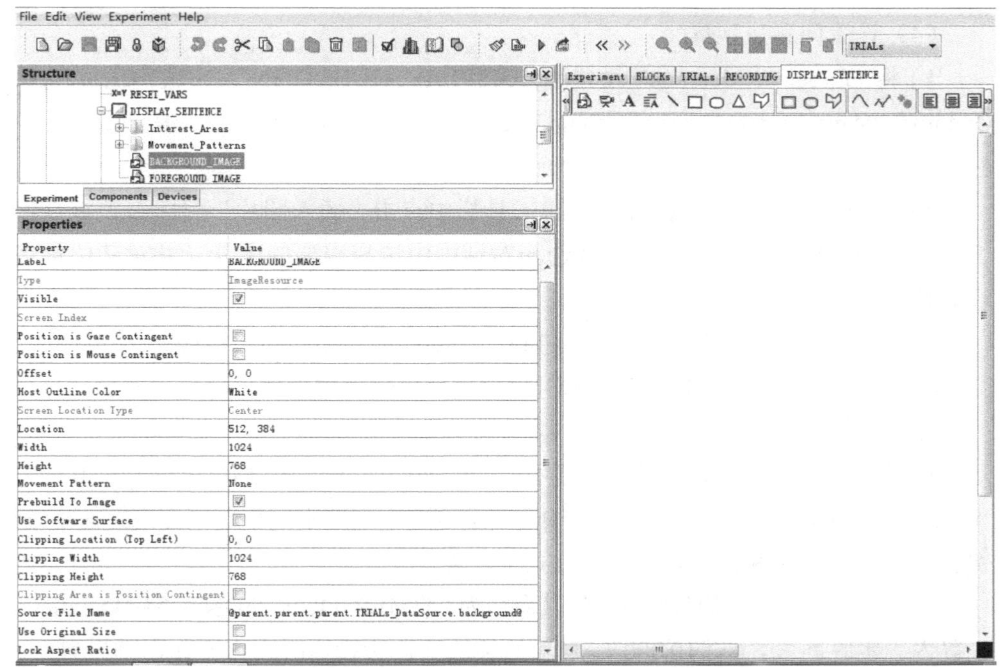

图 2-18　移动窗口范式中图片属性的设置

“5”，表示句子阅读翻页键；勾选“Press Events”栏目。

2）在“TIMER”的属性栏中，将其命名为“TIMER_SENTENCE”；将“Duration”设置为一定时间段，如“10 000”，表示如果被试在所设定时间内不作出按键反应，程序将会自动跳入下一屏。

3）在“Keyboard”的属性栏中，将其命名为“KEYBOARD_SENTENCE”；在“Clear Input Queues”中选择“NO”；将“Keys”设置为固定的键“Space”，表示只有按所设定的键才能结束当前指导语，注视屏幕；将“Use Keyboard”设置为“Display Computer”；勾选“Press Events”栏目。

4）设置“NULL_ACTION”，勾选“Clear Input Queues”栏目。

5）设置“Condition”属性，首先可将“Label”和“Message”改为“CHECK_FOR_QUESTION”。设置“Evaluation1”：将“Attribute”设置为“DataSource”中的“is_there_question”，“Comparator”选择“EQUALS”，“Value”等于“1”表示如果“is_there_question”等于“1”，接下来将呈现问题句，否则程序将直接呈现下一个空屏，并结束当前试次。

（4）设置问题呈现屏

1）将“Label 和 Message”设置为“DISPLAY_QUESTION”，勾选“Clear Input Queues”“Auto Update Screen”“Send Eyelink DV Message”“Use For Host Display”栏目。

2）双击呈现屏节点，在屏幕构建工具栏中点击“插入图片”图标，再点击工作区的任意位置，在弹出的图片选择对话框中选择需要的图片，并对其位置进行调整。

3）点击左侧属性栏，勾选“Visible”“Prebuild To Image”栏目。

4）在“Source File Name”中调用“DataSource”中的“question”列。

（5）设置问题屏的“Triggers”属性

1）在“EyeLink Button”的属性栏中，将其命名为“BE_BUTTON_QUESTION”，“Clear Input Queues”选择“NO”；“Buttons”用来设置判断按键，如“2，4”，分别表示对和错的判断；勾选“Press Events”栏目。

2）在“TIMER”的属性栏中，将其命名为“TIMER_QUESTION”；将“Duration”设置为一定时间段，如“10 000”，表示如果被试在所设定时间内不作出问题判断，程序将会自动跳入下一屏。

3）在“Keyboard”的属性栏中，将其命名为“KEYBOARD_QUESTION”。在“Clear Input Queues”中选择“NO”；“Keys”用来设置判断按键“f，j”，分别表示对和错的判断；“Use Keyboard”设置为“Display Computer”；勾选“Press Events”栏目。

（6）设置空白屏属性

1）点击“Display Screen”属性，将“Label”和“Message”改为“DISPLAY_BLANK”。

2）勾选“Clear input Queues”“Auto Update Screen”栏目。

（7）设置所添加变量的属性

1）命名“CorrectOrWrong”，将“Value”设置为“.”。

2）命名“RT”，将“Value”设置为“.”。

（8）设置“Update Attribute”属性

1）“Label”和“Message”可重新命名，也可保留默认值。

2）勾选“Clear Input Queues”栏目。

3）双击“Attribute_Value List”，进入对话框，给各个变量赋值，如图 2-19 所示。

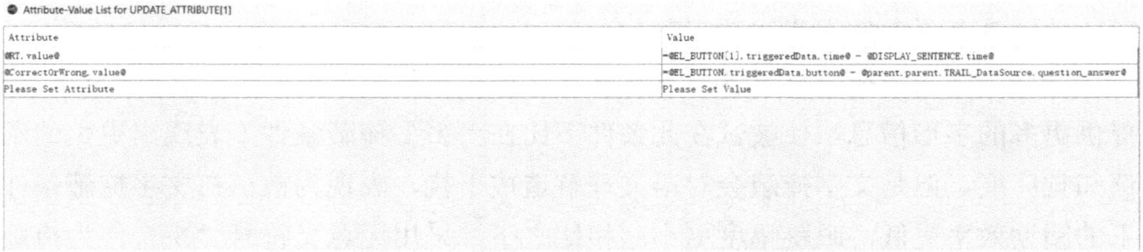

Attribute-Value List for UPDATE_ATTRIBUTE[1]

Attribute	Value
@RT.value@	=@EL_BUTTON[1].triggeredData.time@ - @DISPLAY_SENTENCE.time@
@CorrectOrWrong.value@	=@EL_BUTTON.triggeredData.button@ - @parent.parent.TRAIL_DataSource.question_answer@
Please Set Attribute	Please Set Value

图 2-19　“Attribute_Value List”对话框对变量赋值

4）将“CorrectOrwrong”赋值为“@BL_BUTTON_SENTENCE.triggeredData.button@-@parent.parent.TRAIL_DataSource.question_answer@”。

5）将“RT”赋值为“@BL_BUTTON[1].triggeredData.time@-@DISAPLAY_SENTENCE.time@”。

（9）设置“Add to Results File”属性

勾选“Clear Input Queues”栏目，双击“Results File”，选择“RESULTS_FILE”变量。

二、移动窗口范式材料的制作

1. 掩蔽材料类型的选择

采用移动窗口范式研究阅读知觉广度时，通常可以采用文本形式的材料，也可以将材料制作为图片。然而，与常规实验不同的是，在移动窗口范式中，刺激呈现屏同时包括两个刺激：前景刺激和后景刺激。其中，前景刺激为掩蔽材料，如拼音文字研究中的字符串或中文研究中的无意义符号“※”，而后景刺激则为实验的目标材料，如文本阅读中的句子。

掩蔽材料的选择在中文阅读知觉广度研究中扮演着重要角色。中文阅读知觉广度的研究结果并不完全一致，这可能与实验材料的难度等因素有关。其中，不同的掩蔽材料成为影响眼动模式与阅读绩效的关键因素之一。为了探究不同掩蔽材料对中文阅读知觉广度的影响，研究者选取了两种极端的掩蔽材料进行比较（闫国利等，2013）：一种是有意义的、同笔画的汉字；另一种则是无意义的符号“※”。研究结果显示，相对于“※”掩蔽条件，被试在文字掩蔽条件下的阅读效率更低，平均注视时间更长，眼跳幅度更小。在“※”掩蔽条件下，被试的阅读知觉广度为注视字左侧 1 个字，右侧 2～3 个字；而在文字掩蔽条件下，被试的阅读知觉广度为注视字左侧 1 个字，右侧 3～4 个字。综合上述结果可以发现，不同掩蔽材料确实会影响阅读知觉广度的范围，相较于“※”掩蔽材料，当使用文字掩蔽材料时，被试具有更大的阅读知觉广度。

然而，这两种掩蔽材料各自具有优劣之处。虽然文字掩蔽可以在副中央凹处提供更多的字形信息，使被试在此条件下比在“※”掩蔽条件下表现出更大的阅读知觉广度，但是文字掩蔽会对语义理解造成干扰，表现为被试在文字掩蔽条件下的阅读效率更低，眼跳幅度更小。相比之下，采用无意义符号“※”作为掩蔽材料时更为简便，因为被试不需要将其与目标文字进行字形结构等匹配。更为重要的是，无意义符号不会对被试的句子理解造成干扰，进而导致其阅读效率的降低。然而，这种方法的缺点在于它与正常阅读情境存在差异，副中央凹无法提供字形信息，从而导致阅读知觉广度变小。

2. 阅读发展性研究中材料的选择

在阅读发展性研究中，对不同年龄段儿童进行比较时，选择合适的阅读材料至关重要。在使用移动窗口范式研究儿童知觉广度发展时，如何选择阅读材料成为一个关键问题。一种方法是让所有被试使用相同的材料，这样可以增加各组间的可比性；另一种方法是选择与各年龄段阅读水平匹配的材料，以确保各年龄段内的材料难度相同。为了兼顾这两种方法的优势，研究者采取了一种综合的策略（Häikiö et al.，2009）。具体而言，研究者让所有被试阅读最低年龄段儿童的容易材料，以此来控制各年龄段之间材料难度的差异可能产生的影响。同时，每个年龄段的被试也需要阅读与他们年龄相匹配的材料。这种方法既能够确保各年龄段儿童使用的材料与他们各自的阅读水平相匹配，同时也能够控制材料难度对各个年龄段儿童阅读知觉广度的影响。

三、移动窗口范式数据处理

对于移动窗口范式的数据分析，主要需注意以下两个方面的问题。

1. 条件间的比较

根据 Häikiö 等（2009）的处理方法，当窗口与被试类型之间的交互作用显著时，对各个窗口条件与整句（完整呈现）进行逐一比较，以确定阅读知觉广度。

2. 指标的选择

在移动窗口范式的数据分析中，研究者通常以整句为兴趣区，采用多个眼动指标来确定知觉广度的范围，如总阅读时间、注视次数、平均注视时间、眼跳距离、回视次数以及有效阅读速度等。然而，这些指标反映的认知加工过程并不完全相同，导致所得到的阅读知觉广度范围也会有所不同。在这种情况下，研究者需要确定将哪个或哪些指标作为判断标准。通过对相关研究的综合分析，目前的研究中主要选取阅读速度、平均注视时间和向前眼跳距离（也被称为向右眼跳距离）作为眼动分析的主要指标（Rayner，1986；Häikiö et al.，2009）。

阅读速度指读者每分钟能够阅读的字数，被认为是测量阅读知觉广度最敏感的指标，阅读速度会受到注视时间与眼跳距离的影响。

平均注视时间指句子中所有注视点持续时间的平均值，反映了整体阅读中中央凹处信息的精细加工情况。

向前眼跳距离指与阅读方向一致的向前（或向右）的眼跳距离。其中，眼跳距离指从眼跳开始到此次眼跳结束之间的距离，眼跳距离大说明被试在眼跳前的注视中所获得的信息相对较多，阅读速度较快（Irwin，1998）；而向前眼跳距离则指计算方向是向前的眼跳距离，它与副中央凹处的注意分配有关（Bélanger et al.，2012）。

结合上述 3 个指标所得到的阅读知觉广度大小通常呈现为一个范围值，因为各个指标的结果并不总是一致的，例如，阅读速度给出的阅读知觉广度范围可能是右侧 4 个汉字，平均注视时间给出的可能是右侧 3 个汉字，而向前眼跳距离给出的可能是右侧 4 个汉字。因此，我们可以说阅读知觉广度大小在右侧 3～4 个汉字的范围内。

除了上述 3 个主要指标，有些研究者还会报告向前注视时间、回视次数、总阅读时间和注视次数等作为参考指标。尽管参考指标越多似乎可以使结果更为稳定，但这仅适用于各个指标的结果一致性较高的情况。如果不同指标得到的结果相差较大，研究者在确定阅读知觉广度大小时可能会遇到更大的困扰。因此，建议研究者在选择指标时要慎重考虑。

四、移动窗口范式使用注意事项

在使用移动窗口范式时，需要注意以下两个技术性问题。

1）提高校准精确度非常重要。因为这些实验范式都是通过眼动仪追踪读者的眼睛注视位置来引发屏幕上呈现内容的变化，如果校准不精确，眼动仪计算出来的注视点位置和读者实际注视的位置存在差距，这会使得实验程序变化不准确，进而影响读者的阅读体验，并且此时眼动仪记录下来的眼动数据也无法反映出真实的阅读情况。在阅读研究中，校准精确度小于 0.5°被认为是比较理想的水平。

2）上述移动窗口范式存在一个缺点，就是在如图 2-20 所示的阅读任务中，窗口可能会切掉部分文字或字母。更理想的解决方案是确保窗口的边界总是处于字或者字母之间，或者让边界总是处于兴趣区的边界处。这样的实验任务需要用到 Custom Class 代码，相关操作将在 Custom Class 的章节讲解解决呈现随注视变化范式（gaze-contingent paradigm）时详细进行介绍。

```
---------------of the site--------------------------
---------------investigati----------------------------
---------------ed west fro--------------------------
---------------arrived in ---------------------------------
```

图 2-20　阅读任务示例图

第三节　移动窗口范式经典实验赏析

在本节中，我们将分析两篇应用移动窗口范式的实验研究。第一篇是由 McConkie 和 Rayner 于 1975 年发表在 *Perception & Psychophysics*（《知觉与心理物理学》）期刊上的研究报告，题为“The span of the effective stimulus during a fixation in reading”（《阅读过程中一次注视获取有效信息的范围》）。这项研究首次采用了移动窗口范式来探究阅读知觉广度的范围，同时发现了在一次注视中，读者能够获取的信息范围取决于不同类型的信息。

第二篇是由王敬欣及其研究团队于 2020 年发表在 *Quarterly Journal of Experimental Psychology*（《实验心理学季刊》）上的研究报告，题为“Revealing similarities in the perceptual span of young and older Chinese readers”（《揭示青年和老年中国读者在汉语阅读知觉广度上的相似性》）。该研究不仅首次发现了青年和老年读者在汉语阅读右侧知觉广度上的相似性，而且系统地阐明了不同类型掩蔽材料对阅读知觉广度的影响。

这两篇研究为我们深入了解阅读知觉广度提供了重要契机，揭示了阅读过程中不同因素的复杂交互作用。

文章一 阅读过程中一次注视获取有效信息的范围

一、问题提出

关于阅读知觉广度的研究具有悠久的历史。早在1938年，Woodworth在关于阅读研究的综述中提到，心理学家对于“一次注视能够阅读多少信息”的问题产生了浓厚的兴趣，这个问题的探讨甚至可以追溯到1885年Cattell的研究（Huey，1908）。然而，McConkie和Rayner（1975）认为，以往的研究并没有解决人们对阅读的最初疑问，即“从一次注视中可以看到多少信息，有多大范围的视觉信息能够进入视网膜范围内，从而被有效识别”。

更为精确的表述可能是：“在阅读的一次注视中，通常能够在周围区域获取和利用多少具体的视觉刺激”。这个表述与原来的问题表述有所不同，主要表现在以下几个方面。首先，不同的视网膜区域可以识别不同类型的视觉信息。因此，阅读知觉广度可能是多样化的，包括各种类型的视觉刺激。其次，在特定的注视中，研究对象在特定任务中实际获得和使用的信息可能存在差异。同一个人在不同任务中的阅读知觉广度可能会有所不同。最后，为了回答阅读知觉广度的问题，需要以正在阅读中的读者为研究对象，因为阅读理论关注的焦点并不在于读者在注视状态下看到了什么，而是他们在阅读时获得和利用了哪些信息。

然而，McConkie和Rayner指出，以往的研究受到实验条件的限制，无法在真实阅读状态下探究阅读知觉广度，因此得到的结论常常模棱两可。他们的研究旨在开发一种新的研究范式，以探究研究对象在尽可能不受限制的情况下进行文本段落阅读时，一次注视可以获得信息的类型和范围。该实验设计包括让研究对象在不同大小的窗口和不同的掩蔽模式下进行阅读。而窗口之外的文本图案则保持或破坏了原始文本的某些视觉特征。该研究的基本假设是，当窗口的大小小于读者的阅读知觉广度时，阅读会受到影响。通过改变窗口的大小，实验者可以确定读者能够从文章中获取有用信息的区域有多大。同时，通过改变窗口外的掩蔽信息的类型，研究者还可以分析读者对不同信息利用的广度。

二、方法

（一）实验对象

6名高年级的高中生参与实验，这些高中生被评定为学校里阅读能力较好的学生之一。根据他们在测试问题上的表现，研究者将给予他们基础报酬和奖金。

（二）实验材料与设计

每名研究对象阅读 16 篇 500 字的短文。每篇短文分成字符数大致相同的 6 页，每次呈现 1 页，每页使用不同的方式掩蔽。按照掩蔽符号的不同，可分为 3 种字母掩蔽字母类型：X 条件，即将原始文章中的每个字母均用“x”代替；C 条件，即每个字母都用相似字母，即容易与之混淆的字母掩蔽，如字母“p”用字母“j”掩蔽；NC 条件，即每个字母都用不相似字母，即不容易与之混淆的字母掩蔽，如字母“p”用字母“x”掩蔽。每种条件又分为两种掩蔽模式：一种是保留词间空格的文本（S 条件）；另一种是不保留词间空格（F 条件），即词间空格被字母掩蔽的文本。这样每一篇短文都包含 6 种掩蔽的形式：XS、XF、CS、CF、NCS、NCF。见表 1。

表 1　McConkie & Rayner（1975）6 种掩蔽形式材料示例

条件	句子
正常	Graphology means personality diagnosis from hand writing. This is a
XS	Xxxxxxxxxx xxxxx xxxxonality diagnosis xxxx xxxx xxxxxxx. Xxxx xx x
XF	Xxxxxxxxxxxxxxxxxxxxxonality diagnosisxxxxxxxxxxxxxxxxxxxxxxxxxxxxx
CS	Cnojkaiazp wsorc jsnconality diagnosis tnaw kori mnlflrz. Ykle le o
CF	Cnojkaiazpqwsorcajsnconality diagnosisatnawakoriamnlflrqeeeklealeao
NCS	Hbfxwysyvo tifdl xiblonality diagnosis abyt wfdn hbemedv. Awel el f
NCF	Hbfxwysyvoatifdlaxiblonality diagnosiseabytewfdnehbemedveeeAweleelef

注：XS 指窗口外的所有字母都用 X 替换，保留词间空格；XF 指窗口外的所有字母都用 X 替换，不保留词间空格；CS 指窗口外的所有字母都用相似字母替换，保留词间空格；CF 指窗口外的所有字母都用相似字母替换，不保留词间空格；NCS 指窗口外的所有字母都用不相似字母替换，保留词间空格；NCF 指窗口外的所有字母都用不相似字母替换，不保留词间空格

实验使用 8 种窗口条件，分别为 13、17、21、25、31、37、45 和 100 个字符空间（当窗口为 100 时，每行的文字几乎全部都呈现出来了）。每种窗口条件都是以注视点为中心，左右两边相等数量的字符（包括空格）呈现在窗口中。如图 1 所示，当注视点落在单词 the 中的字母 e 上时，左边包含 8 个字符空间，右边也包含 8 个字符空间，该窗口为包含 17 个字符空间的窗口。

XXXXX XXXXXXX. XXXXXX XX XXXXXX XXXXXXXXX XXXXXXXXX XXXXXX XXXXX XXXXX
XXX XX XX XX XXd has the patiencX. XXXXX XX XX XXXXXXXXXX XXXXXXXXXXXXX.XX
XXXXXX, XXXX X XXXXXX XXXXX XXXXXXXX XXXXXXXXX XX XXXXXXXXXX

图 1　17 个字符空间的可视窗口

8 种窗口条件和 6 种掩蔽方式结合成 48 种实验条件，每个研究对象在每种条

件下读两页。同一个研究对象读同一篇短文的不同页时，只涉及一种窗口条件。所有研究对象按照同样的顺序阅读短文，其他变量尽可能保持平衡。

（三）实验设备与程序

本研究使用的设备由一个生物识别模型 SG 眼动监控器与数字设备公司（Digital Equipment Company，DEC）的 PDP-6 计算机接口组成。该设备可以在线记录眼球运动，计算机还控制着一个 DEC 340 型显示器。PDP-6 计算机连接到 PDP-10 分时系统，实验采用 PDP-6 计算机进行，PDP-10 则负责数据处理。CRT 显示器为 20.96cm × 18.42cm，能够显示 40 行，每行 80 个字母。每次显示 8～10 行文本，双倍行距。研究对象与 CRT 的距离为 53.34cm。每行文字（共 72 个字符）占据了大约 18°视角，平均每度视角占 4 个字母。

在实验过程中，研究者为研究对象准备了一个咬合板，以减少其头部运动。一个眼球追踪传感器安装在设备的镜框上，用发带固定，套在研究对象头上，并调正位置。研究对象首先在不同窗口大小和掩蔽条件下阅读 2～3 篇文章进行练习。阅读每篇文章之前，要对仪器追踪的准确性进行校准。显示器上出现了一个注视点，要求研究对象注视它，并按下右手边的一个控制杆。当研究对象按下控制杆时，计算机存储了从眼球追踪设备上接收到的信号，并将注视点移到新的位置，这个过程将进行 25 次。之后，计算机 CRT 显示器上呈现第一页内容，每页文本内容通过按下杠杆进行切换。计算机完整地记录了研究对象每次注视的位置和持续时间，以及每次眼跳所需的时间。每完成一篇文章阅读后，研究对象需离开实验设备进行阅读测试，测试得分当场呈现。研究对象共阅读 16 篇文章，实验前后共进行 2 小时左右。

三、结果与讨论

McConkie 和 Rayner 的研究发现，当窗口大小为 31 个字符时，研究对象无法从窗口外的区域获取任何词形或词长模式信息。因此，没有证据表明研究对象能够从中央凹视觉点获得超过 15 个字符的信息。眼跳长度仅受窗口掩蔽模式（是否保留词间空格）的影响，具体来说，在不保留词间空格的掩蔽信息条件下（F 条件），这种影响从 13 个字符的窗口一直延伸至 25 个字符的窗口。因此，词长信息可在距离视觉中心至少 12 个字符（可能更远）的位置处获得。此外，研究还发现，在更小的窗口范围内，在不保留词间空格的情况（F 条件）下，眼跳持续时间更短，回视眼跳长度也更短。这表明在阅读时，词长信息的获取可以用来引导眼睛在阅读中的移动位置。

眼跳长度主要受窗口外是否保留词长信息的影响，而注视时间主要受掩蔽字母类型的影响。当窗口为 17 个字符和 21 个字符时，掩蔽字母类型对前向注视时间和总注视时间有显著的主效应。当窗口为 17 个字符时，相似字母掩蔽（C 条件）和不相似字母掩蔽（NC 条件）条件下的向前注视时间差异显著，但当窗口为 21 个字符时，这种差异消失了。这说明读者不太可能从注视点 10 个字符之外的位置获得词形信息，即读者可以从注视点 10 个字符之内的位置获得词形信息。

研究同时发现，以 X 为掩蔽符号（X 条件）时，阅读的注视时间最短，而以相似字母（C 条件）和不相似字母为掩蔽符号（NC 条件）时，阅读的注视时间变长。因为 X 掩蔽可以将注视窗口内外作为边界很好地区分开，而相似字母和不相似字母掩蔽的窗口边界不清晰，读者无疑会经常从窗口区域外识别字母，并试图将这些字母与窗口内的正常文本整合在一起，从而产生干扰。因此，与 X 掩蔽（X 条件）相比，相似字母（C 条件）和不相似字母掩蔽（NC 条件）情况下的注视时间更长。研究数据还显示，在窗口大小为 21 个字符的情况下，X 条件与 C 条件、NC 条件下的注视时间存在差异（但 C 条件和 NC 条件下的差异不显著），这个差异在窗口大小为 25 个字符时消失。这些结果表明，读者可以从注视点 10 个字符处获取特定字母的信息，但到 12 个字符处就无法获得这种类型的视觉信息。

研究最后发现，缩小窗口对阅读速度有较大的影响，但对研究对象回答关于文本的理解问题却没有影响。与 100 个字符的窗口相比，13 个字符的窗口使注视时间增加了 30%，向右眼跳幅度减小了 26%，总阅读时间增加了 60%，但回视率没有降低。因此，小窗口下读者的阅读时间增加不是由于回视次数的变化，而是由于正常的向前眼跳和注视时间发生了改变。

四、结论

研究结果显示，研究对象在注视点右侧 12～15 个字符的位置上能够获得词长模式信息，这种信息主要影响眼跳长度；具体字母和词形信息的获得不超过注视点右侧 10 个字符位置。更为重要的是，McConkie 和 Rayner（1975）的研究作为移动窗口范式在阅读知觉广度方面的首次尝试，使得研究者能够在自然阅读状态下研究阅读知觉广度。该实验的准确性在当时是无法比拟的，它引领了知觉广度研究进入一个新的时代。然而，由于当时的技术水平相对较低，实验所用设备的精确性有待提高。眼动仪的采样率为每秒钟 60 次，远远低于现今眼动仪 2000 次的采样率。采样率将直接影响有关注视、眼跳等一系列眼动指标的计算，甚至影响“呈现随眼动变化技术”本身，因为它依赖于眼动仪的采样结果来改变呈现内容。较低的采样率影响了实验的精度。

另外，这项研究提到阅读知觉广度可能具有不对称性，但由于这是移动窗口技术第一次运用到阅读知觉广度的研究中，实验中的窗口设计成了对称窗口。对称窗口的设计无法考察注视点左侧知觉广度的大小。当改变对称窗口的大小时，左右两侧边界同时发生变化，这不利于精确分析窗口变化对阅读知觉广度的影响。

Huey, E. B. (1908). *The Psychology and Pedagogy of Reading with a Review of the History of Reading and Writing and of Methods, Texts, and Hygiene in Reading*. New York: Macmillan Publishing.

McConkie, G. W., & Rayner, K. (1975). The span of the effective stimulus during a fixation in reading. *Perception & Psychophysics*, (6), 578-586.

Woodworth, R. S., & Schlosberg, H. (1938). *Experimental Psychology*. New York: Henry Holt & Company.

文章二 揭示青年和老年读者在汉语阅读知觉广度上的相似性

一、问题提出

该研究采用移动窗口范式，探讨了年轻读者和老年读者在汉语阅读知觉广度上是否存在差异，以及这种差异是否会受到不同掩蔽材料类型的影响。研究发现，阅读知觉广度在文本难度和阅读能力的影响下发生变化。Häikiö 等（2009）的研究结果表明，发展中的读者相较于熟练的成年读者，其知觉广度较小。同时，阅读技能较低的成年读者在阅读知觉广度方面也比阅读技能较高的成年读者更受限制。这可能是因为发展中的读者和阅读技能较低的读者在词汇识别方面遇到了困难，导致他们的阅读知觉广度较小。此外，研究者推测，成年后期个体的视觉和认知能力下降，包括对副中央凹信息的敏感性降低，可能导致老年读者的阅读知觉广度进一步减小。Rayner（2009）及其他研究也证实，与年轻读者相比，老年读者的阅读知觉广度较小且更为对称。然而，也有一些研究指出，阅读知觉广度效应在中老年读者之间几乎没有或者极少存在年龄差异（Risse & Kliegl，2011；Whitford & Titone，2016）。

Xie 等（2020）的研究认为，汉字作为一种复杂的视觉和语言书写系统，可能导致在视觉和认知能力下降的老年读者中，处理副中央凹信息的能力下降得更加明显。先前的研究也表明，汉字的复杂特性使得老年人在信息处理方面更为缓慢。然而，目前尚缺乏使用移动窗口范式来验证这个问题的实证研究。同时，Xie 等（2020）的研究启发源自 Rayner（2009）在母语为英语的老年和青年读者中进行的阅读知觉广度差异研究。截至目前，尚未有研究通过汉语阅读知觉广度来比较这两个年龄段读者的差异。

研究中的另一个关键问题是确定这些年龄差异是否受到所使用的掩蔽材料类型的影响。Xie 等（2020）总结了过往研究，发现使用在视觉上相似的字母作为掩蔽材料（例如，用“k”替代“b”，用“j”替代“q”）的阅读知觉广度为右侧 14～15 个字母，而在一些研究中使用“X”符号作为掩蔽材料则导致阅读知觉广度减小，大约为右侧 10 个字母。在汉语阅读中，Inhoff 和 Liu（1998）发现，当采用极度不熟悉的复杂汉字作为掩蔽材料时，阅读知觉广度右侧约为 3 个汉字，但当 Yan（2015）使用视觉上相似的熟悉字作为掩蔽材料时，阅读知觉广度右侧至少为 4 个汉字。然而，关于这些掩蔽材料对阅读知觉广度影响的大多数研究是以年轻读者为对象的，因此尚不清楚对于老年读者来说是否存在相似的影响。

二、方法

（一）研究对象

该实验选择天津师范大学青年读者（18～26 岁）共计 105 名、天津市老年居民（60～83 岁）共计 105 名。研究进行了 3 个实验，每个实验分别有 35 名青年读者和 35 名老年读者参加。每个实验的两组读者在教育程度、每周阅读时间上进行了匹配，此外还进行了视敏度检查、词汇知识测试和短时记忆容量的测量，老年读者还需进行无认知受损的筛查。

（二）实验材料与设计

整个研究共包括 300 个句子，每个实验各使用 100 个句子。句子的长度为 8～15 个单词。词语边界的位置（检索自现代汉语语料库）由 10 名年轻读者和 10 名老年读者（均未参与实验）进行确认，所有研究对象给出的词语边界与语料库中的词语边界相符率达到 97%。每个实验中使用的句子包含大致相似的词汇构成。

研究共进行 3 个实验，分别使用 3 种不同的掩蔽材料，其中实验 1 为符号（※）掩蔽，实验 2 为相似字掩蔽，实验 3 为模糊字掩蔽，详见图 1。每个实验各使用 100 个句子，各自包含 5 种句子显示条件（N、W、W+L1、W+R1、W+R2），以实验 1 为例，每种显示条件下各 20 句。采用 2（年龄：老年、年轻）×5（句子显示条件：N、W、W+L1、W+R1、W+R2）的两因素混合实验设计，其中年龄为研究对象间变量，句子显示条件为研究对象内变量。

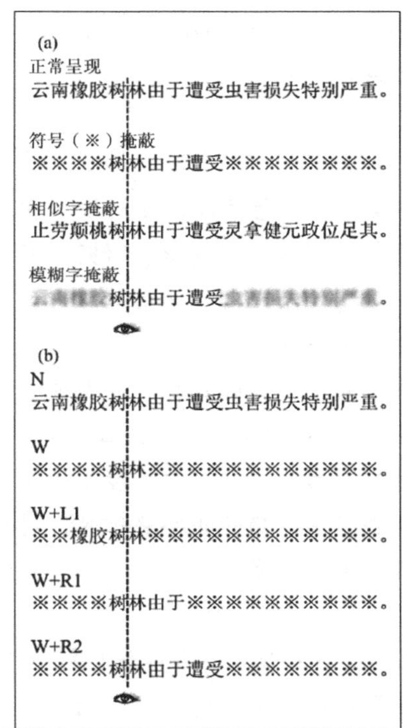

图 1　Xie 等（2020）3 种掩蔽材料和 5 种句子呈现条件示例

注：（a）句子分别在正常呈现、符号掩蔽、相似字掩蔽和模糊字掩蔽条件下的呈现，以 W+R2 窗口为例。（b）一例正常显示的句子以及在每种呈现条件下使用符号掩蔽的示例。在两个面板中，都使用虚线表示注视位置；N 指正常显示句子；W 指显示注视词；W+L1 指显示注视词及其左侧一个词；W+R1 指显示注视词及其右侧一个词；W+R2 指显示注视词及其右侧两个词

（三）实验设备与程序

在高分辨率显示器上，以快速刷新率（120Hz）呈现句子，句子呈现方式为白底黑字宋体。研究对象距离显示器 80cm，与每个字符相对视角约为 0.7°。使用 EyeLink 1000 眼动仪（空间分辨率为 0.001RMS；时间分辨率为 1000Hz）记录读者双眼阅读时右眼的眼动。下巴和前额固定以减少头部运动。

实验开始时，研究对象阅读完指导语后，进行三点校准。确保每个研究对象的空间精度低于 0.40°。在每次实验开始时，屏幕左侧显示一个“十”字（大小与一个汉字的空间相等）。读者一旦注视在这个位置，就会出现一个句子。每个实验正式开始前有 10 个练习句，每次呈现一个句子，每种句子显示条件下呈现 20 句，1/3 的句子在呈现结束后会穿插一个简单的理解问题，研究对象通过按键“是”“否”作答。整个实验大概进行 45min。实验的主要眼动指标包括句子阅读时间（sentence reading time，SRT）、词每分钟阅读率（word per minute，WPM）、字每分钟阅读率（character per minute，CPM）。

三、结果与讨论

3个实验中的结果一致显示，老年读者在阅读中表现出典型的与年龄相关的阅读困难，即阅读时间更长、阅读效率更低。研究还发现，不同年龄段的读者对左右副中央凹信息都十分敏感，而且右侧阅读知觉广度范围与大多数先前研究的结果相符（均为注视点右侧2个词）。

然而，在3个实验中，右侧阅读知觉广度的表现有所不同。在实验1和实验3中，当掩蔽材料为“※”和模糊字时，右侧阅读知觉广度为2个词。而在实验2中，当掩蔽材料为相似字时，右侧阅读知觉广度超过了2个词。研究者认为，这可能是相似汉字的掩蔽提供了不正确的正字法信息，对中文阅读造成了特别大的干扰。因为这些相似字既会干扰正字法处理，又可能引发不正确的语义信息，从而扰乱阅读流畅度。

此外，在观察左侧阅读知觉广度时，当掩蔽材料为模糊字（实验3）时，左侧窗口呈现一个词的阅读知觉广度与完全掩蔽时的阅读知觉广度并没有差异，即左侧知觉广度为0个词。然而，当使用“※”掩蔽（实验1）和相似字掩蔽（实验2）时，左侧阅读知觉广度均为1个词。研究指出，“※”掩蔽使得读者无法从左侧获得任何信息，而模糊字掩蔽为读者提供了一定的正字法信息，相似字掩蔽则提供了错误的正字法和语义信息，扰乱了读者的正常阅读。

在所有实验中，研究者发现右侧阅读知觉广度的年龄差异并不显著。实验1和实验3在知觉范围上没有显著的年龄差异。同样，实验2的结果显示，当右侧窗口扩大2个词时，年龄之间的差异也不显著。总的来说，研究并未发现在汉语阅读中，老年读者的阅读知觉广度比年轻读者小的证据。

研究结果强调了在阅读知觉广度实验中，研究者所选择的掩蔽方式会显著影响结果。因此，在进行此类研究时，需要谨慎考虑信息的掩蔽方式。此外，研究结果与Rayner等（2009）在英语阅读知觉广度研究中的发现不同，可能反映了老龄化影响在不同语言背景中的异同。也可能是因为Rayner等（2009）的研究只采用了X作为掩蔽信息，未对其他掩蔽信息进行充分研究。因此，与Rayner等的字母语言研究结果不同，本研究未能证明在汉语阅读中，与青年读者相比，老年读者在左侧阅读知觉广度和对称性方面存在更大的差异。

四、结论

这项研究通过 3 个实验提供了关于中国青年和老年读者阅读知觉广度相似性的新证据。这一发现挑战了先前认为中国老年读者因视觉和认知能力下降而导致副中央凹信息获取能力下降的观点。研究强调了在进行类似研究时，选择掩蔽材料需要谨慎考虑。

本研究的主要贡献在于：第一，将汉语阅读知觉广度的研究对象首次扩展到老年读者，并将他们与青年读者进行对比。尽管发现老年读者的阅读效率下降，但这种下降与阅读知觉广度无关。具体而言，老年读者的阅读知觉广度并没有随着年龄增长而下降，至少在本研究中未发现相关证据。第二，研究对比了 3 种不同的掩蔽方式对阅读知觉广度的影响。这在一定程度上解释了为何汉语阅读知觉广度的范围在不同研究中存在差异。与另一篇关于掩蔽材料对阅读知觉广度影响的研究（闫国利等，2013）一起表明，采用相似字进行移动窗口范式掩蔽时，虽然阅读知觉广度范围得到扩大，但阅读效率受到更大干扰。因此，研究者应根据实验目的和研究对象特征慎重选择掩蔽材料。

闫国利, 张巧明, 白学军. (2013). 中文阅读知觉广度的影响因素研究. *心理发展与教育, 29* (2), 121-130.

Häikiö, T., Bertram, R., Hyönä, J., & Niemi, P. (2009). Development of the letter identity span in reading: Evidence from the eye movement moving window paradigm. *Journal of Experimental Child Psychology, 102* (2), 167-181.

Rayner, K. (2009). Eye movements and attention in reading, scene perception, and visual search. *Quarterly Journal of Experimental Psychology, 62* (8), 1457-1506.

Risse, S., & Kliegl, R. (2011). Adult age differences in the perceptual span during reading. *Psychology and Aging, 26* (2), 451-460.

Whitford, V., & Titone, D. (2016). Eye movements and the perceptual span during first-and second-language sentence reading in bilingual older adults. *Psychology and Aging, 31* (1), 58-70.

Xie, F., McGowan, V. A., Chang, M., Li, L., White, S. J., Paterson, K. B., … Warrington, K. L. (2020). Revealing similarities in the perceptual span of young and older Chinese readers. *Quarterly Journal of Experimental Psychology, 73* (8), 1189-1205.

Yan, M., Zhou, W., Shu, H., & Kliegl, R. (2015). Perceptual span depends on font size during the reading of Chinese sentences. *Journal of Experimental Psychology: Learning, Memory, and Cognition, 41* (1), 209-219.

参考文献

白学军, 高晓雷, 高蕾, 王永胜. (2017). 藏语阅读知觉广度的眼动研究. *心理学报, 49* (5), 569-

576.

伏干，闫国利. (2008). 高中二年级学生双字词阅读知觉广度的眼动研究. *心理与行为研究*, *6* (4), 285-290.

伏干，闫国利. (2013). 初中二年级学生字词阅读知觉广度的眼动研究. *心理科学*, *36* (2), 284-289.

关善玲，闫国利. (2007). 移动窗口条件下不同工作记忆者阅读差异的眼动研究. *心理与行为研究*, *5* (4), 309-313.

乔静芝，张兰兰，闫国利. (2011). 聋人与健听大学生汉语阅读知觉广度的比较研究. *应用心理学*, *17* (3), 249-258, 264.

舒华，储齐人，孙燕，李翔. (1996). 移动窗口条件下阅读过程中字词识别特点的研究. *心理科学*, *19* (2), 79-83.

仝文，刘妮娜，伏干，闫国利. (2014). 中文单字词句的阅读知觉广度. *心理与行为研究*, *12* (3), 298-303.

熊建萍，闫国利，白学军. (2007). 高中二年级学生中文阅读知觉广度的眼动研究. *心理与行为研究*, *5* (1), 60-64.

熊建萍，闫国利，白学军. (2009). 不同年级学生汉语阅读知觉广度的眼动研究. *心理科学*, *32* (3), 584-587.

闫国利，伏干，白学军. (2008). 不同难度阅读材料对阅读知觉广度影响的眼动研究. *心理科学*, *31* (6), 1287-1290.

闫国利，熊建萍，白学军. (2008). 小学五年级学生汉语阅读知觉广度的眼动研究. *心理发展与教育*, *24* (1), 72-77.

闫国利，张巧明，白学军. (2013). 中文阅读知觉广度的影响因素研究. *心理发展与教育*, *29* (2), 121-130.

闫国利，王丽红，巫金根，白学军. (2011). 不同年级学生阅读知觉广度及预视效益的眼动研究. *心理学报*, *43* (3), 249-263.

闫国利，张巧明，张兰兰，白学军. (2013). 不同掩蔽材料对阅读知觉广度的影响. *心理科学*, *36* (6), 1317-1322.

张巧明，王爱云. (2013). 大学生阅读知觉广度影响因素的回归分析. *心理与行为研究*, *11* (2), 190-194, 257.

Aaronson, D., & Ferres, S. (1984). Reading strategies for children and adults: Some empirical evidence. *Journal of Verbal Learning and Verbal Behavior*, *23* (2), 189-220.

Bélanger, N. N., Slattery, T. J., Mayberry, R. I., & Rayner, K. (2012). Skilled deaf readers have an enhanced perceptual span in reading. *Psychological Science*, *23* (7), 816-823.

Bouma, H., & de Voogd, A. H. (1974). On the control of eye saccades in reading. *Vision Research*, *14* (4), 273-284.

Chen, H. C. (1992). Reading comprehension in Chinese: Implications from character reading times. *Advances in Psychology*, *90*, 175-205.

Chen, H. C., & Tang, C. K. (1998). The effective visual field in reading Chinese. *Reading & Writing*, *10* (3), 245-254.

Häikiö, T., Bertram, R., Hyönä, J., & Niemi, P. (2009). Development of the letter identity span in reading: Evidence from the eye movement moving window Paradigm. *Journal of Experimental Child Psychology*, *102* (2), 167-181.

Inhoff, A., & Liu, W. (1998). The perceptual span and oculomotor activity during the reading of Chinese sentences. *Journal of Experimental Psychology: Human Perception and Performance*, *24*, 20-34.

Irwin, D. E. (1998). Lexical processing during saccadic eye movements. *Cognitive Psychology*, *36* (1), 1-27.

Just, M. A., & Carpenter, P. A. (1980). A theory of reading: From eye fixations to comprehension. *Psychological Review*, *87* (4), 329-354.

Kennison, S., & Clifton, C. (1995). Determinants of parafoveal preview benefit in high and low working memory capacity readers: Implications for eye movement control. *Journal of Experimental Psychology: Learning, Memory, and Cognition*, *21*, 68-81.

McConkie, G. W., & Rayner, K. (1975). The span of the effective stimulus during a fixation in reading. *Perception & Psychophysics*, *17* (6), 578-586.

Newman, E. B. (1966). Speed of reading when the span of letters is restricted. *The American Journal of Psychology*, *79* (2), 272-278.

Osaka, M., & Osaka, N. (1992). Language-independent working memory as measured by Japanese and English reading span tests. *Bulletin of the Psychonomic Society*, *30* (4), 287-289.

Osaka, M., & Osaka, N. (1994). Working memory capacity related to reading: Measurement with the Japanese version of reading span test. *Shinrigaku Kenkyu: The Japanese Journal of Psychology*, *65* (5), 339-345.

Osaka, N. (1987). Effect of peripheral visual field size upon eye movements during Japanese text processing 1. In J. K. O'Regan, A. Levy-Schoen (Eds.), *Eye Movements from Physiology to Cognition* (pp.421-429). Amsterdam: Elsevier.

Osaka, N., & Oda, K. (1991). Effective visual field size necessary for vertical reading during Japanese text processing. *Bulletin of the Psychonomic Society*, *29* (4), 345-347.

Osaka, N., & Osaka, M. (2002). Individual differences in working memory during reading with and without parafoveal information: A moving-window study. *The American Journal of Psychology*, *115*, 501-513.

Pollatsek, A., Bolozky, S., Well, A. D., & Rayner, K. (1981). Asymmetries in the perceptual span for Israeli readers. *Brain and Language*, *14* (1), 174-180.

Pollatsek, A., Tan, L., & Rayner, K. (2000). The role of phonological codes in integrating information across saccadic eye movements in Chinese character identification. *Journal of Experimental Psychology: Human Perception and Performance*, *26*, 607-633.

Poulton, E. C. (1962). Peripheral vision, refractoriness and eye movements in fast oral reading. *British Journal of Psychology*, *53* (4), 409-419.

Rayner, K. (1986). Eye movements and the perceptual span in beginning and skilled readers. *Journal of Experimental Child Psychology*, *41* (2), 211-236.

Rayner, K. (2009). Eye movements and attention in reading, scene perception, and visual search.

Quarterly Journal of Experimental Psychology, *62* (8), 1457-1506.

Rayner, K., & Bertera, J. H. (1979). Reading without a fovea. *Science*, *206* (4417), 468-469.

Su, J., Yin, G., Bai, X., Yan, G., Kurtev, S., Warrington, K. L., ··· Paterson, K. B. (2020). Flexibility in the perceptual span during reading: Evidence from Mongolian. *Attention, Perception, & Psychophysics*, *82* (4), 1566-1572.

Tsai, C. H., & McConkie, G. W. (1995). The perceptual span in reading Chinese text: A moving window study. In *Seventh International Conference on the Cognitive Processing of Chinese and Other Asian Languages,* Hong Kong.

Tsai, J. L., Lee, C. Y., Tzeng, O., Hung, D., & Yen, N. S. (2004). Use of phonological codes for Chinese characters: Evidence from processing of parafoveal preview when reading sentences. *Brain and Language*, *91*, 235-244.

Xie, F., McGowan, V. A., Chang, M., Li, L., White, S. J., Paterson, K. B., ··· Warrington, K. L. (2020). Revealing similarities in the perceptual span of young and older Chinese readers. *Quarterly Journal of Experimental Psychology*, *73* (8), 1189-1205.

第三章

消失文本范式

在阅读中，获取文本视觉信息是通往词汇识别和语言高水平加工的基本途径。读者快速有效地获取文本的视觉信息也是一项非常重要且基础的阅读技能。消失文本范式正式被用于探索阅读过程中视觉信息的提取速度，同时揭示视觉刺激与语言信息对眼动行为的影响等基本问题。目前，消失文本范式已经被用于多种语言（包括英语、芬兰语和汉语等）的研究中，并且其演变范式也被灵活运用于解决更多的问题。

第一节　消失文本范式简介

一、消失文本范式基本原理

在阅读过程中，读者的眼动与文字即时加工密切相关。通常情况下，读者通过注视获取视觉信息。然而，由于每次注视只能获取注视点周围较小范围内的信息，因此读者需要不断地转移注视（眼跳）使新信息落入可加工的范围内，以完成文字视觉与语言信息的提取和加工（Rayner，2009）。有趣的是，尽管每次注视的时间在200～250ms，但实际上读者在注视开始的50～60ms便能够获取到正常阅读所必需的信息。这一发现正是源于消失文本范式的一系列研究。

消失文本范式属于呈现随眼动变化技术。其基本原理是在词与词之间设置一个隐形边界，当读者的眼跳跨过边界落入当前注视区域内时开始计时，注视词在预设时间之后消失。随后，当注视离开当前区域跨越到下一个区域时，之前消失的词又重新出现。因此，在任何一个时刻，整个句子只有处于被注视的区域才是可见的。研究者通过操纵注视词的呈现时间，限制读者在首次注视的开始阶段对单词视觉信息进行编码的机会，从而考察读者在句子阅读中提取文本信息的速度或对文本信息呈现时间的需求（Blythe et al.，2009；Ishida & Ikeda，1989；Liversedge et al.，2004；Rayner et al.，1981，2003，2006；刘志方等，2011）。从操纵层面来看，消失文本范式的基本原理与知觉广度范式或边界范式等相同。这类技术通常利用计算机高速处理信息的特点，将眼动仪采集到的数据实时传输到主试机中，在线追踪分析注视时间和注视位置等眼动事件，同时通过以太网将眼动信息传送回被试机，并按照预先编写的程序实时改变显示屏幕上信息的呈现位置或时间，从而达到刺激呈现随眼动同步变化的目的。

消失文本范式的核心假设是，如果注视词在呈现特定的时间后消失，读者仍可以正常阅读，表现为阅读效率不受影响，则说明该呈现时间可以保证阅读的正常进行。反之，如果阅读效率受到干扰，则表明该呈现时间无法满足正常阅读所需。因此，研究者可以采用该范式来考察读者在阅读过程中获取文本视觉信息所需的时间。值得说明的是，虽然短暂的文本呈现不影响读者的正常阅读，但这并不代表读者可以在这段时间内完成对注视词的完整加工，而只是能够获取到正常阅读所必需的信息。

消失文本范式的基本流程如图 3-1 所示。当读者注视文本中的“严格”一词时，该注视词会在预设定时间（如 60ms）后消失。当注视转移到下一个词“遵守”时，之前消失的“严格”会重新出现，而当前注视词“遵守”会在呈现同样固定时间后消失。同样的操作逻辑也用于探究读者何时开始提取副中央凹预视词信息等问题，例如，通过操纵注视词右侧相邻词在某个预设时间后的消失来进行。

学生应该严格遵守各项课堂纪律。[当前注视开始]
*
学生应该　　遵守各项课堂纪律。[60ms注视以后]
*
学生应该严格遵守各项课堂纪律。[下一个注视开始]
*
学生应该严格　　各项课堂纪律。[60ms注视以后]
*
学生应该严格遵守各项课堂纪律。[再下一个注视开始]
*
学生应该严格遵守各项　　纪律。[60ms注视以后]
*

图 3-1　消失文本范式基本流程示意图

二、消失文本范式发展沿革与演变

消失文本范式起源于“移动掩蔽范式”（moving mask paradigm），两者最初非常相似，也被称为“消失掩蔽范式”。在这两种范式中，当读者注视文本的某个区域时，该区域的文字会被掩蔽符号所替代。然而，两者的区别在于消失文本范式中掩蔽并不是在注视开始时立即发生，而是需要等到注视持续了一定时间（即预设时间）后才开始，即读者注视文本一段时间后，该文字将会被掩蔽符号（如“X”）所掩蔽。这一范式最早由 Rayner 等在 1981 年的研究中使用。该研究通过调整文本呈现的时间（即掩蔽出现的时间），考察读者提取阅读所必需的视觉信息的速度。结果显示，注视词在呈现 50～60ms 后被掩蔽，但读者仍然能够正常进行阅读活动。之后，Ishida 和 Ikeda（1989）以及 Slowiaczek 等（1987）等研究者也采用消失掩蔽范式进行类似问题的研究。

Rayner 等在 2003 年的另一项研究中对消失掩蔽范式进行了进一步改进，形成了现在的“消失文本范式”。它与消失掩蔽范式的不同之处在于，注视词在一定时间后不是被其他符号所掩蔽，而是变为空白，就好像所注视的文字突然消失了一样，因此得名“消失文本”。这一范式主要用于研究眼动控制中的一个重要问题，即是什么决定了读者何时开始移动眼睛。认知控制模型（cognitive control model）认为，与词汇加工相关的脑活动控制着读者眼睛的注视时间，预测着不管注视词在 60ms 后是否消失，由于词汇加工仍在正常进行（50～60ms 足以使读者获取阅读所需的足够视觉信息），读者仍然会出现对低频词的注视时间长于高频词的词频效应。研究结果发现与预测一致的词频效应，为认知控制理论提供了强有力的证据支持。

Liversedge 等（2004）进行了一项研究，旨在探讨在消失文本范式中，读者是否会依赖文本的残留印象进行加工。为此，他们比较了消失文本范式和移动掩蔽范式条件下的读者眼动行为。在移动掩蔽范式条件下，符号掩蔽可以防止读者形成当前文字的残留印象。然而，在所阅读文本直接消失而非被掩蔽的情况下，读者有可能会形成这种残留印象并加以使用。因此，研究者预期如果确实存在对文本残留印象加工的可能性，那么两种阅读条件下所得到的实验结果应该存在差异。然而，这两种范式下得到的结果相同，否定了视觉残留印象加工的可能性，为消失文本范式替代移动掩蔽范式提供了有力支持。

当前一系列研究都采用了消失文本范式（Blythe et al.，2009，2011；刘志方等，2011；闫国利等，2007，2008）。一方面，这些研究重复验证了 Rayner 等（1981）

的研究结果，即当所注视词呈现 60ms 后消失时，读者的阅读活动也不会受到干扰；另一方面，这些研究进一步扩展了研究领域，包括考察不同年龄读者获取文本视觉信息的速度，以及不同书写语言系统下读者获取文本视觉信息的速度（包括英语、芬兰语和汉语等）。这些研究丰富了消失文本范式的应用，拓宽了其在研究中的适用范围。

此外，相对于移动掩蔽范式，研究者更倾向于使用消失文本范式，主要原因在于移动掩蔽范式存在着选择掩蔽材料的问题。不同的掩蔽材料会对阅读产生不同的干扰效应。在拼音文字的研究中，掩蔽材料的使用相对一致，多数研究者选择使用“X”符号来掩蔽拼音文字中的字母。这种选择是基于拼音文字的特点，因为“X”符号既简洁又没有特定意义，对阅读的干扰较小。然而，在中文的研究中，掩蔽材料的选择则需要考虑中文自身的书写特点，至今尚未形成统一的标准（王丽红，2011）。因此，为避免可能引入无关干扰，研究者通常更倾向于使用消失文本范式。

此后，研究者继续扩展了消失文本范式的应用范围，将其用于研究更广泛的问题。Rayner 等（2006）采用该范式，从读者对视觉信息的需求角度探讨了注视右侧信息对阅读加工的重要性。除了操作注视区域词的呈现时间外，研究者还将研究范围扩展到了副中央凹的其他区域。具体而言，他们尝试调整非注视词（词 n+1，n+2，n−1 等）的呈现时间，以考察读者对这些区域文本呈现时间的需求。在中文阅读研究中，闫国利等（2009）也操作了副中央凹词的呈现时间，研究了相同的问题。此外，中文的消失文本范式也在不断演变，用于研究中文中词语切分的时程与空间范围，以及中文词汇加工的风格等问题（刘志方等，2011，2013；张智君等，2012）。由此可见，消失文本范式的使用非常灵活，研究者可以根据自身的研究目的来调整研究对象消失的时间、位置和单元大小等参数。

三、消失文本范式研究成果

消失文本范式为探究中文阅读过程中文本视觉信息提取时间提供了一种切实可行的途径，同时也为验证和完善阅读眼动控制模型，甚至解决阅读认知控制模型的内部争议提供了新的研究视角。下文将具体介绍消失文本范式的一些应用，包括考察读者获取注视词（词 n）文本视觉信息所需时间、获取预视词（词 n+1）文本视觉信息所需时间，以及验证和完善眼动控制模型在阅读中的应用。

（一）注视词文本视觉信息获取时间及其发展

1. 注视词文本视觉信息获取时间

在拼音文字阅读领域，Rayner 等（2003）首次采用消失文本范式来研究读者在中央凹处获取文本信息的时间。在这项研究中，参与者分别在正常文本呈现条件和注视词呈现后 60ms 消失的消失文本条件下阅读。研究结果显示，在这两种条件下，被试的阅读表现没有差异，表明读者能够在 60ms 内获取所需的文本信息。这一发现与前人使用移动掩蔽范式得出的结果相一致。

然而，由于汉语在书写形式上与拼音文字存在较大区别，许多研究者开始探究汉语阅读中文本视觉信息获取时间的问题。闫国利等（2007）最早在中文阅读领域进行了相关研究，他们设定了文本呈现时间为 40ms、60ms、80ms、100ms、120ms 以及正常文本条件共 6 个水平。研究结果显示，只有在文本呈现 80ms 及以上时，读者的阅读才与正常文本条件下无差异，这表明读者需要 80ms 才能获取文本视觉信息。然而，刘志方等（2011）和朱丽华等（2012）的研究却发现，在文本呈现 40ms 后消失的条件下，中文读者的总阅读时间和阅读理解率就已经与正常文本条件下无差异。这种不一致结果出现的原因可能在于不同研究者采用了不同的眼动指标作为判断标准。闫国利等（2007）的研究结合了平均注视时间、注视次数、总注视时间等指标作为判断依据，而刘志方等（2011）以及朱丽华（2012）的研究则以句子总阅读时间为最主要的衡量指标。当前，研究者普遍认为总阅读时间是衡量读者是否受到消失文本操作影响的最可靠依据，但仍然需要结合其他眼动指标综合考量，以全面了解读者在消失文本阅读条件下的眼动行为变化。

2. 注视词文本视觉信息获取时间的发展

阅读是一个复杂的认知活动，受多种因素的影响。其中，文本视觉信息获取时间是阅读中的一个关键问题。不同年龄段的人由于阅读技能、信息加工速度和认知资源等方面的差异，在文本视觉信息获取时间上存在差异。在拼音文字阅读中，Blythe 等（2009）的研究发现，无论是儿童还是成人，他们在获取文本信息所需时间上并无明显差异，即便是年龄较小的儿童（7～9 岁），也能在短至 40ms 的文本呈现时间内获取所需的文本视觉信息。Rayner 等（2011）的研究结果也表明，青年成人读者和老年读者在获取文本信息所需时间上并无明显差异。这些研究结果似乎表明，在拼音文字阅读中，阅读能力和认知老化等因素并不会影响读者的文本信息获取时间。

然而，中文阅读的研究结果却与拼音文字阅读的研究结果有所不同。在张巧明（2012）的研究中，在 40ms 的文本呈现时间条件下，小学三年级、小学五年级和大学生的阅读受到了显著干扰，而在 80ms、120ms 的文本呈现时间条件下，五年级学生和大学生的阅读表现与正常文本条件下无异。刘志方等（2014）的研究也得出了类似结论，即在消失文本条件下，小学三年级学生和老年人的阅读受到了干扰，而小学五年级学生和大学生的阅读则不受影响。这种不一致的原因可能在于不同研究采用了不同的眼动指标作为判断依据。为此，闫国利等（2015）采用多项指标综合比较儿童和成人的文本视觉信息获取时间。结果显示，在 20ms 的文本呈现时间条件下，儿童和成人的总阅读时间都受到了消失文本操作的影响，但儿童受到的影响较大，并且在 40ms 及以上的文本呈现时间内，儿童比成人出现了更多的回视。这些研究结果一致表明，在中文阅读中，读者的词汇视觉信息编码时间存在发展变化，表现为儿童、青年和老年读者之间存在差异。

关于文本信息获取时间的发展性问题，拼音文字和汉字的研究结果不一致，这可能与汉字书写的独特性有关。汉字具有更复杂的视觉正字法特征，这可能使中文读者将视觉信息转化为词汇编码的难度更大。同时，汉语中词与词之间缺乏明显的边界线索，这也可能使读者更依赖视觉信息，从而需要更长的时间获取正常阅读所需的信息。这种现象在阅读技能较低的儿童和认知老化的老年人中表现得更为明显。

（二）预视词文本视觉信息获取时间

在阅读过程中，读者对词 n+1 的预视能够促进阅读加工。因此，一些研究者采用了消失文本范式来考察读者获取预视词（词 n+1）视觉信息所需的时间。该范式的示意图如图 3-2 所示，通过操纵注视词 n 的某个预设时间后，词 n+1 消失，以此来研究读者在一次注视中何时能够获取预视词的信息。

（1）爷爷每天晚上都会外出散步　[注视开始]

*

（2）爷爷　　晚上都会外出散步　[40ms 之后]

*

（3）爷爷每天晚上都会外出散步　[下一次注视开始]

*

（4）爷爷每天　　都会外出散步　[40ms 之后]

*

图 3-2　采用消失文本范式考察预视词视觉信息获取时间示意图

在拼音文字研究中，Rayner 等（2006）操纵了词 n 和词 n+1 在注视词 n 被注视 60ms 后同时消失或仅词 n+1 消失。结果显示，在两词同时消失的条件下，读者的总阅读时间、平均注视时间都显著长于正常阅读条件下的时间，回视次数也比正常阅读条件下多。同时，在仅词 n+1 消失的条件下也得到了相似的结果。这表明在当前注视开始的 60ms 内，读者无法获取预视词的视觉信息。在中文中，词与词之间没有类似英文的空格，词 n+1 与词 n 的距离在一定程度上也更近，因此读者可能更早地获取词 n+1 的文本视觉信息。然而，关于中文阅读中获取预视词视觉信息所需时间的研究却未得出一致的结论。闫国利等（2009）采用了与拼音文字研究中相似的方法，考察了中文阅读中读者获取词 n+1 视觉信息所需时间的问题。在词 n 呈现 80ms 后，词 n 和词 n+1 同时消失或者仅词 n+1 消失。结果发现，无论是在两个词同时消失的情况下还是在仅词 n+1 消失的情况下，读者的眼动行为都发生了变化，表现为平均注视时间和回视次数均增加。因此，该研究认为，在汉语阅读中，80ms 的时间不足以让读者获取词 n+1 的视觉信息，这与拼音文字中获得的结论一致。然而，刘志方等（2011）以及朱丽华（2012）的研究却得出了不一致的结果。他们发现在词 n 呈现 40ms 后，词 n+1 消失，读者的总阅读时间并未显著增加，这说明读者在注视词 n 呈现 40ms 的时间内已经获取了词 n+1 的文本视觉信息，从而保障了正常阅读。

（三）验证阅读研究中的眼动控制模型

阅读是一项复杂的认知活动，包括眼跳和注视两个基本组成部分。眼跳使读者能够到达新的文本位置，而注视则用于获取信息。目前，有 3 种眼动控制模型用来解释眼跳何时发生以及影响眼跳的因素：第一种是最小控制模型，该模型认为眼动与文字的语言特征无关，眼动的主要作用是使新的信息进入加工系统。根据这个模型，一个词的语言特征不会影响读者对其的注视时间。第二种是视觉控制模型，该模型认为眼动何时发生主要受到与阅读相关的知觉过程的影响，语言加工与眼动的发生没有直接联系。第三种是认知控制模型，该模型认为词汇加工在很大程度上决定了眼睛何时移动。在认知控制模型中，E-Z 读者模型和 SWIFT 模型是两个代表性模型。这两个模型都认为词汇的语言特征（如词的频率、预测性等）会影响眼动的发生时间，但在词汇加工方式上存在分歧。SWIFT 模型认为，读者可以并行加工阅读知觉广度内的词汇信息，即阅读知觉广度内的所有词语都可能同时被加工（Engbert et al.，2005）。而 E-Z 读者模型则认为，只有完成当前注视词的加工后，读者的注意才能转移到下一个词，开始对下一个词进行加工

（Reichle et al.，1998）。

在一些采用消失文本范式研究读者文本视觉信息获取时间的研究中，研究者通过操纵词的词频或预测性来验证阅读的上述眼动控制模型。例如，在拼音文字研究中，Rayner 等（2003）让读者在正常文本条件或消失文本条件下阅读含有高频或低频目标词的句子，结果发现，消失文本阅读中也存在显著的词频效应。即使在注视词已经消失的情况下，读者对低频词的注视时间比高频词更长。这一结果也得到了 Liversedge 等（2004）研究的验证。Blythe 等（2009）关于儿童的研究也表明，即使是阅读技能尚不成熟的儿童在消失文本阅读条件下也会出现词频效应。中文阅读研究也发现，无论是成人还是儿童读者，在阅读消失文本时都会出现词频效应（刘妮娜，2015）。此外，闫国利等（2008）的研究操纵了目标词的预测性，发现在消失文本阅读条件下也存在显著的预测性效应。上述消失文本阅读中的词频效应和预测性效应表明，词汇的语言特征会在很大程度上影响读者的眼动行为，这与认知控制模型的预测一致。而最小控制模型和视觉控制模型则认为读者的眼动不会或很少受到与词汇加工相关的认知因素的影响。因此，这些研究支持了阅读的认知控制模型。

关于认知控制模型内部的争议，即词汇加工是并行进行还是序列进行，一些研究者使用消失文本范式，从副中央凹词信息获取的时程角度提供了证据。刘志方等（2011）通过操纵词 n−1、词 n、词 n+1、词 n+2 在词 n 被注视 40ms 后消失来研究读者的阅读行为，结果发现，词 n−1 的消失破坏了读者的正常阅读，而词 n、词 n+1、词 n+2 的消失则没有影响读者的正常阅读。序列加工模型认为，个体在完成对当前目标词的语义加工之后才会对下一个目标词进行加工，在注视的早期，读者无法对右侧副中央凹的词进行预视。因此，序列加工模型难以解释已加工词 n−1 的消失为什么会对阅读产生破坏，而还未注视或加工的词 n+1 和词 n+2 的消失却不会干扰阅读。这表明在注视的早期，读者对副中央凹信息已经进行了充分预视，从而保障了阅读的正常进行。因此，这项研究更加支持认知控制模型中的并列加工观点。然而，来自拼音文字阅读的研究却发现，当词 n+1 在词 n 被注视短暂时间后消失时，正常的阅读会被破坏（Rayner et al.，2006）。这表明在注视的早期，拼音文字读者无法获取词 n+1 的充足视觉信息，因此这些结果更加倾向于支持阅读的序列加工模型。

第二节　消失文本范式实操

一、消失文本范式的实验程序编制

本节将详细介绍如何编写一个完整的消失文本范式程序。在这个过程中，我们将使用两款软件，分别是 EB 和 DV。在 EB 中，我们将构建基本的实验程序；而在 DV 中，我们将绘制感兴趣区（region of interest，ROI），用于在 EB 程序中设定消失窗口。与一般的眼动实验程序一样，消失文本范式的基本程序也可以分解为四个层级：实验层、区组层、试次层和记录层。然而，与常规实验相比，消失文本范式在每个层级中的结构更为复杂，需要进行更加精细的设计。该范式具体的程序结构如图 3-3 所示。

（一）创建实验层

1. 创建一个新的实验程序并设定参数

（1）创建新的实验程序

1）在应用的菜单栏点击“File→New”。

2）程序会出现“New Project”的对话框（图 3-4），在“Project Name”这一栏里填写程序名称，如“Disappearing text paradigm sample”。

3）点击“Project Location”右边的按钮，选择程序存储的位置。

4）确保“EyeLink Experiment”前面的对话框被勾选，并正确选择实验仪器的型号①。

5）点击“OK”，完成创建。

（2）设置新实验程序参数

实验程序创建完成之后，需要检查实验程序的参数与电脑屏幕的参数是否一致。具体步骤见图 3-5 和图 3-6。

1）从菜单栏中选择“Edit→Preferences”，或者直接在窗口处按“F4”键来实现。

---

① 仪器型号在程序中也可进行修改，编程之初如果不确定时可先任意选择一个。

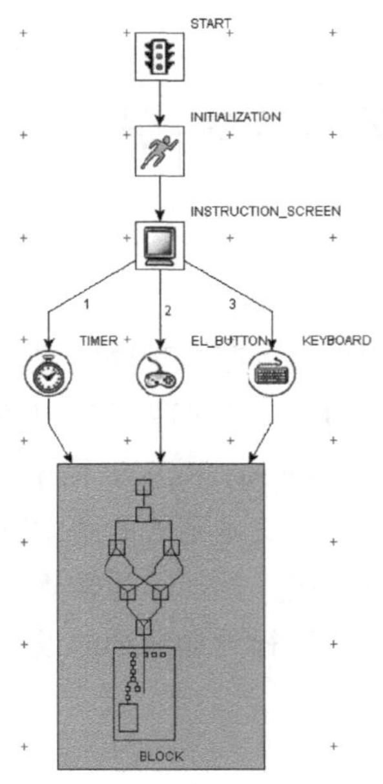

(a) 实验层

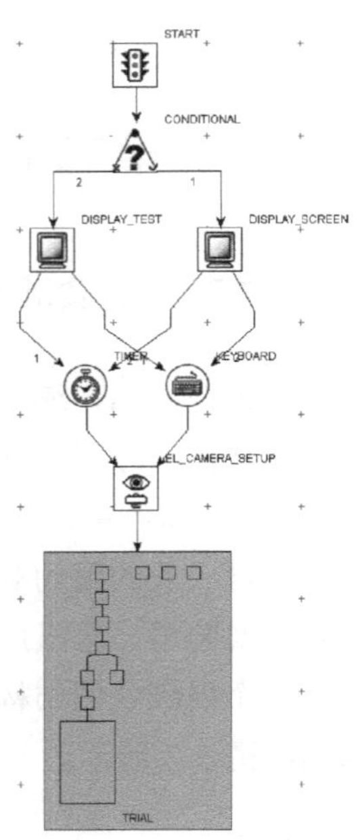

(b) 区组层

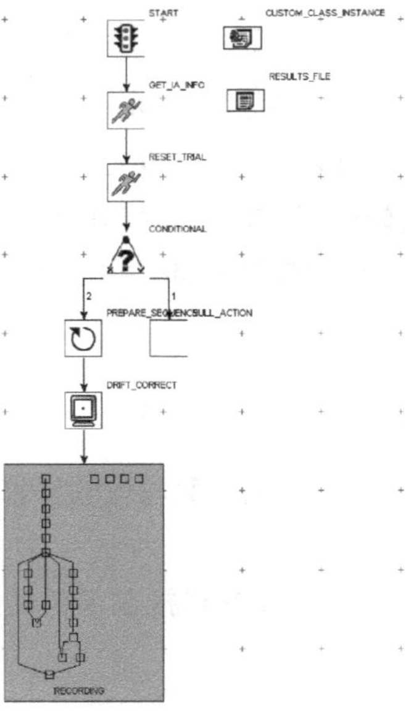

(c) 试次层

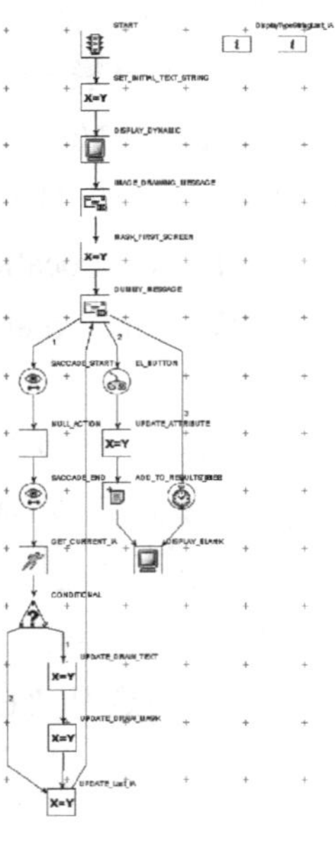

(d) 记录层

图 3-3 消失文本范式的程序结构示意图

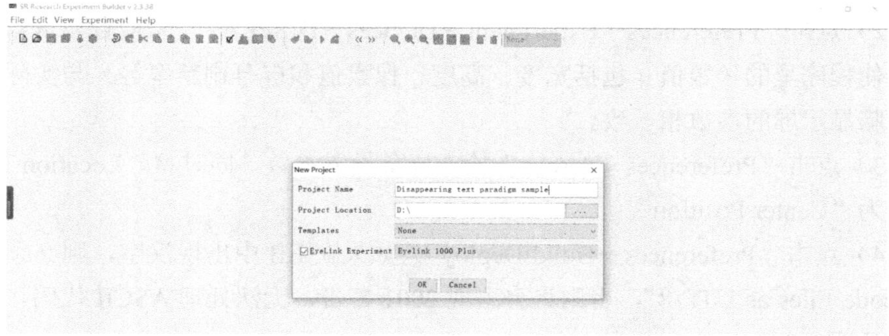

图 3-4　创建一个新的实验程序

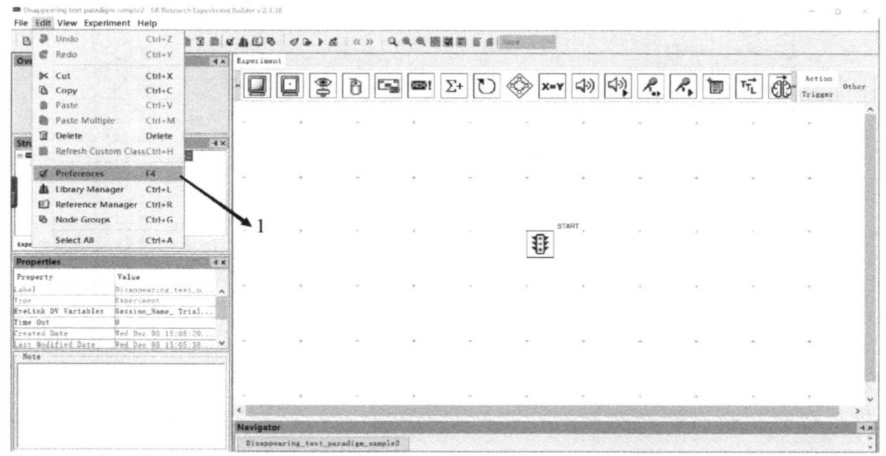

图 3-5　消失文本范式中显示器参数设置 I

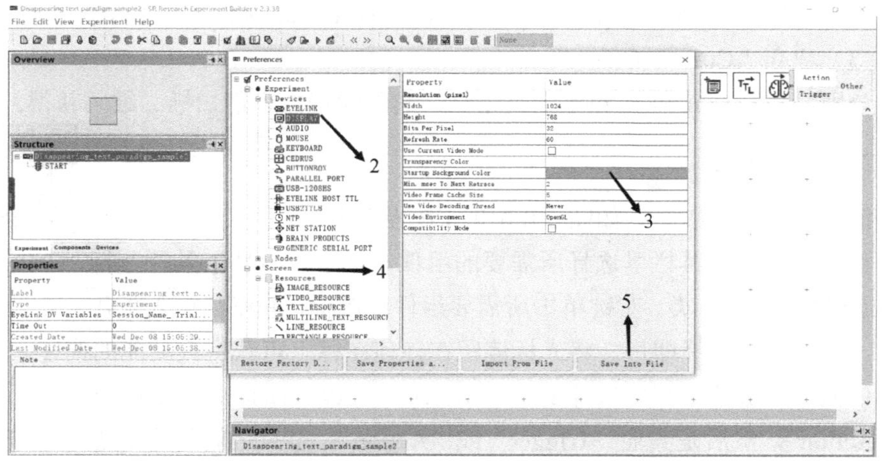

图 3-6　消失文本范式中显示器参数设置 II

2）点击“Preferences→Experiment→Devices→DISPLAY”来检查显示器的设置，使程序里的参数值（包括宽度、高度、像素值和屏幕刷新率等）与实际使用的电脑显示屏的参数相一致。

3）点击“Preferences→Screen”检查屏幕设置参数，同时将“Location Type”设置为“Center Position”。

4）点击“Preferences→Build/Deploy”，如果在 EB 中出现汉字，则必须选中“Encode Files as UTF-8”，否则将会出现 2001 警告，无法处理 ASCII 代码。具体设置见图 3-7。

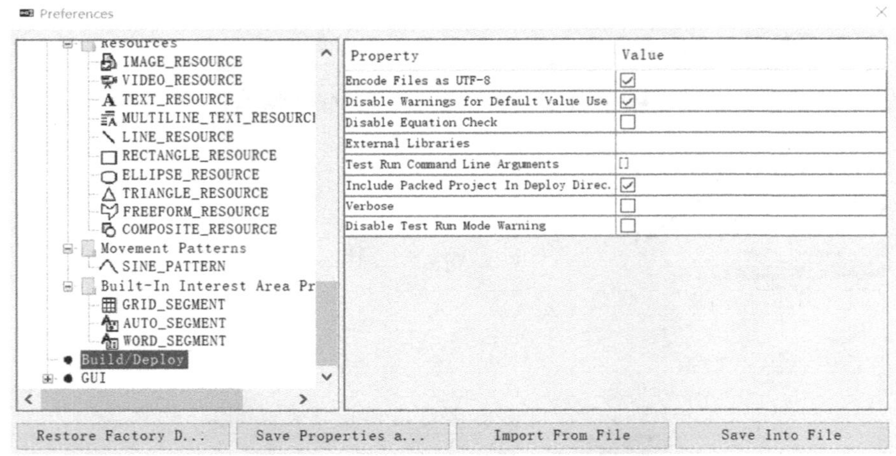

图 3-7　消失文本范式中文件读取格式设置

5）设置完以上参数之后，点击“Save Properties as Default”保存设置的参数。

（3）建立“Custom Class Instance”

分别以注视词 n 和 词 n+1 消失为例，具体编程内容请扫描二维码获得。

2. 创建实验层

消失文本范式的结构如图 3-8 中的 EB 界面所示。

首先在组件工具栏里选择所需要的组件。其中，组件工具栏包括“Trigger”“Action”“Other”3 类。左键单击所需要组件的图标，并将其拖入工作区内的相应位置，然后松开鼠标即可。将光标停留在任何图标上可获得其功能的描述。

任何一个实验序列默认都是从“START”节点开始的，后面连接一个“Trigger”或“Action”，然后是其他“Trigger”或“Action”。节点之间使用带箭头的线建立“Source Node”和“Target Node”之间的连接，具体方法是：单击“Source Node”

并用鼠标拖向“Target Node”，然后松开鼠标按键即可完成连接。可以通过按“ESC”键取消连接，或用鼠标点击选中（黄色凸显后）后按“Delete”键删除修改。

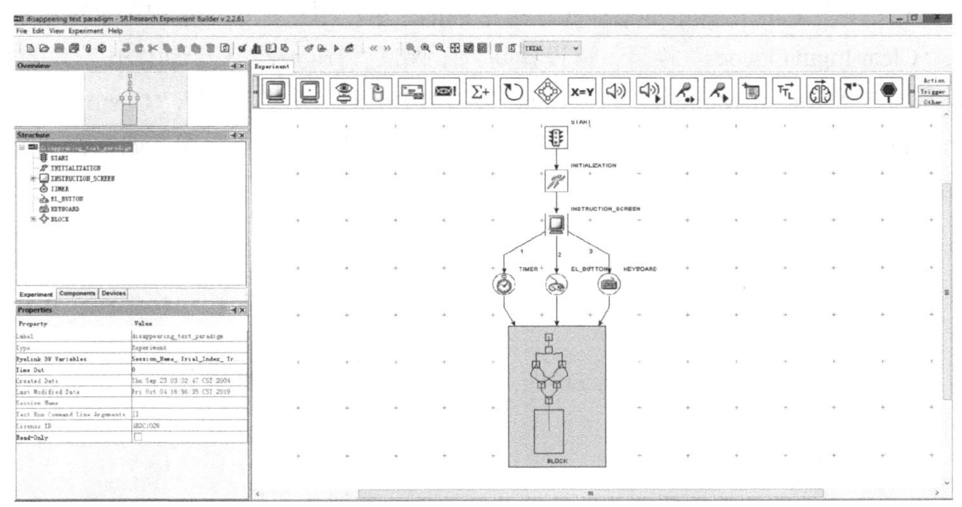

图 3-8　消失文本范式中实验层的结构示意图

（1）添加实验序列层的组件

1）点击组件栏里的“Action”按钮。

2）选择“Execute”节点，用鼠标左键将其拖入工作区内。

3）选择“Display Screen”节点，用鼠标左键将其拖入工作区内。

4）点击组件栏里的“Trigger”按钮。分别选择“Keyboard”触发器、“EyeLink Button”触发器和“Timer”触发器，并用鼠标左键将其逐一拖入工作区内。

5）再点击组件栏里的“Action”按钮，选择“Sequence”节点，用鼠标左键将其拖入工作区内。

6）将鼠标放在“START”节点上，点击并移动鼠标左键至“Execute”节点，建立两者之间的连接。

7）再将鼠标放在“Execute”节点上，点击并移动鼠标左键至“Display Screen”节点，建立两者之间的连接。

8）采用同样的方法分别建立“Display Screen”节点与“Keyboard”“EyeLink Button”“Timer”触发器之间的连接。

9）建立以上 3 个节点与“Sequence”之间的连接。

10）将鼠标放在工作区的空白地方，点击鼠标左键，之后选择“Arrange Layout”按钮，重新排列工作区内的各个节点。

（2）设置实验层的组件属性

1）设置“Execute”节点的属性，见图 3-9。点击“Execute”节点，在左下角属性栏中将“Label”和“Message”的“Value”都改为“INITIALIZATION”；勾选“Clear Input Queues”栏目，该设置是为了保证“Trigger”不受动作开始前的影响；点击“Execute Method”的“Value”空格进行属性设置，选择“Custom_Class_Instance”节点中的“initialize”属性，目的是将 Trial 的数据初始化。

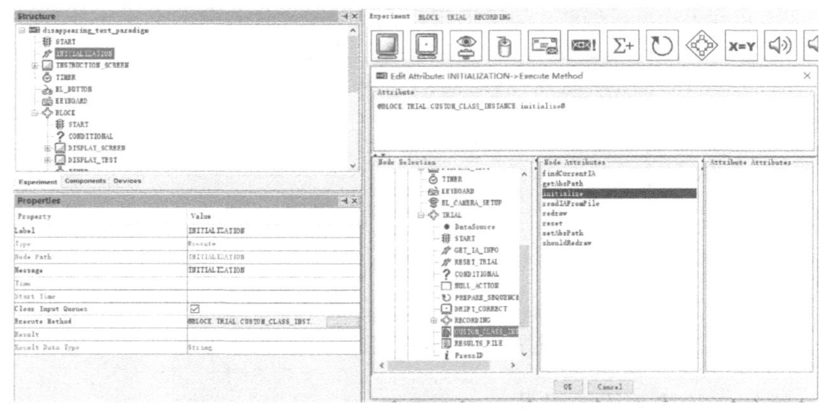

图 3-9　消失文本范式中“Execute”节点属性设置

2）设置指导语。点击“Display Screen”节点，在属性栏中将“Label”和“Message”的“Value”都改为“INITIALIZATION_SCREEN”；勾选“Clear Input Queues”栏目；双击“Display Screen”节点，将会呈现一个空白屏用于呈现指导语。下面将介绍用图片呈现指导语的方法：①首先确保指导语图片已放入“Library Manager”中。②选择“Library Manager”的“Image”标签，点击“Add”按键载入图片文件。注意，图片文件的名称不能含有空格或任何非文本的字符。③EB 所支持的文件类型包括 PNG、TIF、GIF、JPG 和 BMP。④图片添加到“Library Manager”后，点击屏幕构建工具栏（Screen Builder Toolbar）中的“Insert Image Resource”按键，再点击“Workspace”中的任意位置，将会出现“Select Image”对话框，从中选择所需要的图片，屏幕“Builder”中将会呈现该图片。⑤调整图片的位置。点击图片并将其拖入目标区域，然后释放鼠标；通常通过属性面板中的“Location”设定图片的位置属性，使其上下和左右都保持距中。

3）设置“Trigger”按钮参数。在“TIMER”节点的属性栏中，将“Duration”设置为 20 000ms，表示如果被试在 20 000ms 的时间内不作出按键反应，程序将会自动跳入下一屏。在“EyeLink Button”的属性栏中，将“Buttons”的属性设置为

“5”，表示只有按手柄的“5”这个键才能结束当前指导语注视屏幕。在“Keyboard”的属性栏中，将“Keys”属性设置为“Backspace”，表示只有按空格键才能结束当前指导语注视屏幕。

4）设置“Sequence”节点。点击属性栏里的“Label”标签，在“Value”栏里对其进行重新命名，将其命名为“BLOCK”。在“Iteration Count”栏里进行设置，选择序列需要重复的次数，如设置为“2”，表示区组层重复 2 次，分别为练习和正式实验。在工作区内，双击“Sequence”按钮以继续编程。

（二）创建区组层

在每个区组中，首先呈现给被试任务提示——“练习开始”或“正式实验开始”，然后，屏幕上会呈现“Camera Setup”，接下来会出现校准屏，最后开始运行每个试次。区组层的结构见图 3-10。

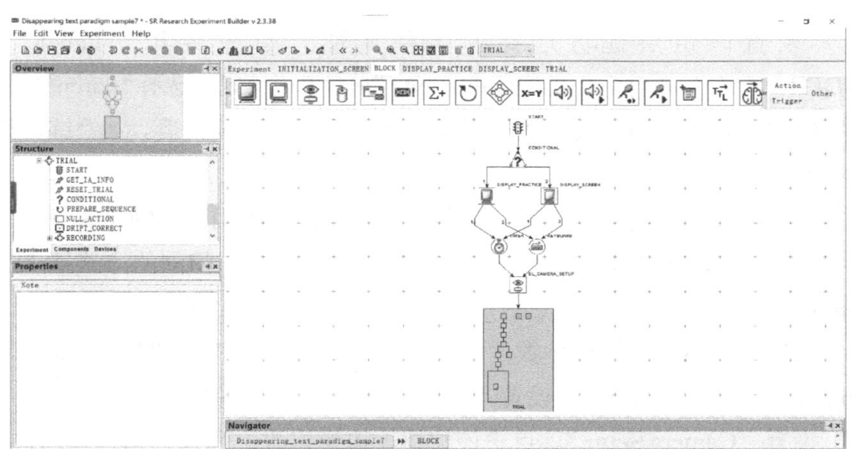

图 3-10　消失文本范式中区组层的结构示意图

1. 添加区组序列层的组件

1）点击组件栏里的“Trigger”按钮，选择“Conditional Trigger”，并用鼠标左键将其拖入工作区内。

2）点击组件栏里的“Action”按钮，选择“Display Screen”节点，用鼠标左键将其拖入工作区内，重复相同动作使工作区有两个呈现屏。

3）点击组件栏里的“Trigger”按钮，分别选择“Keyboard”触发器和“Timer”触发器，并用鼠标左键将其逐一拖入工作区内。

4）点击组件栏里的“Action”按钮，选择“Camera Setup”节点，并用鼠标左键将其拖入工作区内。

5）点击组件栏里的“Action”按钮，添加“Sequence”节点到工作区。这将成为 trial 序列。

6）将鼠标放在“START”节点上，点击并移动鼠标左键至“Conditional Trigger”节点，建立两者之间的连接。

7）用同样的方法建立“Conditional Trigger”节点与两个“Display Screen”之间的连接，以及“Display Screen”分别与“Keyboard”和“Timer”之间的连接。

8）建立“Keyboard”和“Timer”两个触发器上述两个节点与“Camera Setup”之间的联系，以及“Camera Setup”和“Sequence”节点之间的连接。

9）将鼠标放在工作区的空白地方，点击鼠标左键，选择“Arrange Layout”按钮重新排列工作区内的各个节点。

2. 设置区组层的组件属性

1）设置区组层任务选择的条件属性。首先将其“Label”改为“CONDITIONAL”，并对下面的“Evaluation1”属性进行修改，选择“parent.iteration”使其“EQUALS”等于 1，表示接下来显示屏要呈现的相应内容，如“练习开始”，否则呈现“正式实验开始”。

2）设置任务提示语屏幕属性。分别双击工作区内的两个“Display Screen”节点，屏幕会出现编辑窗口，采用与上文中插入“指导语”相同的方式插入并设置刺激图片，分别命名为“DISPLAY_TEST”和“DISPLAY_PRACTICE”。

3）设置“Trigger”按钮参数。点击“Timer”节点，并将“Duration”设置为 20 000ms；点击“Keyboard”，设置“Keys”用于主试按键翻页，接下来进行校准。

4）设置“Camera Setup”。点击该按钮，选择修改“Label”和“Message”的“Value”值，也可不修改。勾选“Clear Input Queues”。对于校准类型“Calibration Type”，按照刺激内容和实验要求进行选择，如果是单行文字内容，一般选择 H3；如果是多行文本，可选择 HV9。设置校准点的位置，这里采用 H3，参照所选择的刺激呈现大小或显示器屏幕尺寸进行设置，例如采用 1024×768 像素的刺激图片和屏幕分辨率，将其水平位置设置为 384 像素。设置校准点之间的间隔时间，通常选择 1000ms。勾选“Randomize Order”和“Repeat First Point”属性。

5）设置“Sequence”节点。点击属性栏里的“Label”标签，在“Value”栏里对其重新命名，将其命名为“TRIAL”。在“Iteration Count”栏里进行设置，选择序列需要重复的次数，如这里的“150”，表示有 150 个试次。“Split by”设置为“10，

140”，表示前 10 个练习试次和后 140 个正式实验试次被分为两组。“Trial”和“DataSource”的编辑过程见图 3-11 和图 3-12。

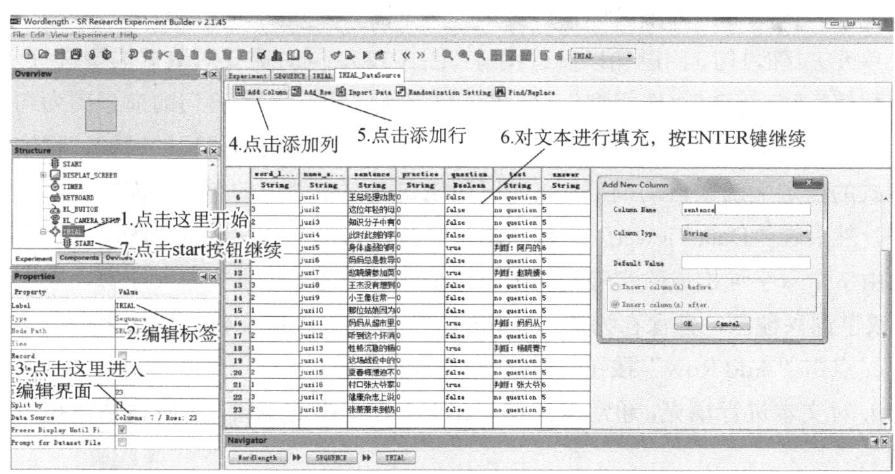

图 3-11　Trial 编辑

	Trial Number	Identifier String	image_se... String	Duration Number	IAs String	image_wi... String	Practice String	Cbid Number	question String	condition String
1	1	T27P	T27P.JPG	0	T27.ias	T27P.JPG	y	5	n	P
2	2	T33P	T33P.JPG	80	T33.ias	mask.JPG	y	5	n	P
3	3	T33P	T33PQ.JPG	0	q.ias	T33PQ.JPG	y	6	y	P
4	4	T44P	T44P.JPG	0	T44.ias	T44P.JPG	y	5	n	P
5	5	T44P	T44PQ.JPG	0	q.ias	T44PQ.JPG	y	6	y	P
6	6	T45P	T45P.JPG	80	T45.ias	mask.JPG	y	5	n	P
7	7	T52P	T52P.JPG	0	T52.ias	T52P.JPG	y	5	n	P
8	8	T54P	T54P.JPG	80	T54.ias	mask.JPG	y	5	n	P
9	9	T54P	T54PQ.JPG	0	q.ias	T54PQ.JPG	y	6	y	P
10	10	T100P	T100P.JPG	80	T100.ias	mask.JPG	y	5	n	P
11	1	H01	H01.jpg	20	7.ias	mask.jpg	n	5	n	20
12	2	H02	H02.jpg	20	7.ias	mask.jpg	n	5	n	20
13	3	H03	H03.jpg	20	7.ias	mask.jpg	n	5	n	20
14	4	H04	H04.jpg	20	7.ias	mask.jpg	n	5	n	20
15	5	H05	H05.jpg	20	8.ias	mask.jpg	n	5	n	20
16	6	H06	H06.jpg	20	8.ias	mask.jpg	n	5	n	20
17	7	H07	H07.jpg	20	6.ias	mask.jpg	n	5	n	20
18	8	H08	H08.jpg	20	7.ias	mask.jpg	n	5	n	20
19	9	H09	H09.jpg	20	7.ias	mask.jpg	n	5	n	20
20	10	H10	H10.jpg	20	7.ias	mask.jpg	n	5	n	20
21	11	H11	H11.jpg	40	8.ias	mask.jpg	n	5	n	40
22	12	H12	H12.jpg	40	7.ias	mask.jpg	n	5	n	40
23	13	H13	H13.jpg	40	7.ias	mask.jpg	n	5	n	40
24	14	H14	H14.jpg	40	6.ias	mask.jpg	n	5	n	40
25	15	H15	H15.jpg	40	6.ias	mask.jpg	n	5	n	40
26	16	H16	H16.jpg	40	7.ias	mask.jpg	n	5	n	40
27	17	H17	H17.jpg	40	6.ias	mask.jpg	n	5	n	40
28	18	H18	H18.jpg	40	8.ias	mask.jpg	n	5	n	40
29	19	H19	H19.jpg	40	6.ias	mask.jpg	n	5	n	40
30	20	H20	H20.jpg	40	6.ias	mask.jpg	n	5	n	40
31	21	H21	H21.jpg	60	7.ias	mask.jpg	n	5	n	60
32	22	H22	H22.jpg	60	6.ias	mask.jpg	n	5	n	60
33	23	H23	H23.jpg	60	8.ias	mask.jpg	n	5	n	60
34	24	H24	H24.jpg	60	6.ias	mask.jpg	n	5	n	60
35	25	H25	H25.jpg	60	6.ias	mask.jpg	n	5	n	60
36	26	H26	H26.jpg	60	8.ias	mask.jpg	n	5	n	60

图 3-12　DataSource 编辑

a. 点击“DataSource”属性，进入“DataSource”编辑界面。

b. 点击“Add Column”按钮。在消失文本范式中，“DataSource”通常会加入如下变量：试次数、刺激名称、自变量、前景图、后景图、呈现时间、兴趣区（即消失单元）、练习句、问题句以及答案等（图 3-12）。同时需要对数据类型进行定义，有“数值”“字符串”“选择型”。如图 3-11 所示，其中，实验句的前景图为句子刺激图片，后景图为空白图片。呈现时间用来定义文本消失前呈现的时间，程序将基于范式的自定义函数自动调用。兴趣区用来定义文本消失的单元，需提前运行一遍程序，然后在“Data Viewer”中按照消失区域，为每个试次绘制兴趣区并保存。例如，由 7 个双字词构成的实验句，按照每个双字词为一个消失单元来算，需要画出 7 个双字词兴趣区，并保存为该实验句的一个完整兴趣区文件（后缀名为“.ias”）。

c. 点击“Add Row”按钮，输入要添加的列数。

d. 对文本进行填充，通常可先在 Excel 文件中提前编辑，然后粘贴在相应行列当中。

e. 最后勾选“Prompt for Dataset File”。

f. 在结构栏中，双击“TRIAL”序列按钮，点击 Start 节点继续编辑。

（三）创建试次层

一般文本呈现实验中，每个试次出现之前都会添加一个准备序列和一个漂移校准。试次层的结构见图 3-13。准备序列允许实验者在主试机上预加载图像文件、视频剪辑或声音播放，以便实验者根据读者的表现重新启动触发设置。在消失文本范式中，除此之外，还需要增加两个执行节点，用来获取当前兴趣区信息以及重新对试次进行设置。

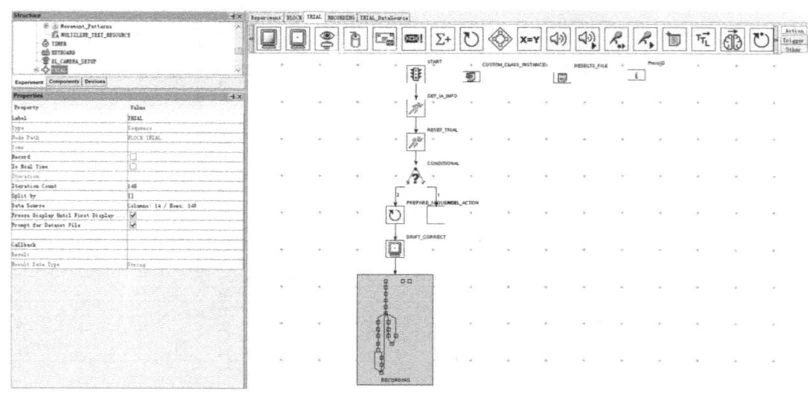

图 3-13 消失文本范式中试次层的结构示意图

1. 添加区组序列层的组件

1）点击组件栏里的“Action”按钮。选择“Execute”节点，用鼠标左键将其拖入工作区内，重复该动作再建立一个“Execute”节点。

2）点击组件栏里的“Trigger”按钮，选择“Conditional Trigger”，并用鼠标左键将其拖入工作区内。

3）点击组件栏里的“Action”按钮，分别选择“Prepare Sequence”和“Null_Action”，并用鼠标左键将两者依次拖入工作区内。

4）点击组件栏里的“Action”按钮，选择“Drift Correction”节点，将其拖入工作区内。

5）点击组件栏里的“Action”按钮，选择“Sequence”节点，将其拖入工作区内。

6）将鼠标放在“START”节点上，点击并移动鼠标左键，按照上述添加顺序依次建立相邻组件之间的连接。

7）将鼠标放在工作区的空白地方，点击鼠标左键，之后选择“Arrange Layout”按钮，重新排列工作区内的各个节点。

2. 设置试次层的组件属性

1）设置“Execute”节点的属性。点击第一个“Execute”节点，在左下角属性栏中将“Label”和“Message”的“Value”都改为“GET_IA_INFO”；勾选“Clear Input Queues”栏目；点击“Execute Method”的“Value”空格进行属性设置，选择“Custom Class Instance”中的“read IA FromFile”属性；点击“filename”的“Value”空格进行属性设置，选择“DataSource”中的“IA”列。点击第二个“Execute”节点，在左下角属性栏中将“Label”和“Message”的“Value”都改为“RESET_TRIAL”；勾选“Clear Input Queues”栏目；点击“Execute Method”的“Value”空格进行属性设置，选择“Custom Class Instance”中的“Reset”属性。

2）设置条件属性。将“Label”改为“CONDITIONAL”，将“Message”改为“CHECK_IA_SIZE”；修改“Evaluation1”的属性，选择当前序列中第一个“Execute”的结果“@GET_IA_INFO.result@”，设定“Comparator”为“LESS_THAN”，“Value”等于1，表示如果当前兴趣区的位置小于“DataSource”，则得到“IA_INFO”的结果，否则需要重新绘制掩蔽符号。

3）设置“Prepare_Sequence”属性。将“Label”和“Message”的“Value”都设置为“PREPARE_SEQUENCE”；勾选“Clear Input Queues”栏目；勾选“Load

Screen Queues”“Load Audio”栏目；将“Draw To EyeLink Host”设置为“IMAGE”；最后勾选“Reinitialize Triggers”“Reinitialize Actions”栏目。

4）设置空屏属性。将“Label”的“Value”改为“NULL_ACTION”，将“Message”的“Value”改为“***** Invalid Trial！”；勾选“Clear Input Queues”栏目。

5）设置漂移校准属性。将“Label”和“Message”的“Value”都改为“DRIFT_CORRECT”；勾选“Clear Input Queues”栏目；设置漂移校准点位置的“X Location”和“Y Location”值，使其位置与图片第一个字重合；将“Apply Correction”设置为“CURRENT”；勾选“Allow Setup”“Draw To EyeLink Host”栏目。

（四）创建记录层

选择新添加的“Sequence”节点，将其名字重新命名为“RECORDING”。确保属性栏里的“Record”和“Is Real Time”被选中。可选择性地增加“Eyelink Record Status Message”，通常用于呈现实验项目序号、实验条件以及句子判断对错的反馈。点击工作区的“RECORDING”按钮，开始下一步的操作。见图 3-14 所示，记录层的组件比较多，接下来将在添加组件的同时对其属性设置进行描述。

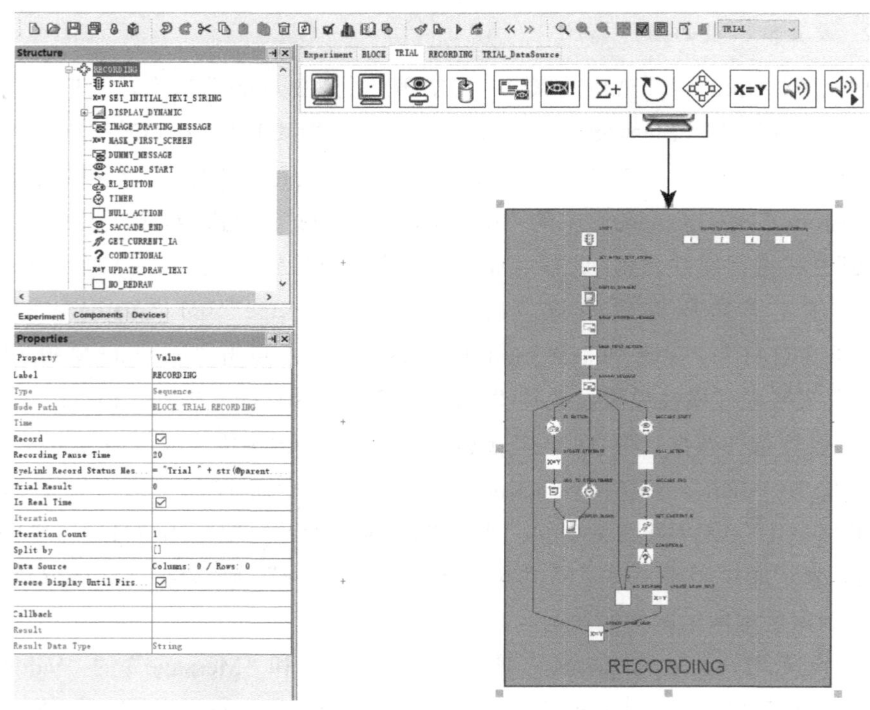

图 3-14 消失文本范式中记录层的结构示意图

1）添加“Update Attribute”按钮到工作区，将其“Label”和“Message”都命名为“SET_INITIAL_TEXT_STRING”，勾选“Clear Input Queues”栏目，双击“Attribute-Value List”进入对话框，将“DisplayTypeString”中的“Value”赋值为“Text”。具体步骤见图 3-15。

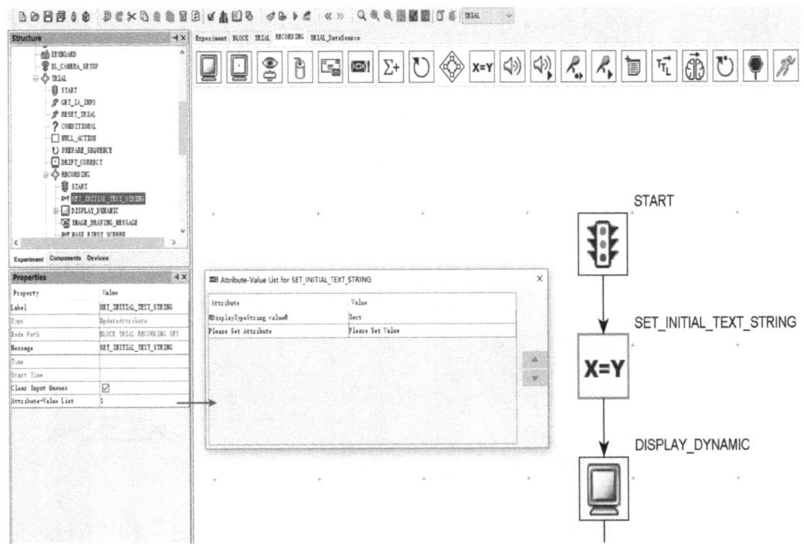

图 3-15 添加“Update Attribute”节点

2）添加“Display Screen”按钮到工作区，将其命名为“DISPLAY_DYNAMIC”，对“Message”进行赋值，具体见图 3-16；勾选“Force Full Redraw”“Auto Update Screen”“Send EyeLink DV Message”“Use For Host Display”；最后设置“InterestArea Set Name”，使其等于“DataSource”中的“IA”。

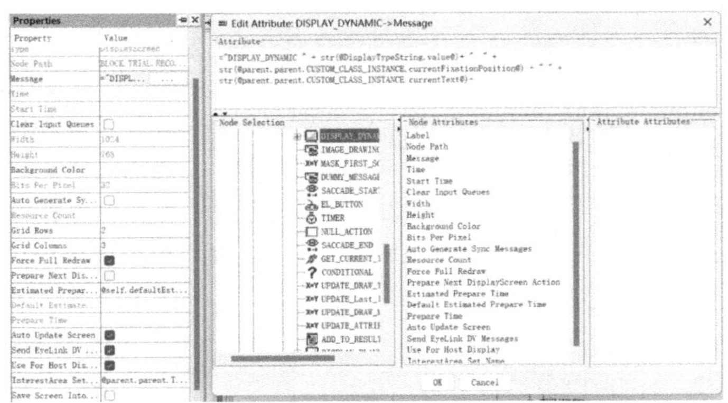

图 3-16 添加“Display Screen”

3）添加“EyeLink Message”按钮到工作区，将其命名为“IMAGE_DRAWING_MESSAGE”，勾选“Clear Input Queues”；对“Message”进行设置，具体见图 3-17。

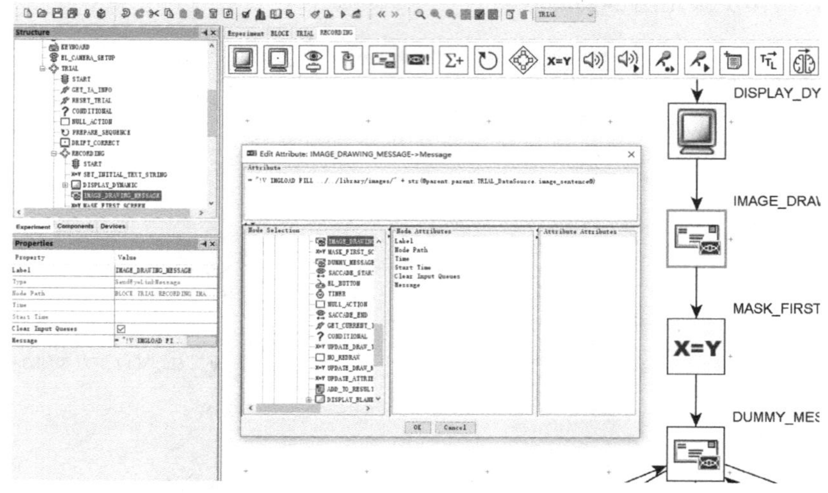

图 3-17　添加“EyeLink Message”

4）添加“Update Attribute”按钮到工作区，将其“Label”和“Message”命名为“MASK_FIRST_SCREEN”，勾选“Clear Input Queues”栏目，双击“Attribute_Value List”进入对话框，给“CUSTOM_INSTANCE_firstScreenTime”赋值为“DISPLAY_DYNAMIC.time”，给“CUSTOM_CLASS_INSTANCE. displayType”赋值为“2”，表示呈现注视一定时间后的第二屏；给“DisplayTypeString.value”赋值为“Mask”。见图 3-18。

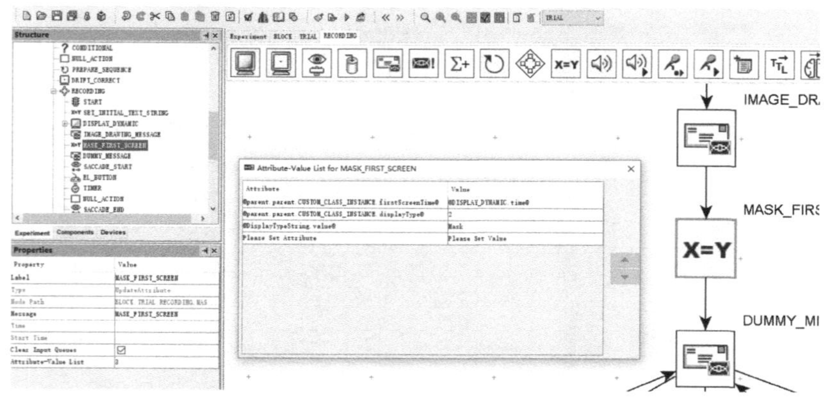

图 3-18　添加“Update Attribute”

5）添加一个新的“EyeLink Message”按钮到工作区，将“Label”和“Message”均命名为“DUMMY_MESSAGE”。

6）从“Trigger”栏里选择两个“SACCADE”按钮，分别将其命名为“SACCADE_START”和“SACCADE_END”。眼跳开始和结束的其他设置都相同：将“Region Direction”设置为以45°为单位的8个方向［0～45，45～90，90～135，135～180，180～-135，-135～-90，-90～-45，-45～0］；将“Region Type”设置为“RECTANGLE”；“Region Location（Top Left）”的坐标点为“0，0”；“Region Width”和“Region Height”分别为显示屏的长和宽的像素值1024，769；勾选“Within”栏目；“Tracking Eye”选择“EITHER”。除此之外，“Region Direction”“Region Type”栏目都是默认值。

7）在眼跳开始和眼跳结束两个节点之间添加一个“Null_Action”，将“Label”和“Message”都命名为“NULL_ACTION”，不要勾选“Clear Input Queues”栏目。

8）添加“Execute”节点，将“Label”和“Message”都命名为“GET_CURREN_IA”；不要勾选“Clear Input Queues”栏目；点击“Execute Method”的“Value”空格进行属性设置，选择“Custom Class Instance”中的“GET_CURRENT_IA”；然后设置下面“X”和“Y”栏目，点击“X”栏目的“Value”空格进行属性设置，首先选择“Devices”文件下的“EYELINK”，在其属性栏选择“Last Sample”，之后在其属性栏中选择“Average Gaze X”，最后点击“OK”键完成设置，见图3-19，采用同种方法设置“Y”。

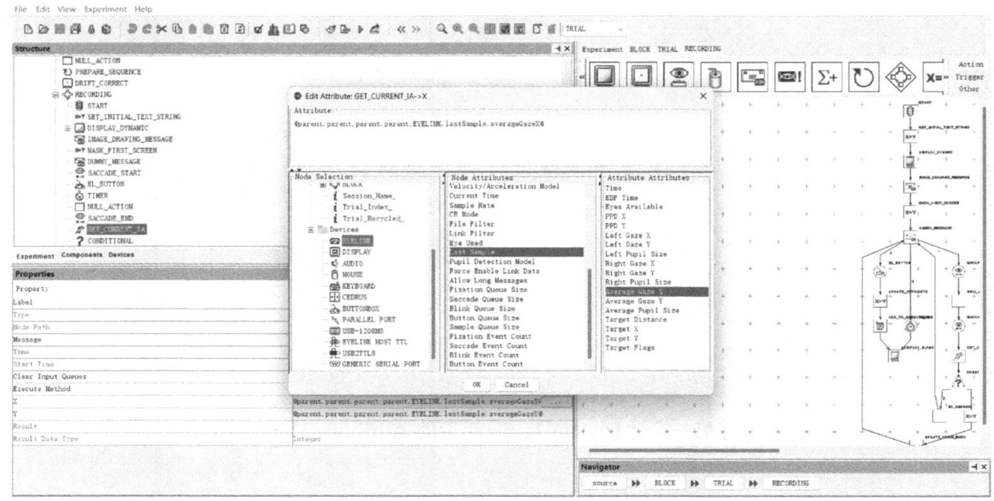

图3-19　设置“X”

9）添加“CONDITIONAL”节点，选择性地命名“Label”，也可默认为“CONDITIONAL”；将“Message”设定为“CHECK_DRERAW_OR_NOT”；修改“Evaluation1”的属性，点击选择“CUSTOM_CLASS_INSTANCE”，在其属性中选择“needsRedraw”，设定“Comparator”为“EQUALS”，“Value”等于“1”，表示当前注视位置不等于最后注视的位置，因此需要进行“redraw”（重新绘制），否则当前位置等于最后注视的位置，则不需要“redraw”。

10）如果需要进行“redraw”，则需要添加两个“Update Attribute”按钮到工作区，两者依次相连，并最终与“DUMMY_MESSAGE”建立连接。将第一个“Update Attribute”的“Label”命名为“UPDATE_DRAW_TEXT”，将“Message”命名为“DRAW_TEXT”，不勾选“Clear Input Queues”栏目。双击“Attribute_Value List”进入对话框，给“CUSTOM_INSTANCE.displayType”赋值为“1”，表示呈现注视开始的第一屏；给“DisplayTypeString.value”赋值为“Text”。见图 3-20。将第二个“Update Attribute”的“Label”命名为“UPDATE_DRAW_MASK”，将“Message”命名为“DRAW_MASK”。不勾选“Clear Input Queues”栏目。双击“Attribute_Value List”进入对话框，将“CUSTOM_INSTANCE.displayType”赋值为“2”，表示呈现注视一定时间后的第二屏。给“DisplayTypeString.value”赋值为“Mask”。见图 3-21。

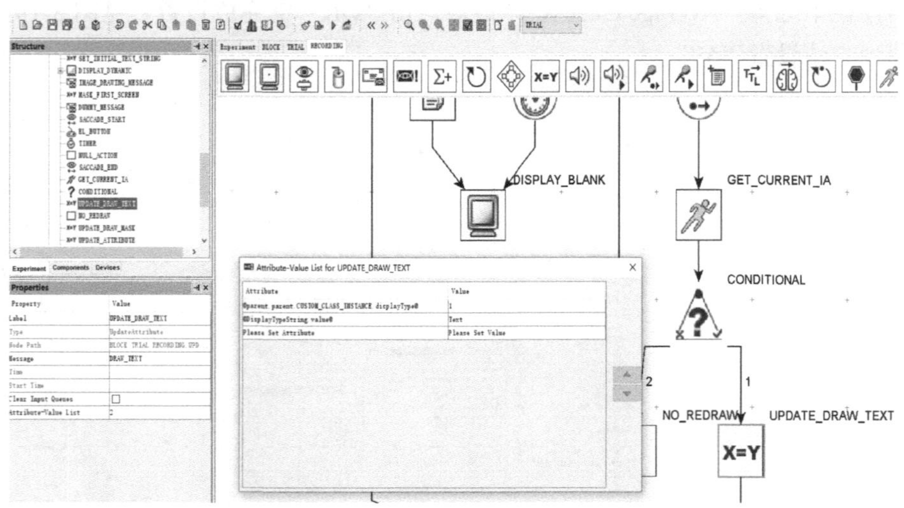

图 3-20 对第一个“Update Attribute”的 Attribute_Value List 赋值

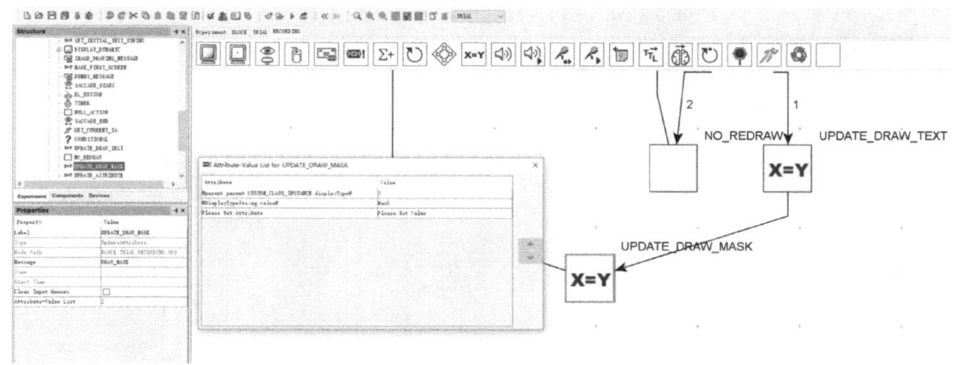

图 3-21　对第二个“Update Attribute”的 Attribute_Value List 赋值

11）如果不需要“redraw”，则需要添加一个“Null_Action”按键，将其命名为“NO_REDRAW”，最终也与“DUMMY_MESSAGE”建立连接。

12）如果当前句子阅读完成，采用“Buttons”或“Timer”结束试次。在“EyeLink Button”的属性栏中，将“Buttons”的属性设置 3 个按键代码，如“2，4，5”，分别表示句子阅读翻页键、回答判断的正确键和错误键。勾选“Press Events”栏目。在“TIMER”节点的属性栏中，将“Duration”设置为 20 000ms，表示如果被试在 20 000ms 时间内不作出按键反应，程序将会自动跳入下一屏。

13）添加一个新的“Update Attribute”按钮，将其连接到“EyeLink Button”按键，勾选“Clear Input Queues”栏目。选择设置“Attribute_Value List”，如可增加问题判断正误的变量，使其等于当前按键代码减去“DataSource”中的正确按键代码；也可设定句子阅读反应时，使其等于当前按键时间减去呈现屏幕开始时间。

14）添加“Add to Results File”按键，勾选“Clear Input Queues”栏目，双击“Results File”，选择“RESULTS_FILE”变量。

15）添加“Display Screen”按钮到工作区，将其“Label”改为“DISPLAY_BLANK”，在“Message”后面填入“DISPLAY_BLANK”，按“ENTERA”键结束。不勾选“Send EyeLink DV Message”。

16）添加一个变量“Variable”，将其命名为“DisplayTypeString”，将其“Value”设定为“Text”。也可添加用于记录按键、反应时和正确性的变量，分别命名为“ButtonPressID”“RT”“PreviousButtonIDCorrectOrWrong”，初始值可分别为“00”、“00”和“.”。

17）点击组件栏里的“Other”按钮，点击“RESULTS_FILE”并将其拖入工作区内，对其属性栏里的“Columns”进行修改。具体过程见图 3-22。

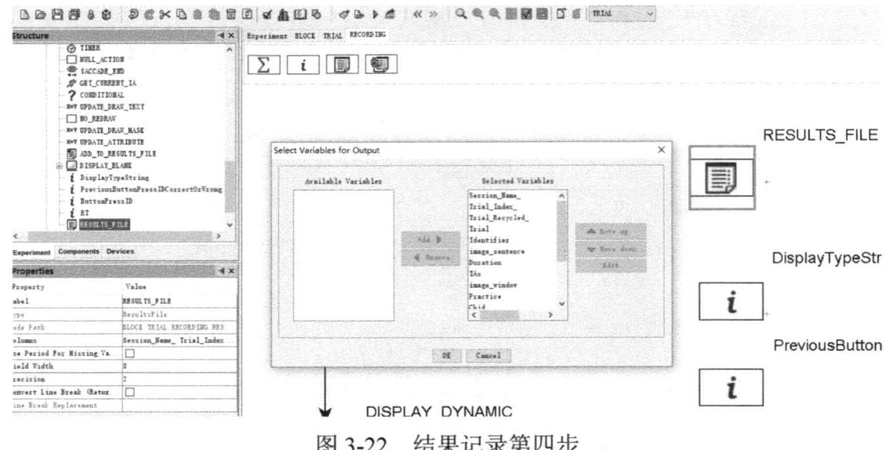

图 3-22　结果记录第四步

（五）实验程序编译与运行

在程序完成之后，用户必须将实验“Deploy”（编译）到一个新的目录中。这将生成一组文件，这样就可以在不同的计算机上运行该实验程序，而无须等待实验重新再构建一遍，使得实验执行起来简单省时。具体操作过程如下：点击菜单栏的“Experiment→Deploy”，选择保存的文件名以及位置，开始进行 Deploy。

完成“Deploy”后，所生产的文件夹内容如图 3-23 所示。实验时要点击图标 。如果主试机与被试机连接良好，则实验可以开始进行。首先跳出一个命名窗口，如图 3-24 所示，对被试进行命名，点击“OK”。

名称	修改日期	类型	大小
datasets	2024/4/28 15:18	文件夹	
lib	2024/4/28 15:19	文件夹	
library	2024/4/28 15:18	文件夹	
myfiles	2015/1/19 12:31	文件夹	
runtime	2024/4/28 15:18	文件夹	
source	2024/4/28 15:20	文件夹	
L1BLOCK1_P2.exe	2014/3/24 15:07	应用程序	64 KB
python23.dll	2003/12/18 20:22	应用程序扩展	953 KB

图 3-23　文件夹内容

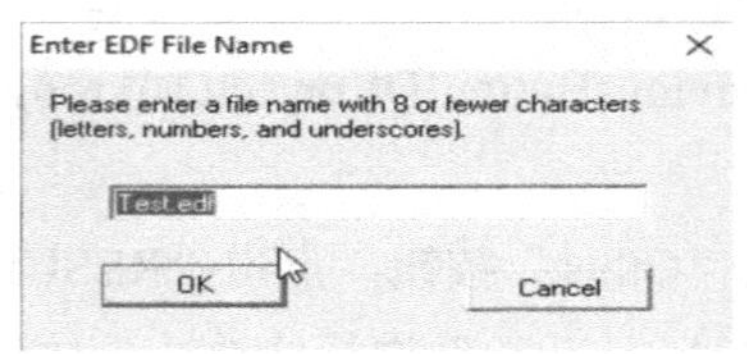

图 3-24　命名窗口

二、材料的制作和呈现

在消失文本范式中，建议使用图片格式呈现刺激。

以句子材料为例，首先，需要将每个句子制作成单独的图片，并尽量保持图片的尺寸与显示器设置的分辨率一致，以防止文本发生形变或出现显示不清晰等问题。句子的呈现位置应与常规眼动实验的要求一致，确保所有句子的起始点相同且不靠近显示器屏幕的边缘。需要特别注意的是，在设置消失单元之前，刺激图片必须完全准备好。否则，如果需要修改句子的长度、字体和位置等信息，之前的所有工作都要重新进行，这样既费时又容易出错。

其次，消失文本范式中还需要制作一张与刺激图片大小相同的空白图片，用作句子呈现时的背景。后景图的作用原理是，当所注视区域在呈现一定时间后消失（如同被剪掉），后景的空白区域将被呈现出来，从而产生被注视词消失的效果。而在正常文本呈现条件下，后景图选择与前景图相同的刺激材料，因此当注视区域消失，后景所呈现的内容与消失的刺激相同，这使得读者不会察觉到任何变化。

最后，准备好刺激图片和背景图片后，选择适用于实现消失文本操作的程序软件。以 Eyelink 系列眼动仪为例，使用其自带的两款软件：EB 用于构建基本实验程序；DV 用于设定感兴趣区，以实现消失窗口的设置。由于消失文本范式涉及较为复杂的自定义函数代码，建议初学者采用已编制好的范式示例程序，在此基础上，通过在“DataSource”设置属性以满足刺激的呈现要求。

三、数据分析及其他注意事项

数据采集完成之后，首先需要对数据进行基本的筛选，具体可参考如下步骤：①删除被试过早按键或错误按键导致句子呈现中断的试次；②追踪丢失数据，如实验过程中被试因咳嗽、流泪、头动等偶然因素导致眼动仪器记录的丢失；③无效注视清除 clean 四步法（图 3-25），其中第四步通常设定为注视时间小于 80ms 或者大于 1200ms（Rayner et al.，2006；Zang et al.，2013；Bai et al.，2013）。

消失文本范式的数据分析通常包括整体分析和局部分析。

整体分析是指以整句为兴趣区对阅读过程中所有注视和眼跳行为进行分析。具体包括如下指标：总阅读时间（兴趣区所有注视点的时间的总和）、总注视次数（兴趣区所有注视点的次数的总和）、平均注视时间（兴趣区所有注视点的持续时间的平均值）、回视次数（从当前注视词向之前某个词进行眼跳的次数的总和）、再注视比率（首次阅读中，兴趣区被多次注视的频率与该兴趣区被单一注视和多

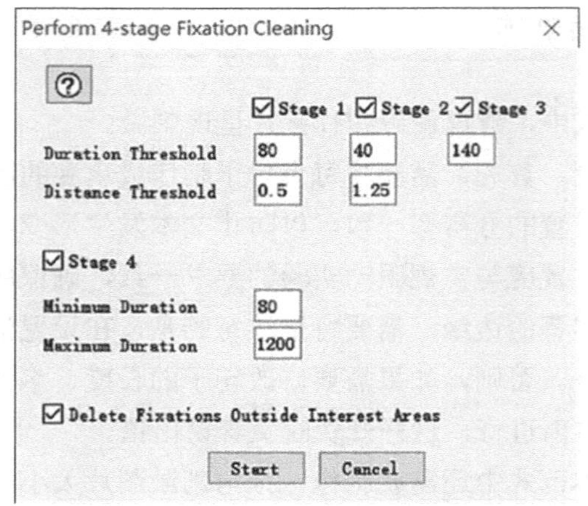

图 3-25 clean 四步法

次注视的频率之和的比值）以及跳读率（首次阅读中，兴趣区被跳读的频率与该兴趣区被跳读和被注视的频率之和的比值），其中总阅读时间被认为是反映总阅读效率的最重要的指标。

局部分析是指以目标词为兴趣区对阅读过程中所有注视和眼跳行为进行分析。具体包括如下指标：单次注视时间（首次通过阅读中某兴趣区时只被注视一次的注视时间）、首次注视时间（首次通过阅读中某兴趣区内的首个注视点的注视时间）和凝视时间（从首次注视点开始到注视点首次离开当前兴趣区之间的持续时间）。

消失文本范式的数据统计与常规处理方式稍有不同。由于使用消失文本范式时，研究者设置的呈现时间水平个数通常较多，所以事后检验水平也相对较高。为此，建议研究者进行与研究目的有关的水平比较，如可以依次以控制水平逐渐降低、呈现时间逐一缩短的消失文本顺序进行相邻水平之间的连续比较，同时再以控制水平为参考，分别对各个消失文本水平与参考水平进行比较（Blythe et al., 2009）。

在使用消失文本范式时，还应该注意以下几个问题。

第一，选择高采样率的眼动仪器和高刷新率的显示屏非常关键。任何随眼动变化技术都会存在延迟时间。要精确计算出这个延迟时间，必须考虑显示器的刷新率。在消失文本操作中，当眼睛注视一个词时开始计时，预设时间后文本消失，显示新屏（空白）。如果预设时间结束时，显示器刷新扫描刚好通过了当前文本行，这时将产生最长的延迟；但如果扫描在当前文本的上一行完成，新屏能够最快呈现，即产生最短的延迟。因此，延迟时间在每次屏幕变化时刻都可能不同，它有一个变化范围。若研究者在编写实验程序时，提前编入命令以输出屏幕呈现的延迟时间，那么他就可以在后期精确计算每次屏幕变化时的延迟。不过，选择高采样率的眼动仪器，尤其是高刷新率的显示屏，能够大大缩短平均延迟时间，有助于确保实验结果的准确性和可靠性。

第二，提高校准的精确度至关重要。消失文本范式依赖于眼动仪准确追踪读者的注视位置以触发屏幕上的呈现变化。如果校准不精准，眼动仪计算出的注视点位置和实际注视位置将存在偏差。这种不准确性不仅会影响读者的阅读体验，还可能导致所记录的眼动数据无法真实反映读者的阅读过程。在阅读研究中，通常建议将校准误差控制在 0.2°以内，以确保实验数据的准确性和可靠性。

第三，在研究消失文本操作是否会影响阅读时，总阅读时间是一个非常重要的指标，它反映了消失文本条件下的阅读和正常条件下的阅读总体上是否存在差异。尽管总阅读时间是衡量阅读是否受到消失文本干扰的最可靠依据，但研究者应该综合多项指标，如回视（反映后期加工过程）、首次注视时间、凝视时间（反映早期词汇加工过程）等，共同反映消失文本条件下的词汇识别和阅读加工情况。在某些情况下，读者的总阅读时间并没有受到影响，却产生了更多的回视行为。这说明在某一特定的文本呈现时间内，读者没有获取充足的文本信息，因此需要进行回视，再次获取信息。换句话说，读者充分获取文本信息所需的时间可能比总阅读时间不受影响的情况下更长。另外，总阅读时间是一个整体指标，不能精细地反映词汇加工过程中的问题。与之不同，首次注视时间、凝视时间等指标能够较准确地反映这个问题。因此，研究者需要综合多项眼动指标来共同解释读者在消失文本条件下的阅读情况，从而更深入地探讨读者获取文本信息的速度，并揭示视觉刺激与语言信息对眼动的影响。

第四，在消失文本范式中，消失单元的设定在汉语中相较于拼音文字更为复杂。这主要是因为汉语句子中缺乏类似空格等明显的词边界线索，同时词单元也相对较为灵活。例如，构成复合词的每个汉字本身也可能是一个单字词。鉴于此，研究者为了尽可能减少词单元的不统一以及控制词长的影响，采用了全部由双字词构成的文本。在这种情况下，每个双字词被视为一个消失单元，用于探究汉语句子阅读时获取词视觉信息所需时间这一问题。另外，也有研究者选择采用自然文本句子，根据词典中每个词的实际大小设定消失单元。总之，研究者可以根据其具体研究目的灵活操作消失单元的设定，以更好地满足研究的需要。

第五，在消失文本范式中，消失时间的设定对于研究者能够探究到正常阅读所需的最短文本呈现时间至关重要。研究者通常会首先确定可能包含这一最短时间的范围，然后按照一定的间隔设置一系列文本呈现时间。然而，时间范围的选择通常基于以往相关研究结果，并结合当前研究对象、任务以及研究目的等实际情况。举例来说，当研究者考察聋人的文本视觉信息获取时间时，他们可能会参考健听读者在 40ms 的文本呈现时间内能够保障阅读正常进行的文本信息。然而，聋人的信息获取时间可能比健听者长，因此整体的文本呈现时间范围可能需要有所扩大。此外，研究者在设置时间间隔时也需要注意，时间间隔不宜过短，以免自变量水平之间的变化无法引发因变量的敏锐反应，从而错失探究文本视觉信息获取时间阈限值的机会。

第三节　消失文本范式经典实验赏析

本章将赏析两篇应用消失文本范式的实验研究。第一篇研究是由 Rayner 等于 2006 年发表在 *Vision Research*（《视觉研究》）杂志上的文章“Eye movements when reading disappearing text：The importance of the word to the right of fixation”（《阅读消失文本中的眼动：注视点右侧单词的重要性》）。该研究从读者对视觉信息的需求角度出发，探讨了知觉广度内注视点右侧信息对阅读加工的重要性，进一步拓展了消失文本范式的应用领域。第二篇研究是由闫国利等于 2015 年发表在《心理学报》上的文章《中文读者词汇视觉信息获取速度的发展——来自消失文本的证据》。该研究探讨了汉语阅读中儿童与成人读者在获取文本视觉信息速度方面的发展差异，填补了汉语儿童在该问题上的研究空白。

文章一　阅读消失文本中的眼动：注视点右侧单词的重要性

一、问题提出

Rayner 等（1981）最早采用移动掩蔽范式进行了研究，结果发现，即使在注视词呈现 50～60ms 后被其他符号掩蔽，读者仍然能够正常进行文本阅读。随后的研究采用消失文本范式同样发现，即使注视词呈现 60ms 后消失，也不会干扰阅读加工（Liversedge et al.，2004；Rayner et al.，2003）。这些研究共同表明，在一次注视的早期阶段，读者便能够快速获取注视词的文本信息。同时，研究者在消失文本范式中发现，即使注视词已经消失不可见，读者对高频词的注视时间仍然显著长于低频词，即存在消失文本的词频效应。这一发现为即时认知加工驱动读者眼动何时移动提供了强有力的证据支持，并与阅读眼动的认知控制模型（如 E-Z 读者模型，Reichle et al.，1998，1999，2003）一致，但与其他初级眼球控制模型（O’Regan & Jacobs，1992；Yang & McConkie，2001，2004）的观点相矛盾。

在上述研究的基础上，当前研究旨在探究在更加极端的消失文本条件下，读者是否仍然能够进行正常阅读。根据先前关于阅读知觉广度范围（注视右侧 14～15 个字母范围）和稳定的副中央凹预视效应的研究，读者在一次注视中不仅能够获取注视词的信息，还能够提前从其右侧单词（统称为词 n+1）获取一定的加工信息。因此，当前研究采用 3 个实验，旨在考察词 n+1 在不同条件下消失或被掩蔽对读者阅读加工的影响。通过这些实验，研究者将深入探讨右侧单词文本信息的提取过程。

二、方法

研究者以正常文本阅读和注视词呈现 60ms 后消失的阅读条件作为对比基线，在 3 个实验中进行了不同的操作：在注视 60ms 后，注视词 n 和词 n+1 同时消失（实验 1a），或者词 n+1 被掩蔽但保留词长视觉信息（实验 1b）；在注视一开始时，词 n+1 消失（实验 2a），或者词 n+1 被掩蔽但保留词长视觉信息（实验 2b）；在注视 60ms 后，词 n+1 消失（实验 3a），或者词 n+1 被掩蔽但保留词长视觉信息（实验 3b）。此外，研究者还操纵了句子中目标词的词频，以再次检验词汇加工在阅读眼动控制中的重要性。具体的实验设计见表 1，研究假设如下。

表 1 消失文本范式的示例

实验条件	时间	词 n	词 n+1	示例
控制条件	注视 60ms 内	呈现	呈现	He found the secret manuscript inside the little
	注视 60ms 后	消失	呈现	He found the manuscript inside the little
实验 1a	注视 60ms 内	呈现	呈现	He found the secret manuscript inside the little
	注视 60ms 后	消失	消失	He found the inside the little
实验 1b	注视 60ms 内	呈现	呈现	He found the secret manuscript inside the little
	注视 60ms 后	消失	掩蔽	He found the ********* inside the little
实验 2a	注视 60ms 内	呈现	消失	He found the secret inside the little
	注视 60ms 后	呈现	消失	He found the secret inside the little
实验 2b	注视 60ms 内	呈现	掩蔽	He found the secret********* inside the little
	注视 60ms 后	呈现	掩蔽	He found the secret********* inside the little
实验 3a	注视 60ms 内	呈现	呈现	He found the secret manuscript inside the little
	注视 60ms 后	呈现	消失	He found the secret inside the little
实验 3b	注视 60ms 内	呈现	呈现	He found the secret manuscript inside the little
	注视 60ms 后	呈现	掩蔽	He found the secret ********* inside the little

在实验 1a 中，与正常阅读条件和注视词 n 消失文本条件（控制条件）进行比较，该研究探究了注视词 n 与其右侧词在被注视 60ms 之后同时消失对读者阅读的影响。在实验 1b 中，同样与控制条件进行比较，该研究考察了注视词被注视 60ms 之后消失，而右侧词 n+1 被掩蔽条件对阅读的影响。由于掩蔽可以提供单词长度的视觉信息，但没有提供任何语言信息，通过比较词 n+1 消失与被掩蔽条件，研究者可以探究消失操作的干扰效应是源于词 n+1 的视觉信息的消失（如词长和词型）还是源于词汇特性信息的消失（如单词的正字法特性）。

在实验 2a 和实验 2b 中，与控制条件相比较，两个研究测试了在词 n 一开始被注视时，单词 n+1 消失或掩蔽对阅读的干扰。与实验 1a 和实验 1b 的对比类似，研究者预期，如果只有词 n+1 的视觉长度被预加工，那么将只有词 n+1 消失条件对阅读产生影响（实验 2a）；但如果是词 n+1 的词汇特征信息被预加工，那么实验 2 的两种条件都将对阅读产生干扰。

最后，在实验 3a 和实验 3b 中，研究者操纵了词 n 被注视 60ms 之后，词 n+1 消失（实验 3a）或被掩蔽（实验 3b）对阅读的干扰。研究者预期，如果读者在词 n 被注视的 60ms 之内也能获取词 n+1 的充足信息，那么消失操作将不会对阅读产生干扰，反之则会产生干扰。同时，通过比较消失条件和掩蔽条件，研究者还将进一步考察在当前注视开始的 60ms 内，读者加工的是视觉信息还是词汇信息。

三、结果与讨论

研究结果包括基于整句的整体分析结果（表 2）和基于目标词的局部分析结果（表 3）。

表 2　整体分析结果 *M*（*SD*）

实验	呈现	总阅读时间（ms）	注视次数	注视时间（ms）	回视次数	再注视比率
控制条件	正常文本	3367（790）	14（3）	249（27）	1.5（1.1）	0.22
	词 n 消失	3359（1053）	13（4）	271（47）	1.7（1.3）	0.09
实验 1a	正常文本	3208（1097）	13（4）	246（36）	1.7（1.6）	0.18
	词 n+1 消失	4361（1421）	17（6）	256（52）	4.0（2.0）	0.12
实验 1b	正常文本	3551（1125）	15（4）	237（48）	2.9（1.7）	0.20
	词 n+1 掩蔽	5203（1883）	20（6）	255（53）	4.6（2.4）	0.15
实验 2a	正常文本	3449（1224）	14（5）	246（39）	2.2（1.6）	0.15
	词 n+1 消失	4045（1324）	15（4）	268（40）	2.6（1.4）	0.23
实验 2b	正常文本	3256（1078）	14（3）	238（44）	1.9（1.3）	0.19
	词 n+1 掩蔽	4337（1187）	16（5）	286（65）	1.8（1.3）	0.26

续表

实验	呈现	总阅读时间（ms）	注视次数	注视时间（ms）	回视次数	再注视比率
实验 3a	正常文本	3149（1065）	15（4）	213（32）	2.2（1.3）	0.15
	词 n+1 消失	3953（1371）	16（5）	245（44）	2.8（1.4）	0.20
实验 3b	正常文本	3256（1099）	14（5）	241（36）	1.6（1.5）	0.17
	词 n+1 掩蔽	4209（1110）	16（4）	276（50）	2.3（1.4）	0.23

表 3　局部分析结果 *M*（*SD*）　　（单位：ms）

实验	呈现	词频	首次注视时间	凝视时间	总注视时间
控制条件	正常文本	高频	260（70）	295（124）	357（170）
		低频	283（100）	325（122）	483（250）
		词频效应	23	30	126
	词 n 消失	高频	277（54）	288（81）	356（172）
		低频	300（79）	329（118）	592（381）
		词频效应	23	41	236
实验 1a	正常文本	高频	255（65）	292（102）	337（163）
		低频	304（142）	373（199）	534（484）
		词频效应	49	81	197
	词 n+1 消失	高频	262（112）	297（144）	491（270）
		低频	272（122）	317（216）	673（476）
		词频效应	10	20	182
实验 1b	正常文本	高频	260（98）	293（106）	434（218）
		低频	285（113）	335（167）	521（277）
		词频效应	25	42	87
	词 n+1 掩蔽	高频	248（102）	268（110）	681（383）
		低频	271（116）	354（311）	859（572）
		词频效应	23	86	178
实验 2a	正常文本	高频	264（82）	298（113）	384（217）
		低频	278（97）	336（133）	572（304）
		词频效应	14	38	188
	词 n+1 消失	高频	309（122）	380（194）	511（334）
		低频	315（151）	447（329）	617（381）
		词频效应	6	67	106
实验 2b	正常文本	高频	253（69）	283（95）	352（187）
		低频	266（89）	316（129）	437（229）
		词频效应	13	33	85

续表

实验	呈现	词频	首次注视时间	凝视时间	总注视时间
实验 2b	词 n+1 掩蔽	高频	305（102）	362（134）	453（179）
		低频	313（120）	442（226）	562（269）
		词频效应	8	80	109
实验 3a	正常文本	高频	221（53）	245（105）	373（210）
		低频	233（74）	276（148）	476（304）
		词频效应	12	31	103
	词 n+1 消失	高频	254（99）	301（133）	443（246）
		低频	283（114）	355（177）	574（253）
		词频效应	29	54	131
实验 3b	正常文本	高频	252（64）	281（94）	374（210）
		低频	279（91）	320（148）	518（310）
		词频效应	27	39	144
	词 n+1 掩蔽	高频	289（103）	349（167）	471（231）
		低频	328（120）	429（232）	603（257）
		词频效应	39	80	132

整体分析结果显示：在实验 1a 和实验 1b 中，相较于正常文本或注视词 n 消失（60ms）的两个控制条件，读者在阅读文本时，对词 n 注视 60ms 之后，在注视词 n 消失的同时词 n+1 也消失（实验 1a）或被掩蔽（实验 1b）的情况下，句子的总阅读时间更长，注视次数更多，回视概率也更高，即产生了干扰效应。结果表明，注视开始的 60ms 可以满足中央凹对注视词 n 的加工需求，却无法满足对词 n+1 的加工需求。这与以往关于预加工的研究结果一致，表明词 n+1 对阅读具有重要作用。此外，实验 1a 和实验 1b 中由词 n+1 消失和掩蔽所造成的干扰效应不存在差异，这在一定程度上说明词 n+1 的破坏效应并非源自词汇特征信息，更可能源自初级的视觉信息（如词长）。

在实验 2a 和实验 2b 中，相较于正常文本或注视词 n 消失这两个控制条件，在读者注视的一开始，词 n+1 消失（实验 2a）或被掩蔽（实验 2b）能够显著增加句子的总阅读时间、注视次数、回视次数，并且能够显著提高再注视比率，即产生了干扰效应。与正常文本相比的干扰效应源自词 n+1 预视加工的被剥夺，再次证明了词 n+1 预加工对阅读的重要性；与注视词 n 消失相比的干扰效应则更进一步表明，虽然 60ms 的视觉取样可以满足中央凹对注视词的加工需求，但无法满足副中央凹对词 n+1 的加工需求。此外，实验 2a 和实验 2b 中由词 n+1 消失和掩蔽所造成的干扰效应同样没有差异。

在实验 3a 和实验 3b 中，相较于正常文本或注视词 n 消失这两个控制条件，读者在阅读文本时对词 n 注视 60ms 之后，注视词 n+1 消失（实验 3a）或被掩蔽（实验 3b）会显著增加句子的总阅读时间、注视次数、回视次数，并且能够显著提高再注视比率，即产生了干扰效应。同样，实验 3a 和 3b 中由词 n+1 消失和掩蔽所导致的干扰效应不存在差异。

局部分析的结果显示，在 3 个实验中，无论是词 n 还是词 n+1 如何消失或被掩蔽，都存在显著的词频效应，这支持了认知加工驱动读者眼睛何时移动的观点。同时，实验 2 和实验 3 一致发现，注视右侧词（词 n+1）立即消失或在 60ms 后消失都会显著增加注视词的首次注视时间和凝视时间，这从局部词汇加工的层面再次说明右侧词信息遭到破坏会对阅读产生严重干扰。

3 个实验一致表明，词 n+1 的消失（实验 2a、实验 2b、实验 3a、实验 3b）对阅读造成的干扰要比词 n 的消失（控制实验）大得多，而词 n 消失几乎没有对阅读产生影响。这说明在正常阅读中，持续呈现在注视点右侧的词（词 n+1）非常重要。读者需要在整个注视过程中，或者至少在一次注视持续超过 60ms 的时间内获取副中央凹的词 n+1 的信息。与此相反，对于中央凹的词 n，只需要一个短暂的呈现时间（50～60ms）即可。此外，实验结果表明，词 n 和词 n+1 同时消失（实验 1a），或者词 n 消失而词 n+1 被掩蔽（实验 1b）对阅读的干扰要比只有词 n+1 消失（实验 2a 和实验 3a）或者被掩蔽（实验 2b 和实验 3b）更大。这进一步说明在消失文本阅读时，读者不仅需要中央凹的注视信息（词 n）持续呈现 60ms，还高度依赖于副中央凹的信息（词 n+1）的可用性。

为什么词 n+1 的消失或掩蔽会干扰阅读？研究者基于 E-Z 读者模型的假设（Reichle et al.，1998，2003）给出了解释。他们认为，读者在注视词 n 的大部分时间里，对词 n+1 的加工已经开始。由于词汇加工和下一个眼跳计划可以同时进行，在注视当前词时，注意会提前转向词 n+1。如果词 n+1 的信息不可见，将会干扰与该词相关的正常加工。研究者进一步基于 E-Z 读者模型成功模拟了当前研究数据，从而支持了该解释模型。

四、结论

研究者证实了在拼音文字阅读中注视点右侧词汇的重要性。注视词 n 和词 n+1 同时消失或被掩蔽，对阅读产生的干扰最大；而只有词 n+1 消失或被掩蔽时产生的干扰效应比仅有词 n 消失更为显著，且对正常阅读没有明显的影响。这项研究再次验证了消失文本阅读过程中稳定的词频效应，进一步支持了阅读眼动的认知控制模型。

Liversedge, S. P., Rayner, K., White, S. J., Vergilino-Perez, D., Findlay, J. M., & Kentridge, R. W. (2004). Eye movements when reading disappearing text: Is there a gap effect in reading? *Vision Research*, *44* (10), 1013-1024.

O'Regan, J. K., & Jacobs, A. M. (1992). Optimal viewing position effect in word recognition: A challenge to current theory. *Journal of Experimental Psychology: Human Perception and Performance*, *18* (1), 185-197.

Rayner, K., Liversedge, S. P., White, S. J., & Vergilino-Perez, D. (2003). Reading disappearing text: Cognitive control of eye movements. *Psychological Science*, *14* (4), 385-388.

Rayner, K., Inhoff, A. W., Morrison, R. E., Slowiaczek, M. L., & Bertera, J. H. (1981). Masking of foveal and parafoveal vision during eye fixations in reading. *Journal of Experimental Psychology: Human Perception and Performance*, *7* (1), 167-179.

Reichle, E. D., Rayner, K., & Pollatsek, A. (1999). Eye movement control in reading: Accounting for initial fixation locations and refixations within the E-Z reader model. *Vision Research*, *39* (26), 4403-4411.

Reichle, E. D., Rayner, K., & Pollatsek, A. (2003). The EZ Reader Model of eye-movement control in reading: Comparisons to other models. *Behavioral and Brain Sciences*, *26* (4), 445-476.

Reichle, E. D., Pollatsek, A., Fisher, D. L., & Rayner, K. (1998). Toward a model of eye movement control in reading. *Psychological Review*, *105* (1), 125-157.

Yang, S. N., & McConkie, G. W. (2001). Eye movements during reading: A theory of saccade initiation times. *Vision Research*, *41* (25-26), 3567-3585.

Yang, S. N., & McConkie, G. W. (2004). Saccade generation during reading: Are words necessary? *European Journal of Cognitive Psychology*, *16* (1-2), 226-261.

文章二　中文读者词汇视觉信息获取速度的发展——来自消失文本的证据

一、问题提出

相较于成年读者的研究，我们对于处于阅读发展阶段的儿童在获取文本信息速度方面的了解还相对较少。已有大量关于儿童和成人阅读眼动控制的研究发现，两者在阅读中表现出一些相似的眼动行为，例如，它们的眼跳位置都倾向于落在词的中心位置；当首次注视点落在词的首尾位置时，儿童和成人都倾向于产生更多的再注视（Joseph et al.，2009；McConkie et al.，1991；Vitu et al.，2001）。然而，儿童和成人之间也存在许多差异，这些差异表现为随着生理年龄的增加和阅读技能的提高，儿童的总阅读时间、平均注视时间、注视次数、回视次数减少，再注视比例下降，而眼跳幅度和跳读率则增加；同时，儿童的知觉广度和从副中央凹预视获取的信息数量也在不断增加。这引发了一个问题：儿童与成人在获取文本信息速度方面是否存在发展差异呢？

一项对以英语为母语的儿童的研究发现，在阅读发展的早期阶段，儿童获取视觉信息的速度已经接近成年水平（Blythe et al.，2009）。然而，关于芬兰语的研究却发现，儿童对长词视觉信息呈现时间的需求较大，而在短词上，成人和儿童之间没有明显差异，即存在发展差异。鉴于中文和拼音文字属于完全不同的书写语言系统，中文以几千个方块字形为核心单位，在儿童的记忆学习过程中更加强调对单字形状的感知，同时强调了“形-义”连接的重要性（张学新，2011）。此外，中文书写系统具有高信息密度特点，每个词由一个或多个汉字构成，而且词与词之间没有明确的切分线索（Li et al.，2009；Hoosain，1992）。一项跨语言的文本阅读发展研究发现，中文儿童在文本阅读中具有更高的回视比率，而英文儿童则具有更高的再注视比率。回视和再注视都可以使读者重新获取文本信息，因此，这在一定程度上反映出两种语言儿童对文本视觉信息依赖程度或方式的不同。

基于以上发现，研究者推测中文书写的独特性可能导致中文儿童在阅读加工过程中获取文本视觉信息速度的发展轨迹有别于拼音文字儿童。

二、方法

实验 1 选取 30 名小学五年级儿童和 25 名在校大学本科生参与实验。采用 5（呈现方式：控制条件、20ms 消失、40ms 消失、60ms 消失、80ms 消失）×2（年龄：儿童、成人）的混合实验设计。其中呈现方式为被试内因素，年龄为被试间因素。在呈现方式中，控制条件指正常完整地呈现每一句话；其他 4 个指在消失文本呈现方式中，注视词在注视持续一定时间（20ms/40ms/60ms/80ms）之后消失。具体如图 1 所示。

学生应该严格遵守各项课堂纪律。[当前注视开始]
　　　　*
学生应该　　遵守各项课堂纪律。[注视20ms/40ms/60ms/80ms以后]
　　　　*
学生应该严格遵守各项课堂纪律。[下一个注视开始]
　　　　　　　　*
学生应该严格　　各项课堂纪律。[注视20ms/40ms/60ms/80ms以后]
　　　　　　　　*

图 1　闫国利等（2018）的实验 1 研究材料示意图

研究材料为75个适合儿童阅读的陈述句，其中每个句子由7～8个双字词构成。75个句子随机分为5组，再按照拉丁方顺序使实验条件在各组材料之间进行轮组，以保证所有的句子均接受5种实验处理。此外，儿童和大学生在句子难度和通顺性上无显著差异。

为排除实验1中相邻消失条件之间差异不显著的原因可能是时间间隔太小（20ms），实验2将相邻消失条件之间的时间间隔增大到40ms，采用5（呈现方式：控制条件、20ms消失、60ms消失、100ms消失、140ms消失）×2（年龄：儿童、成人）的混合实验设计，进一步考察儿童和成人对文本呈现时间需要的差异。

三、结果与讨论

结果与讨论包括两部分。

一是整体分析，即以整句为兴趣区对阅读过程中的所有注视和眼跳行为进行分析。具体包括以下指标：总阅读时间（兴趣区所有注视点的时间总和）、总注视次数（兴趣区所有注视点的次数总和）、平均注视时间（兴趣区所有注视点的持续时间的平均值）、回视次数（从当前注视词向之前某个词语进行眼跳的次数的总和）、再注视比率（首次阅读中，兴趣区被多次注视的频率与该兴趣区被单一注视和多次注视的频率之和的比值）以及跳读率（首次阅读中，兴趣区被跳读的频率与该兴趣区被跳读和被注视的频率之和的比值）。

二是局部分析，即以词为兴趣区对阅读过程中的所有注视和眼跳行为进行分析（排除词首和词尾）。具体包括以下指标：首次注视时间（首次通过某兴趣区内的首个注视点的注视时间）、凝视时间（从首次注视点开始到注视点首次离开当前兴趣区之间的持续时间）、回视时间（所有回视到当前兴趣区的注视时间之和）以及登陆位置（指注视点所处的位置）。由于涉及的事后检验水平较高，我们只对与研究目的相关的水平进行比较。具体做法如下：首先，将5个水平——控制水平、80ms、60ms、40ms和20ms依次按顺序进行相邻水平之间的连续比较；然后，以控制水平为参考水平，分别对4个消失文本水平与参考水平做比较。

两个实验的结果表明，在40ms及以上的消失文本呈现条件下，儿童和成人的阅读理解率和总阅读时间均没有受到显著干扰。这表明在非常短暂的文本呈现时间内，中文读者能够快速地获取阅读所需的视觉信息，这与大量拼音文字研究的结果基本一致。同时，在阅读消失文本时，儿童和成人采用以下3种相似的眼动补偿策略：注视时间随再注视比率的降低而增加，首轮注视时间减少而回视次数显著增加，首次登陆位置更加靠近词的中心位置。读者通过调整眼动策略来应对消失文本操作的影响，最终保证了总阅读效率不受影响。

更为重要的是，与成人相比，儿童的眼动行为受到消失文本操作的影响更大。首先，在阅读呈现时间不足（20ms）的消失文本条件下，儿童总阅读时间的增长程度比成人更大；其次，为了获取充足的文本视觉信息，儿童比成人进行了更多的回视以再次提取信息，且在 100ms 和 60ms 以上的消失文本条件下，儿童和成人的回视次数受到的影响不同。这些结果表明，在中文阅读中，相较于成人，儿童对于文本视觉信息呈现时间的需求更大。这与拼音文字阅读中儿童与成人没有差异的发现不完全一致。

四、结论

根据消失文本范式的研究结果，中文读者在极短的文本呈现时间内仍然能够快速获取必要的文本视觉信息。然而，儿童对消失文本的操作更为敏感，这意味着相较于成人，阅读能力较低的儿童需要更长的文本呈现时间。这一发现强调了儿童在阅读过程中的认知加工速度相对较慢，这种差异不仅体现在视觉信息获取的空间范围方面，还体现在视觉信息获取的速度方面。

Blythe, H. I., Liversedge, S. P., Joseph, H. S. S. L., White, S. J., & Rayner, K. (2009). Visual information capture during fixations in reading for children and adults. *Vision Research*, *49* (12), 1583-1591.

Hoosain, R. (1992). Psychological reality of the word in Chinese. *Advances in Psychology*, *90*, 111-130.

Li, X., Rayner, K., & Cave, K. R. (2009). On the segmentation of Chinese words during reading. *Cognitive Psychology*, *58* (4), 525-552.

McConkie, G. W., Zola, D., Grimes, J., Kerr, P. W., Bryant, N. R., & Wolff, P. M. (1991). Children's eye movements during reading. In J. F. Stein (Ed.), *Vision and Visual Dyslexia* (pp. 251-262). London: Macmillan Press.

Rayner, K., & Pollatsek, A. (1989). *The Psychology of Reading.* Upper Saddle River: Prentice-Hall.

Vitu, F., McConkie, G. W., Kerr, P., & O'Regan, J. K. (2001). Fixation location effects on fixation durations during reading: An inverted optimal viewing position effect. *Vision Research*, *41* (25-26), 3513-3533.

参考文献

刘志方，翁世华，张锋. (2014). 中文阅读中词汇视觉编码的年龄特征：来自眼动研究的证据. *心理发展与教育*, *30* (4), 411-419.

刘志方，张智君，赵亚军. (2011). 汉语阅读中眼跳目标选择单元以及词汇加工方式：来自消失文本的实验证据. *心理学报*, *43* (6)，608-618.

刘志方，闫国利，张智君，潘运，杨桂芳. (2013). 中文阅读中的预视效应与词切分. *心理学报*, *45* (6), 614-625.

刘妮娜. (2015). *中文阅读中的中央凹和副中央凹信息获取时间研究*. 博士学位论文，天津师范大学.

王丽红. (2011). *中文阅读知觉广度的眼动研究*. 博士学位论文，天津师范大学.

闫国利，王文静，白学军. (2007). 消失文本条件下认知控制的眼动研究. *心理学探新*, *27* (4), 37-41.

闫国利，胡晏雯，刘志方，张智君. (2009). 消失文本条件下注视点右侧词对中文阅读影响的眼动研究. *应用心理学*, *15* (3), 201-207.

闫国利，姜茜，李兴珊，白学军. (2008). 消失文本条件下词的预测性效应的眼动研究. *应用心理学*, *14* (4), 306-310.

闫国利，刘妮娜，梁菲菲，刘志方，白学军. (2015). 中文读者词汇视觉信息获取速度的发展——来自消失文本的证据. *心理学报*, *47* (3), 300-318.

臧传丽，张慢慢，岳音其，白学军，闫国利. (2013). 副中央凹信息量对中文朗读和默读的调节作用. *心理与行为研究*, *11* (4), 444-450.

张巧明. (2012). *小学生阅读知觉广度与速度的发展：来自眼动的证据*. 博士学位论文，天津师范大学.

张学新. (2011). 汉字是拼义文字：来自心理学的新观点. *世界汉语教学学会通讯*, (3), 26-27.

张智君，刘志方，赵亚军，季靖. (2012). 汉语阅读过程中词切分的位置：一项基于眼动随动显示技术的研究. *心理学报*, *44* (1), 51-62.

朱丽华. (2012). *词N 与词N+1 消失对青年与老年中文读者眼动模式的影响*. 硕士学位论文，天津师范大学.

Bai, X. J., Liang, F. F., Blythe, H. I., Zang, C. L., Yan, G. L., & Liversedge, S. P. (2013). Interword spacing effects on the acquisition of new vocabulary for readers as Chinese a second language. *Journal of Research in Reading*, *36* (S1), S4-S17.

Blythe, H. I., Häikiö, T., Bertam, R., Liversedge, S. P., & Hyönä, J. (2011). Reading disappearing text: Why do children refixate words? *Vision Research*, *51* (1), 84-92.

Blythe, H. I., Liversedge, S. P., Joseph, H. S. S. L., White, S. J., & Rayner, K. (2009). Visual information capture during fixations in reading for children and adults. *Vision Research*, *49* (12), 1583-1591.

Engbert, R., Nuthmann, A., Richter, E.M., & Kliegl, R. (2005). SWIFT: A dynamical model of saccade generation during reading. *Psychological Review*, *112* (4), 777-813.

Henderson, J. M., Pollatsek, A., & Rayner, K. (1989). Covert visual attention and extrafoveal information use during object identification. *Perception & Psychophysics*, *45* (3), 196-208.

Hoosain, R. (1991). Cerebral lateralization of bilingual functions after handedness switch in childhood. *The Journal of Genetic Psychology*, *152* (2), 263-268.

Ishida, T., & Ikeda, M. (1989). Temporal properties of information extraction in reading studied by a text-mask replacement technique. *Journal of the Optical Society of America*, *6* (10), 1624-1632.

Li, X., Rayner, K., & Cave, K. R. (2009). On the segmentation of Chinese words during reading. *Cognitive Psychology*, *58* (4), 525-552.

Liversedge, S. P., Rayner, K., White, S. J., Vergilino-Perez, D., Findlay, J. M., & Kentridge, R. W. (2004). Eye movements when reading disappearing text: Is there a gap effect in reading? *Vision Research, 44* (10), 1013-1024.

McConkie, G. W., Zola, D., Grimes, J., Kerr, P. W., Bryant, N. R., & Wolff, P. M. (1991). Children's eye movements during reading. In J. F. Stein (Ed.), *Vision and Visual Dyslexia* (pp. 251-262). London: Macmillan Press.

O'Regan, J. K., & Jacobs, A. M. (1992). Optimal viewing position effect in word recognition: A challenge to current theory. *Journal of Experimental Psychology: Human Perception and Performance, 18* (1), 185-197.

Rayner, K. (2009). Eye movements in reading: Models and data. *Journal of Eye Movement Research, 2* (5), 1.

Rayner, K., & Fisher, D. L. (1987). Eye movements and the perceptual span during visual search. In J. K. O'Regan, A. Levy-Schoen (Eds.), *Eye Movements from Physiology to Cognition* (pp. 293-302). Amsterdam: Elsevier.

Rayner, K., Liversedge, S. P., & White, S. J. (2006). Eye movements when reading disappearing text: The importance of the word to the right of fixation. *Vision Research, 46* (3), 310-323.

Rayner, K., Liversedge, S. P., White, S. J., & Vergilino-Perez, D. (2003). Reading disappearing text: Cognitive control of eye movements. *Psychological Science, 14* (4), 385-388.

Rayner, K., Yang, J., Castelhano, M. S., & Liversedge, S. P. (2011). Eye movements of older and younger readers when reading disappearing text. *Psychology and Aging, 26* (1), 214-223.

Rayner, K., Inhoff, A. W., Morrison, R. E., Slowiaczek, M. L., & Bertera, J. H. (1981). Masking of foveal and parafoveal vision during eye fixations in reading. *Journal of Experimental Psychology: Human Perception and Performance, 7* (1), 167-179.

Reichle, E. D., Rayner, K., & Pollatsek, A. (1999). Eye movement control in reading: Accounting for initial fixation locations and refixations within the E-Z reader model. *Vision Research, 39* (26), 4403-4411.

Reichle, E. D., Rayner, K., & Pollatsek, A. (2003). The E-Z reader model of eye-movement control in reading: Comparisons to other models. *Behavioral and Brain Sciences, 26* (4), 445-476.

Reichle, E. D., Pollatsek, A., Fisher, D. L., & Rayner, K. (1998). Toward a model of eye movement control in reading. *Psychological Review, 105* (1), 125-157.

Slowiaczek, L. M., Nusbaum, H. C., & Pisono, D. B. (1987). Phonological priming in auditory word recognition. *Journal of Experimental Psychology: Learning, Memory, and Cognition, 13* (1), 64-75.

Vitu, F., McConkie, G. W., Kerr, P., & O'Regan, J. K. (2001). Fixation location effects on fixation durations during reading: An inverted optimal viewing position effect. *Vision Research, 41* (25-26), 3513-3533.

Yang, S. N., & McConkie, G. W. (2001). Eye movements during reading: A theory of saccade initiation times. *Vision Research, 41* (25-26), 3567-3585.

Yang, S. N., & McConkie, G. W. (2004). Saccade generation during reading: Are words necessary?

European Journal of Cognitive Psychology, *16* (1-2), 226-261.

Zang, C., Liang, F., Bai, X., Yan, G., & Liversedge, S. P. (2013). Interword spacing and landing position effects during Chinese reading in children and adults. *Journal of Experimental Psychology: Human Perception and Performance*, *39*, 720-734.

第四章

边界范式

读者在阅读中不仅能够从当前注视点获取信息，还能够从注视点两侧的副中央凹视觉区域（视角范围为 2°～5°）获取一定的信息。为了研究副中央凹视觉区域的信息加工问题，Rayner 等于 1975 年设计了边界范式。该范式能够精确地探究读者在注视点右侧获取信息的范围、类型以及副中央凹处信息加工的情况。

第一节 边界范式简介

一、边界范式基本原理

边界范式属于一种呈现随注视变化范式，即呈现内容随着当前注视点的变化而相应改变。具体操作如下：研究者在事先选定的目标位置前设置一个隐形的边界（在正式阅读过程中不可见）。在读者的眼睛越过边界之前，目标位置呈现预视刺激。然而，一旦眼睛越过边界，目标刺激将会替代预视刺激。以图 4-1 为例，为了探究读者能否从副中央凹视觉区域获得字形预视信息，研究者在目标位置“填”之前设置了一个隐形边界［图 4-1（a)］。在眼睛的注视点越过隐形边界之前，预视词“慎”会被呈现在目标词“填”的位置上［图 4-1（b)］。然而，一旦读者的注视点越过了隐形边界，预视词“慎”将会被目标词“填”替代［图 4-1（c)］。由于这种变化非常迅速，且发生在注意被抑制的眼跳过程中，大多数读者并不会察觉到这种变化。

边界范式的基本逻辑是，如果读者从副中央凹视觉区域对目标词进行了预视加工，即获取了部分信息，那么在随后注视目标词时，加工速度会加快。具体表

(a) 英语老师正在|填写项目申请书。 [原句]
(b) 英语老师正在|慎写项目申请书。 [当前注视点]
*
(c) 英语老师正在|填写项目申请书。 [越过边界之后]
*

图 4-1 边界范式示意图

现如下：当对具有一定相关信息的预视刺激条件与不存在任何语言相关特征的无关刺激条件进行比较时，读者在前一条件下对目标词的首次注视时间和凝视时间更短，表明读者能从副中央凹视觉区域获得该相关预视信息；相反，如果读者在两种条件下的表现无差异，则表明读者未能从副中央凹视觉区域获得该相关预视信息。边界范式的巧妙之处在于它严格规定了目标变化区域的位置，能够研究该区域内发生的任何信息加工，而且这种范式对正常的阅读几乎不产生干扰。

边界范式可以系统地考察读者在副中央凹视觉区域能够获得的信息类型。同样以图 4-1 为例，选定目标词为“填”，设定预视词为与其视觉特征相似的“慎”。如果读者对“慎”进行预视加工，那么在随后注视“填”时，相比无关预视条件（例如，预视词为“展”），读者的注视时间将更短。这表明读者在预视加工时从副中央凹视觉区域获得了字形信息。同样，研究者可以通过控制预视词为同音词、语义相关词等条件，来研究读者在副中央凹视觉区域的预视加工中是否获得了这些信息。

此外，边界范式还能够探究读者在副中央凹视觉区域获取信息的范围。该范式可以将隐含的边界设置在选定的目标词之前，也可以设置和改变边界的位置。例如，在图 4-1 中，可以将边界位置向左移动两个字，设置在“正在”的前面，以此来研究不同的边界位置是否会影响随后的阅读加工。如果预视词信息显著影响了之后目标词“填”的加工，那么可以说明预视加工的范围至少在当前注视点右侧三个字。基于这种逻辑，边界范式可用于探究读者获得预视信息的范围。

二、边界范式发展沿革与演变

（一）随注视命名范式

为了研究读者能否在阅读过程中从副中央凹视觉区域辨认单词，研究者采用了一种被称为“随注视命名范式”（gaze-contingent naming paradigm）的实验方法（Rayner et al.，1978）。在该范式中，被试需要将视线移动到呈现在副中央凹视觉区域的词汇上（可以是左侧或右侧），并对其进行命名、词汇判断或类别判断。研究者在中央注视点和目标词之间设置了一个不可见的边界。当被试的眼睛注视中央点时，副中央凹视觉区域的刺激是一个预视词或非词。然而，一旦眼睛越过边界，副中央凹视觉区域的刺激就变成目标词。研究者通过比较预视刺激和目标词之间的关系来研究被试对目标词的加工速度。如图 4-2 所示，被试被要求保持视线在中央的“十”字上，直到副中央凹视觉区域出现预视词“blue”，这时，被试需要将视线转向出现的词并对其进行命名。研究者在被试的视线从中央注视点跳到副中央凹视觉区域之间设置了一个隐形的边界，当被试的眼睛跨过边界时，预视词“blue”会被目标词“hand”替代，这种变化在被试的视觉感知中是不可察觉的。

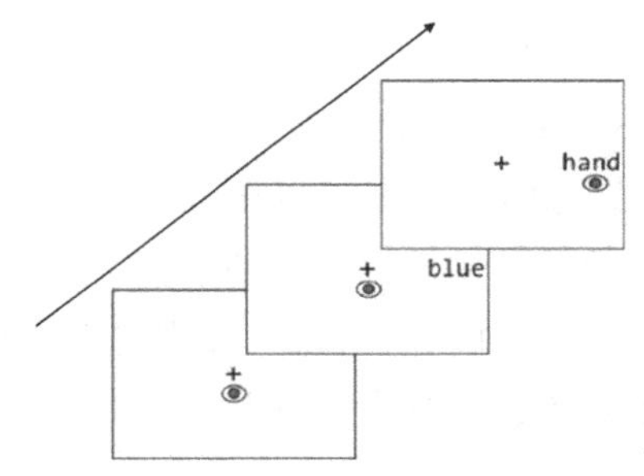

图 4-2 随注视命名范式示例

通过随注视命名范式，研究者发现，读者能够从副中央凹视觉区域获取目标词的语音和正字法信息，并且能够将这些信息整合到接下来的中央凹视觉区域的信息加工中，同时研究者还发现，从副中央凹获取到的正字法信息并不完全基于视觉相似性特征，例如预视刺激“WRITE”和“write”对目标刺激“write”的加工促进程度相当（Balota & Rayner，1983；Henderson et al.，1995；Rayner，1978；Rayner et al.，1978，1980）。然而，这类实验并未证明读者能够从副中央凹视觉区域获得目标词的语义信息。

（二）边界范式之预视加工时程

研究者通过大量的边界范式实验研究了读者在副中央凹视觉区域的加工中能够获取哪些预视信息，但是目前仍然不清楚读者何时开始获取这些信息。具体而言，在传统的边界范式中，只有当注视点越过边界时，预视词才会变为目标词。这意味着在整个预视过程中，副中央凹视觉区域一直呈现预视词，无法确定对预视词的预视加工是与边界前的注视词的加工同时进行，还是在边界前注视词加工完成后才开始。这一序列加工与平行加工的争论也是当前眼动阅读模型的一个关键问题。

为了解决这个问题，Inhoff 等（2005）在经典边界范式的基础上，通过控制边界范式中预视信息的呈现时间，探究了预视加工的时程问题。具体操作如图 4-3 所示，研究设计了 4 种预视条件：第一种是完全预视（full preview）条件，无论在目标前词（morning）注视的前 140ms 还是在其之后，预视词与目标词（coffee）均相同。第二种是注视开始（beginning-of-fixation）条件，在目标前词（morning）注视的前 140ms 内，呈现的是正确的预视词（coffee）；在目标前词被注视 140ms 之后，目标词被随机字母串（vattld）所代替，这表示读者可以在注视目标前词的前 140ms 内对副中央凹视觉区域的预视词汇进行加工。第三种预视条件是注视结尾（end-of-fixation）条件，在目标前词（morning）被注视的前 140ms 内，目标词（coffee）被随机的字母串（vattld）所代替；在目标前词被注视 140ms 之后，呈现正确的目标词（coffee）。这意味着读者可以在注视目标前词的后期（140ms 之后）对副中央凹视觉区域的信息进行加工。第四种预视条件是完全掩蔽（full mask）条件，目标词（coffee）在目标前词（morning）注视时一直被随机的字母串（vattld）所代替，直到注视点越过边界之后才呈现正确的目标词。

Full Preview Change Condition during the beginning 140 ms of pre-target viewing:
I llkE tO dRiNk My mOrNiNg CoFfEe At HoMe RaThEr ThAn In ThE oFfIcE.

Full Preview Change Condition after the beginning 140 ms of pre-target viewing:
I llkE tO dRiNk My mOrNiNg cOfFeE At HoMe RaThEr ThAn In ThE oFfIcE.

Beginning-of-fixation condition during the beginning 140 ms of pre-target viewing:
I llkE tO dRiNk My mOrNiNg CoFfEe At HoMe RaThEr ThAn In ThE oFfIcE.

Beginning-of-fixation condition after the beginning 140 ms of pre-target viewing:
I llkE tO dRiNk My mOrNiNg VaTtld At HoMe RaThEr ThAn In ThE oFfIcE.

End-of-fixation condition during the beginning 140 ms of pre-target viewing:
I llkE tO dRiNk My mOrNiNg VaTtld At HoMe RaThEr ThAn In ThE oFfIcE.

End-of-fixation condition after the beginning 140 ms of pre-target viewing:
I llkE tO dRiNk My mOrNiNg CoFfEe At HoMe RaThEr ThAn In ThE oFfIcE.

Full Mask Change Condition during the beginning 140 ms of pre-target viewing:
I llkE tO dRiNk My mOrNiNg VaTtld At HoMe RaThEr ThAn In ThE oFfIcE.

Full Mask Change Condition after the beginning 140 ms of pre-target viewing:
I llkE tO dRiNk My mOrNiNg vAtTiD At HoMe RaThEr ThAn In ThE oFfIcE.

图 4-3　Inhoff 等（2005）的实验操纵示意图

研究者的假设是，如果副中央凹视觉区域的预视信息只能在目标前词的加工后期获取，那么注视开始条件不会对读者对随后目标词的加工产生促进作用。相反，注视结尾条件将会促进读者对随后目标词的加工，而且这种促进作用与完全预视条件并没有显著差异，因为目标前词的早期加工并不会涉及副中央凹视觉区域的信息处理。另外，如果读者能够在目标前词的加工早期就开始加工副中央凹视觉区域的预视信息，那么注视开始条件将会对读者对随后目标词的加工产生促进作用，而注视结尾条件则可能会对其造成一定的干扰。

实验结果显示，在当前注视的前 140ms 内，读者就能够开始加工副中央凹视觉区域预视目标的语言信息，并且这个加工过程在之后仍然持续有效。这表明在阅读过程中，读者对注视区域和副中央凹视觉区域的可见信息的加工存在一定时间上的重叠，而不是完全的序列加工。

（三）副中央凹快速启动范式

副中央凹快速启动范式（parafoveal fast-priming paradigm）是边界范式的一种变式，通过操作预视信息呈现时间来进一步探究副中央凹视觉区域不同类型信息加工的具体时间窗口。Hohenstein 等（2010）操作了预视信息呈现的时间窗口，分别将其设定为 35ms、80ms 和 125ms（被称为启动时间），以研究语义的预视效应。在句子呈现的开始阶段，目标词“knochen”被一个随机的辅音字母串“Nzwrfgt”替代［图 4-4（a)］，这是为了防止读者在注视目标前词“waren”之前获得相关信息。在目标前第二个词“Ausgraben”的最后一个字母之后，研究者设置了一个不可见的边界。当读者的眼睛越过这个边界时，目标词被启动刺激“Schadel”替代。而启动词在该位置持续呈现一定的时间，即启动时间为 35ms、80ms 或 125ms（该时间从开始注视目标前词算起）［图 4-4（b)］。随后，目标词“Knochen”才开始呈现，直至句子阅读结束［图 4-4（c）和（d)］。

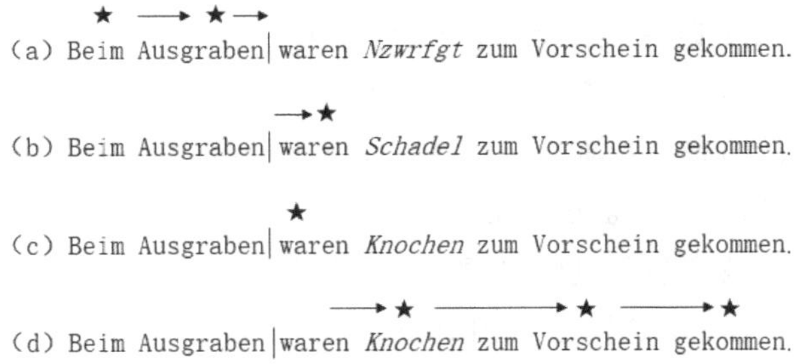

★ ⟶ ★⟶
(a) Beim Ausgraben| waren *Nzwrfgt* zum Vorschein gekommen.

⟶★
(b) Beim Ausgraben| waren *Schadel* zum Vorschein gekommen.

★
(c) Beim Ausgraben| waren *Knochen* zum Vorschein gekommen.

⟶★ ⟶★ ⟶★
(d) Beim Ausgraben| waren *Knochen* zum Vorschein gekommen.

图 4-4　Hohenstein 等（2010）的副中央凹快速启动研究操作图

实验结果不仅揭示了语义预视效应，还指出副中央凹视觉区域特定信息获取可能存在特定的时间窗口。这种边界范式的改进，通过控制预视信息的呈现时间窗口，有效减小了预视代价（preview cost）。

三、边界范式研究成果

（一）副中央凹预视效应

在拼音文字阅读中，研究者已经发现读者能够从当前注视词的下一个词中获取稳定的预视信息。具体表现为，在有效预视信息条件下（如视觉相似或语音相似的刺激），读者对目标词的注视时间相对较短，这种预视效应通常持续30～50ms（Rayner，2009；Hyönä et al.，2004）。目前的拼音文字研究表明，读者能够获取多种类型的预视信息，包括单词首字母信息（Briihl & Inhoff，1995；Johnson et al.，2007）、字形信息（Drieghe et al.，2005；White et al.，2005；Williams et al.，2006；Yan et al.，2009a）和语音信息（Ashby et al.，2006；Ashby & Rayner，2004；Chace et al.，2005；Miellet & Sparrow，2004；Sparrow & Miellet，2002；Yen et al.，2008）。然而，关于能否获取更高层次的语言信息（如语义），目前尚无明确的结论（Rayner，2009；Rayner et al.，1998）。尽管有很多研究结果表明读者不能从副中央凹视觉区域获取语义信息（Altarriba et al.，2001；Henderson & Ferreira，1993；Rayner et al.，1986，1998；Rayner & Morris，1992），但也有证据发现副中央凹视觉区域存在语义预视效应（Inhoff et al.，2000；Kennedy & Pynte，2005；Murray & Rowan，1998）。总之，在拼音文字研究中，读者能否从副中央凹视觉区域获取高层次的语义信息仍然是当前不同阅读眼动控制模型之间具有较大争议的问题（Engbert et al.，2005；Pollatsek et al.，2006）。

在中文阅读研究中，研究者普遍发现副中央凹视觉区域存在预视效应。具体来说，研究一致发现中文读者存在副中央凹字形预视效应（Liu et al.，2002；Tsai et al.，2004），但关于语音预视效应的研究证据并不一致（Yan et al.，2009）。有趣的是，大量研究表明中文读者能够从副中央凹视觉区域获取语义信息（Yan et al.，2009；Yang et al.，2009；王穗苹等，2009），甚至还能从当前注视字右侧第二个字获取部分预视语义信息（Yang et al.，2009）。

副中央凹预视效应会受到中央凹视觉区域加工负荷和读者阅读技能等因素的影响。研究发现，当前注视字的加工难度会影响读者对下一个字的预视。如果当前注视字的加工难度较大（如多笔画数或低频目标），读者对下一个字只能获得较少信息，甚至可能无法获得任何预视信息（Henderson & Ferreira，1990；Kennison & Clifton，1995；White et al.，2005）。相反，如果当前注视字较容易加工，读者就能获得更多的预视信息（Drieghe et al.，2005）。这些研究结果表明，中央凹视觉区域的字词加工难度水平会影响读者对副中央凹视觉区域的预视加工，以及读者从当前注视字的下一个字获取预视信息的程度。此外，研究还发现，不同阅读技能水平的读者的副中央凹预视效应存在差异。例如，高技能读者能够获得语音预视和字形预视，而低技能读者可能无法获得语音预视（Chace et al.，2005）。关于儿童的发展研究也显示，高年级或高语言技能儿童出现的预视效应更大（Johnson et al.，2018）。

（二）副中央凹和中央凹加工的相互作用

1. 中央凹负荷对副中央凹加工的影响

Henderson 和 Ferreira（1990；参见 Kennison & Clifton，1995）进行了一项实验，以探究副中央凹预视类型（相同预视词、视觉相似字符串和视觉不相似字符串）与中央凹加工负荷（词频高低或句法难易）之间的关系。研究结果显示，当中央凹的加工负荷较大时，例如，当中央凹词为低频词或由于句法过于复杂导致中央凹词难以被整合进句子结构时，副中央凹预视效应会消失。另外，White 等（2005）发现这种中央凹负荷减弱副中央凹预视效应的现象取决于读者是否注意到刺激呈现的变化。那些注意到刺激呈现变化的读者更可能产生这种效应，因为注意到刺激呈现变化本身就会干扰读者的加工（Slattery et al.，2011）。而 Reingold 和 Rayner（2006）的研究进一步考察了中央凹视觉区域的字词加工难度水平对副中央凹预视效应的影响。研究发现，当中央凹词对比度被降低呈现时，虽然这种变化不会影响读者对副中央凹词的加工时间，但会影响其对当前注视词的加工；然而，当中央凹词的字母大小写被转换呈现时，这会同时影响读者对当前注视词和副中央凹词的加工时间。研究者认为这种结果的差异可能反映了词汇加工在早期和晚期阶段的不同。综上所述，这些研究结果表明，读者从副中央凹获取信息的数量依赖于当前中央凹的加工负荷。

然而，在英文阅读中，关于中央凹负荷对副中央凹预视加工影响的研究结果并不完全一致。Veldre 和 Andrews（2018）进行了两项边界范式实验。在实验一中，他们通过操作中央凹加工负荷（词频）设置了 4 种预视条件：一致（目标词和预视词相同，如 depart-depart，Her plane will probably **depart** later than expected this afternoon.加粗的是目标词。)、句法合理且语义合理预视（目标词和预视词词性相同，但目标词和预视词语义不同，如 depart-refuel)、句法合理但语义不合理（如 depart-stroke）和句法不合理且语义不合理预视（如，depart-hostel)。结果显示，中央凹负荷并未对语义预视加工产生影响。在实验二中，预视条件包括字母大小写转换预视、非词正字法邻居预视和非词随机辅音串预视。结果显示，中央凹加工负荷仅在违反正字法非词条件下影响副中央凹预视加工。研究者指出，这主要是由于研究者采用了违反正字法非词预视作为基线，因为相较于更类似词的非词，被试对这种违反正字法非词的刺激呈现变化更加敏感，从而产生更大的预视代价。与早期的研究相比，一些研究者使用了更短的副中央凹词（3 个字母或 4 个字母）来探讨中央凹加工负荷与副中央凹加工之间的关系，但结果并未证明两者之间存在交互作用（Drieghe et al.，2005）。

在汉语阅读中，多数研究结果支持中央凹注视词加工负荷不影响副中央凹预视加工（Yan et al.，2009，2010；Zhang et al.，2019；崔磊等，2010；王永胜，2016）。例如，Zhang 等（2019）研究了中央凹注视词的词频与副中央凹单字词的预视类型（目标预视和假字预视）之间的关系，结果未发现中央凹注视词的加工负荷水平会影响副中央凹预视效应的大小。研究者认为，虽然中央凹注视词的加工负荷越大，分配到副中央凹的注意资源越少，但这也导致读者对中央凹词的注视时间增长，即对副中央凹词的预视时间变长。因此，在不同的中央凹加工负荷条件下，读者从副中央凹中获取的信息量并无显著差异。然而，存在一项相反的研究结果。Yan（2015）通过操纵目标前词的笔画数（多笔画数词、少笔画数词），并使用边界范式操纵目标词的预视类型（目标预视、无关词预视和非词预视），结果发现当目标前词为加工负荷较大的多笔画数词时，目标词的副中央凹预视效应更显著。

2. 副中央凹-中央凹效应

副中央凹-中央凹效应（parafoveal-on-foveal，PoF）指的是副中央凹词（通常是注视词右侧的词）的特性对当前中央凹词的加工产生的影响。如果读者能够从当前注视词右侧的词处获取信息，那么预视词与目标词之间的差异将会影响阅读过程。研究中可以设置多种类型的预视词，以探究副中央凹的不同预视信息对当前注视词加工的影响。

在正字法 PoF 效应方面，Pynte 等（2004）采用边界范式，操作预视词为几种不同类型的印刷错误词，结果发现读者对目标前词的跳读率降低，注视时间减少，证明副中央凹异常字母的呈现（特别是最开始的字母异常）会影响当前注视词的即时加工。White 等（2008）的研究也得出了类似的结论，即副中央凹词开始的三个字母串如果异常，不仅会影响当前注视词的跳读率，还会影响其注视时间。然而，也有研究发现副中央凹前三个字母串的异常将导致中央凹词加工时间的延长，而非缩短（Kennedy，2008；Kennedy & Pynte，2005；Underwood et al.，2000）。总的来说，研究者采用边界范式，通过操作预视类型一致发现了正字法 PoF 效应的存在，表明读者对异常正字法信息非常敏感，同时也证明读者能够在从副中央凹处提前对其进行侦测。

词汇 PoF 效应引起了研究者的极大关注。尽管非阅读任务或语料库数据分析的研究表明存在词汇 PoF 效应，但来自严格控制的实验证据并不支持这一观点。Inhoff 等（2000）进行了一项边界范式实验，设置了 4 种预视类型，包括一致预视（如 light）、字母大写预视（如 LIGHT）、违反正字法字母串预视（如 qvtqp）和无关预视词（如 smoke）。结果显示，只有字母大写预视和违反正字法字母串预视条件导致中央凹注视词的加工时间增加，而一致预视和无关预视条件下则不存在 PoF 效应。这一结果表明，PoF 效应似乎主要受到正字法而非词汇或语义信息的影响（Inhoff et al.，2000），这也进一步说明在拼音文字阅读中，读者通常难以从右侧词中获取语义信息，当然也有一些特殊情况，比如存在“and/or”等的短词。在中文阅读中，Yang 等（2009）同样采用边界范式，将边界置于一个双字词的两个汉字之间，结果证明了语义 PoF 效应的存在。然而，如果将边界置于双字词之前，那么 PoF 效应就会消失。因此，我们无法确定该类 PoF 效应的产生是由真正的词汇信息所造成的，还是仅仅来自正字法层面。

3. 边界范式的预视代价

在考察预视效应的阅读眼动研究中，研究者通常使用随机字母串（拼音文字研究中）或者假字（汉语研究中）作为比较的基线。通过将基线预视条件的注视时间减去包含特定信息（如正字法、语音等）预视条件的注视时间，研究者得到相应的预视效应大小。然而，关于使用随机字母串或假字作为比较的基线是否合适，研究者产生了争议。有研究者提出了“预视代价”这一概念，认为这种基线预视刺激会使随后读者对目标刺激的注视时间显著延长，从而可能导致预视效应被夸大（Kliegl et al.，2013）。

预视代价可以通过两个方面进行评估和测量：预视空间（preview space）和预视时间（preview time）。预视空间反映在边界前的起跳位置距离边界的远近程度上。如果起跳位置距离边界较近，则预视空间较大，因为在知觉范围内有更多的词汇；相反，如果起跳位置距离边界较远，则预视空间较小。预视时间反映在目标前词的注视时间长短上，即读者在目标前词上的注视时间越长，对目标词的预视时间便会越长。研究发现，预视空间和预视时间都与边界后目标词的预视加工相关。当预视空间较大或者预视时间较长时，预视词被加工的可能性较大。如果从预视词上获得的预视信息能够被应用到随后目标词的加工中，那么它将对目标词的加工产生更大的促进作用。例如，当预视词与目标词包含相同的正字法信息时，这会对随后目标词的注视加工产生更大的促进作用。但如果从预视词上获得的信息无法被应用到随后目标词的加工中，那么随着预视词加工深度的增加，读者对随后目标词的加工可能会受到更大的干扰，表现为预视代价。

Kliegl 等（2013）通过对 McDonald（2006）的一项边界范式实验重新进行分析，探究了预视空间和预视时间对随后目标词加工的影响，从而揭示了预视代价的存在。在 McDonald（2006）的研究中，研究者操纵了边界位置和预视类型。边界位置分别设置在目标前词的中间或末尾，而预视类型则包括正确预视（目标词本身作为预视刺激）和错误预视（由随机字母串构成的预视刺激）。研究结果见图 4-5 和图 4-6。

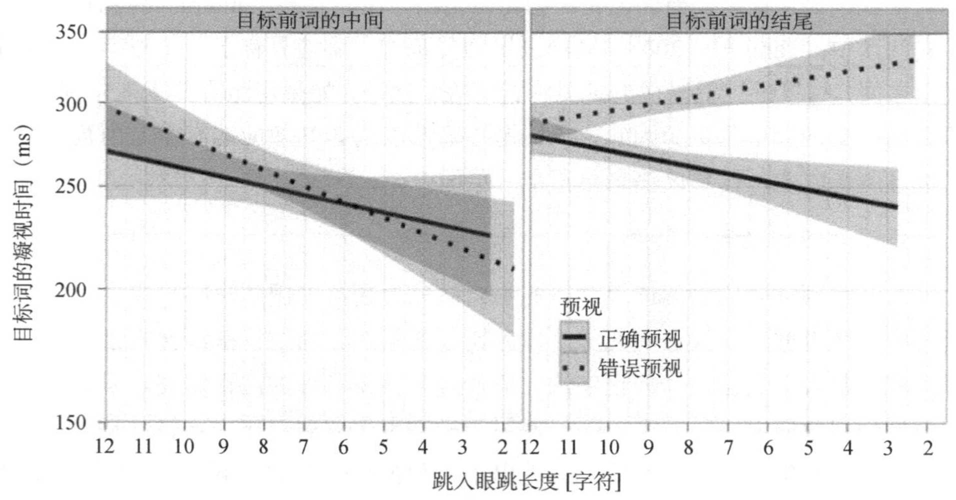

图 4-5　目标词的凝视时间随预视空间的变化而产生的变化

注：左图为边界位于目标前词中间时，目标词的凝视时间随跳入眼跳长度预视空间的减小而发生的变化趋势；右图为边界位于目标前词词尾时，目标词的凝视时间随预视空间的减小而发生的变化趋势

在图 4-5 中，左图显示了边界位于目标前词中间时目标词的凝视时间，右图则显示了边界位于目标前词结尾时目标词的凝视时间。由此可以看出，当边界位

于目标前词结尾时，随着跳入眼跳距离的缩小，正确预视条件下目标词的凝视时间逐渐缩短，而错误预视条件下的凝视时间逐渐延长。这表明，随着预视空间的增大，预视效应逐渐增大，即两种条件之间的差异也逐渐加大。

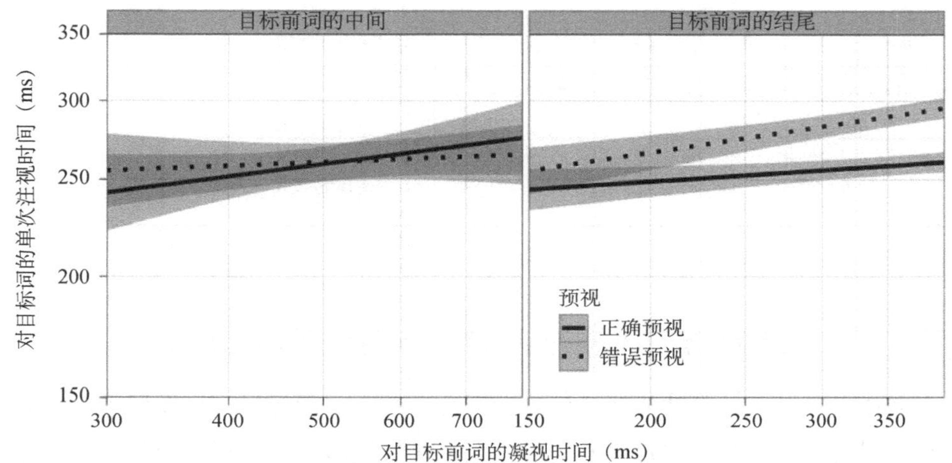

图 4-6　目标词的单次注视时间随着预视时间的变化而产生的变化

注：左图为边界位于目标前词中间时，目标词的单词注视时间随预视时间的增加而发生的变化趋势；右图为边界位于目标前词结尾时，目标词的单词注视时间随预视时间的增加而发生的变化趋势

在图 4-6 中，左图为边界位于目标前词中间时目标词的单次注视时间，右图为边界位于目标前词结尾时目标词的单次注视时间。由此可以看出，当边界位于目标前词结尾时，随着目标前词凝视时间的延长，正确预视条件下目标词的单次注视时间虽然延长但变化不大，而错误预视条件下的单次注视时间逐渐延长，并且延长幅度大于正确预视条件下的增加延长幅度。这表明，随着预视时间的延长，预视效应逐渐增大，即两种条件之间的差异也逐渐加大。

第二节　边界范式实操

一、边界范式的实验程序编制

在边界范式的程序编制中，最重要的一步是设置边界的位置。EB 编程中自带边界范式的触发程序，使得这个问题变得简单化，如图 4-7 所示。

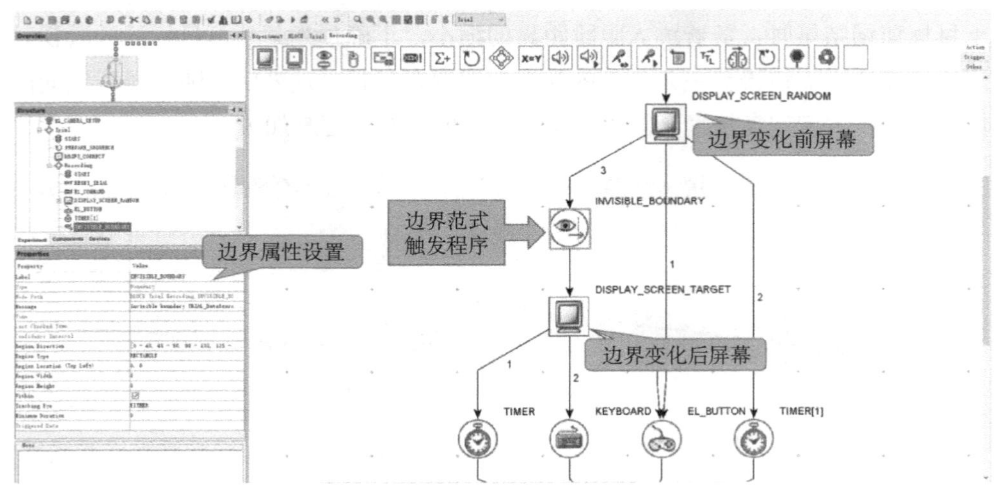

图 4-7　边界范式实验程序中边界位置设置示意图 1

其中，INVISIBLE_BOUNDARY 是边界范式的触发图标，选中该图标后，可在屏幕左侧的属性栏中设置边界的相关属性，其中最重要的是设置边界的位置。通常实验中每个试次的边界位置都可能不同，我们可以在程序中进行如下设置：首先打开“Region Location”栏目卡（图 4-8），然后与“DataSource”里的边界位置列（boundary）建立连接，之后在“DataSource”中表示每个实验试次边界位置的列（boundary）中填写相应的位置，这样就可以确定每个实验试次的边界位置。

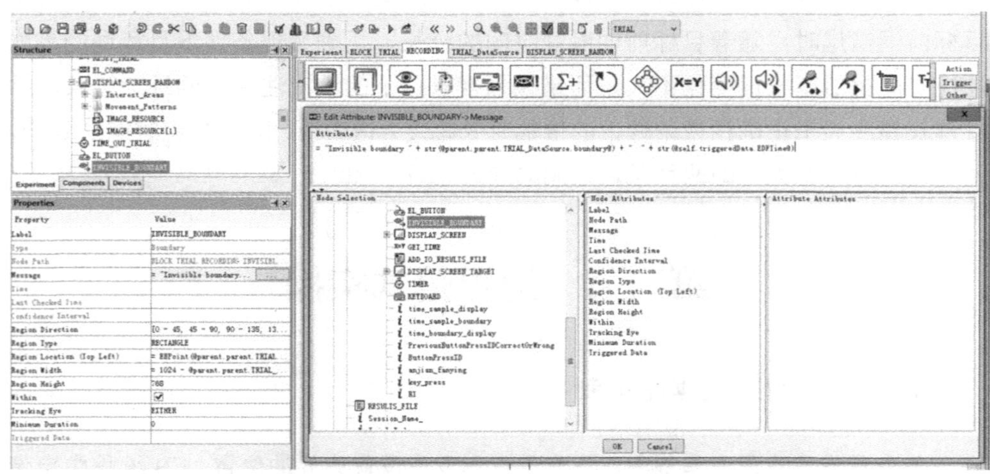

图 4-8　边界范式中边界位置设置示意图 2

一个完整的边界范式程序同样分为 4 个层级：实验层、区组层、试次层和记录层，见图 4-9。下面将逐一介绍每层的组件及其属性，其中重点是记录层的边界和显示屏幕的设定。

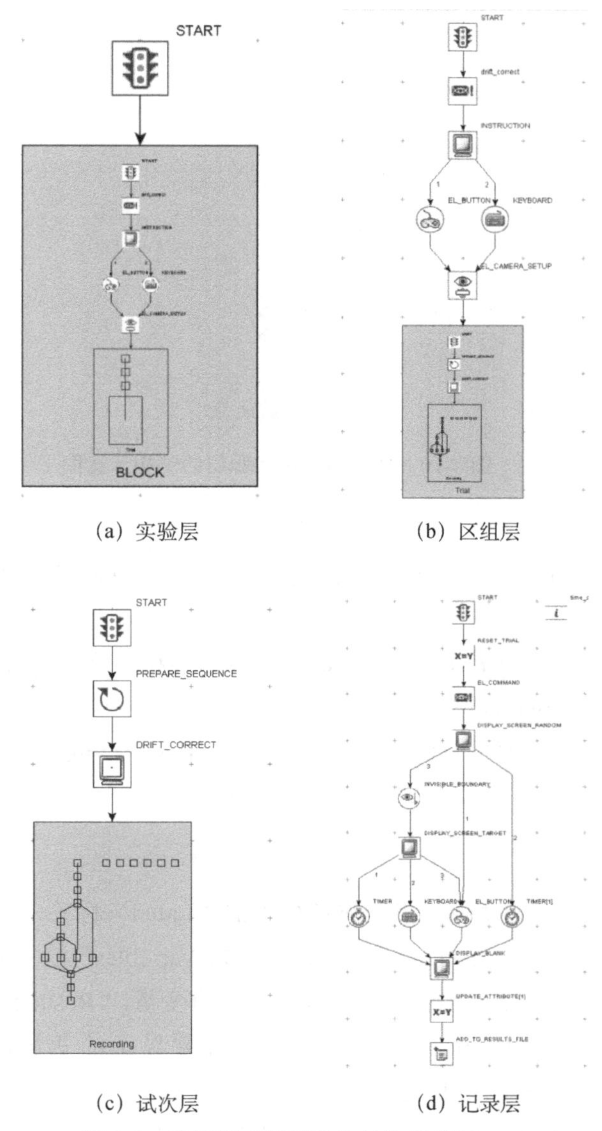

（a）实验层　（b）区组层

（c）试次层　（d）记录层

图 4-9　边界范式各层级的结构示意图

（一）创建实验层

首先，采用常规方法创建一个新的实验程序，可参考本书第三章中的相关内容。接下来，添加实验层的节点、设置属性，见图 4-10。

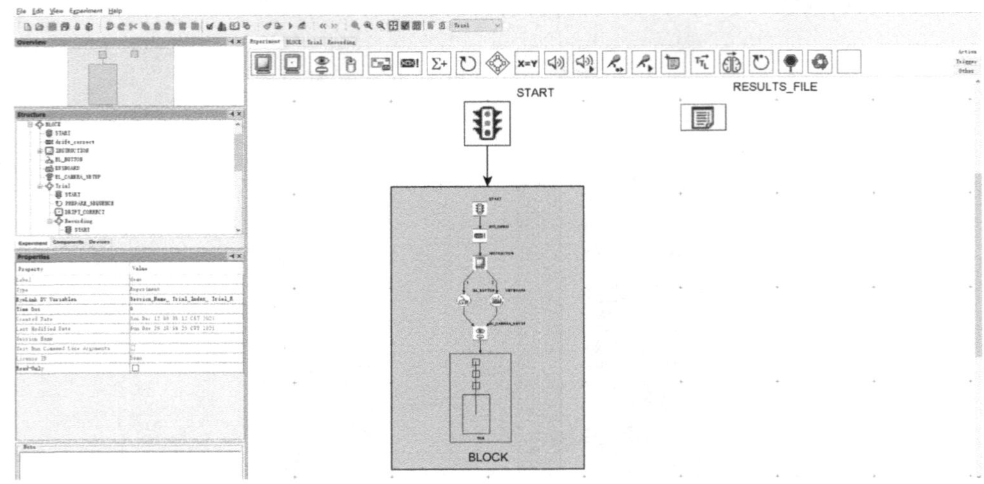

图 4-10 边界范式中实验层的结构示意图

1. 添加节点

1）点击组件栏里的“Action”按钮，选择“Sequence”节点，点击鼠标左键将其拖入工作区内。

2）将鼠标放在“START”节点上，点击并移动鼠标左键至“Sequence”节点，建立两者之间的连接。

3）点击组件栏里的“Other”按钮，选择“Results File”节点并将其拖入工作区内。

2. 设置属性

1）设置实验层的属性。点击属性栏里的“Label”标签，在“Value”栏里重新对其进行命名，如“boundary”。“Eyelink DV Variables”的“Value”等整个实验程序编制完成后，再添加实验要求所涉及的所有变量。“Results File”中的“Label”可采用默认名称，“Columns”栏目是选择需要导出的变量，同“Eyelink DV Variables”，等整个程序编制完成后再添加。

2）设置“Sequence”节点，见图 4-11。点击属性栏里的“Label”标签，在“Value”栏里对其重新进行命名，将其命名为“BLOCK”。在“Iteration Count”栏里进行设置，选择序列需要重复的次数，这里设置为“1”，表示区组层重复 1 次。在工作区内，双击“Sequence”按钮以继续区组层的编写。

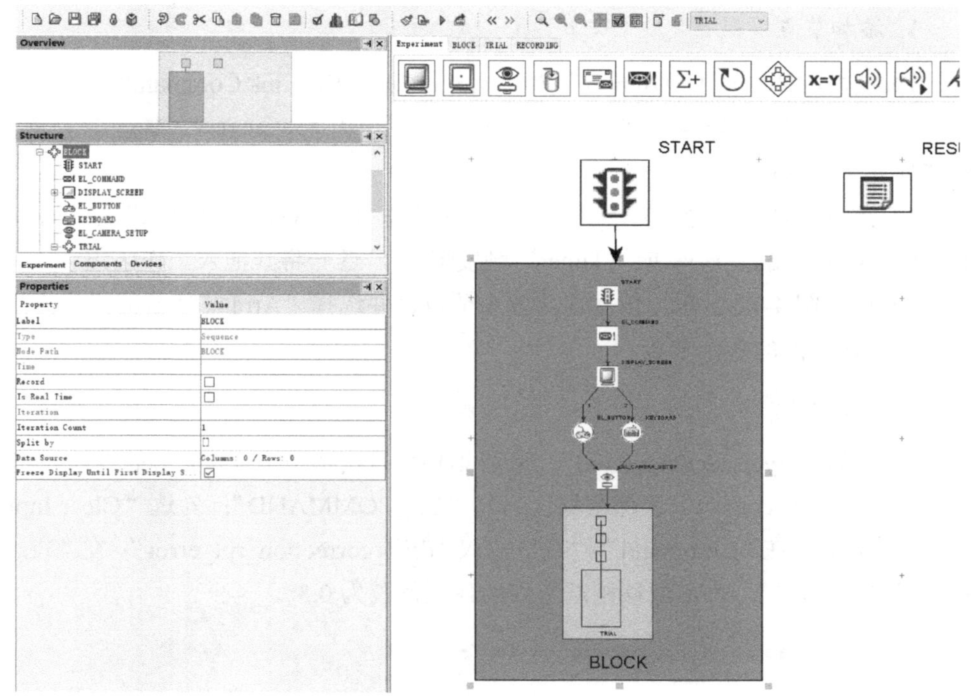

图 4-11 边界范式中“Sequence”节点属性设置

（二）创建区组层

添加区组层中的节点，区组层的结构见图 4-12。

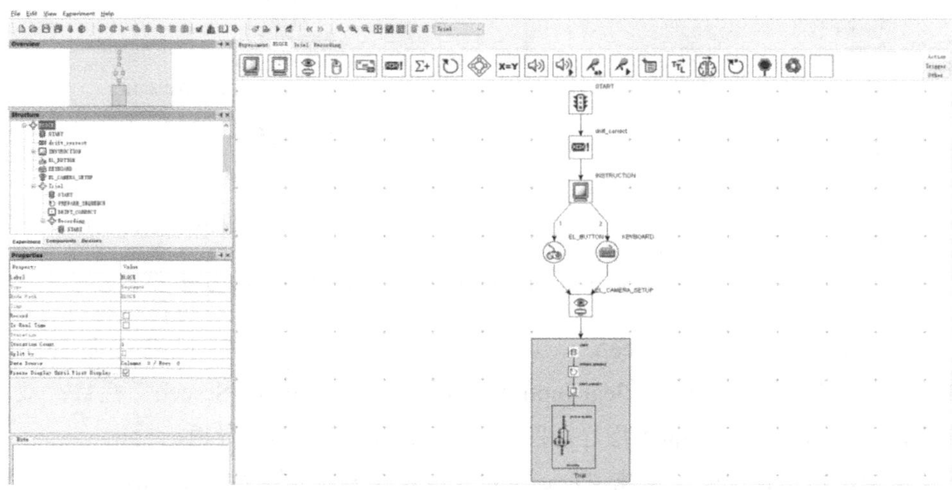

图 4-12 边界范式中区组层的结构示意图

1. 添加节点

1）点击组件栏里的“Action”按钮，依次选择“EyeLink Command”节点、“Display Screen”节点、“Camera Setup”节点和“Sequence”节点，逐一将其拖入工作区内。

2）点击组件栏里的“Trigger”按钮，分别选择“EyeLink Button”触发器和“Keyboard”触发器或“Timer”触发器，逐一将其拖入工作区内。

3）按照图 4-12 所示，依次连接各个节点，并选择“Arrange Layout”按钮重新排列工作区内的各个节点。

2. 设置属性

1）设置“EyeLink Command”，见图 4-13。点击该节点对“Label”栏目进行命名，如“drift_correct”或保留默认名称“EL_COMMAND”；勾选“Clear Input Queues”栏目；在“Command”栏目里输入“drift_correction_rpt_error”；在“Text”栏目里输入“0.3”，表示漂移校准容许的最大偏差为 0.3°。

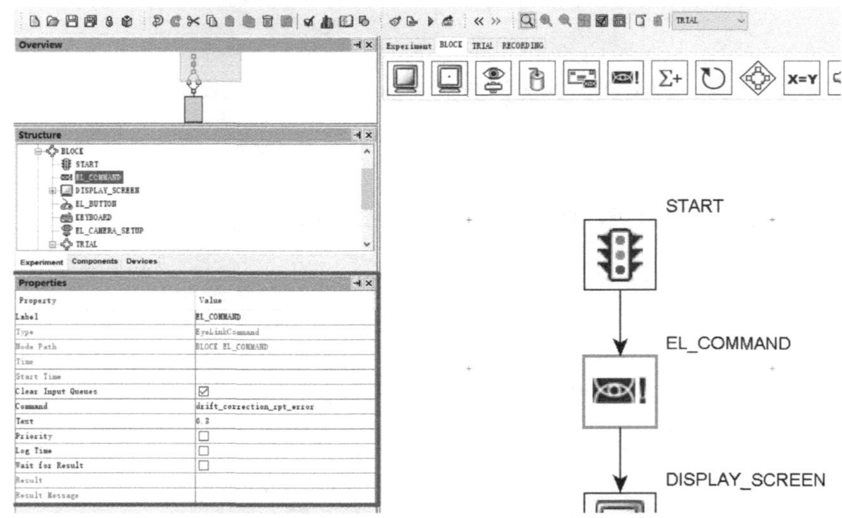

图 4-13　边界范式中“EyeLink Command”节点属性设置

2）设置“Display Screen”。点击该节并对“Label”栏目进行命名，如“INSTRUCTION”；勾选“Clear Input Queues”“Auto Update Screen”栏目；双击屏幕，出现编辑窗口，插入指导语图片或输入文本格式的指导语。

3）设置“Trigger”。点击“EyeLink Button”节点，设置“Buttons”用于主试按键翻页手柄的对应代码，如“5，6，7”；勾选“Press Events”栏目。点击“Keyboard”，

设置“Keys”用于主试按键翻页，如“Space，f，j”；勾选“Press Events”栏目。

4）设置“Camera Setup”。点击该节点，选择修改“Label”和“Message”的“Value”值，也可不修改；勾选“Clear Input Queues”；“Calibration Type”可按照刺激内容和实验要求进行选择，通常边界范式实验采用单行文本，因此选择“H3”。“Pacing Interval”设置为1000ms；勾选“Randomize Order”“Repeat First Point”“Select Eye After Validation”，其中对试次的随机设置勾选“Sentence”，见图4-14。其他属性可根据所使用的显示器尺寸、分辨率和刺激呈现位置来设定。

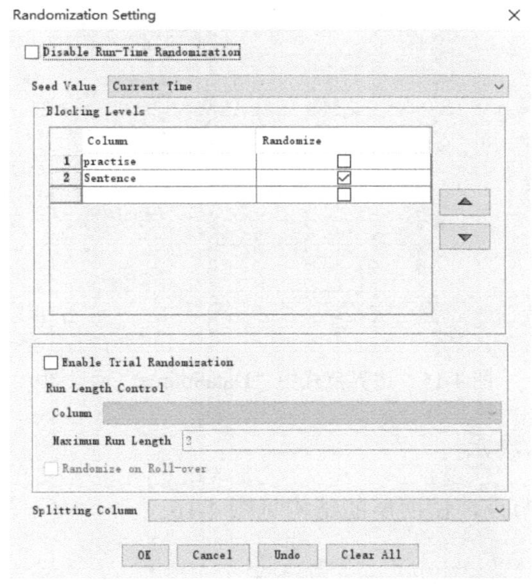

图4-14　边界范式中试次随机设置示意图

5）设置“Sequence”节点。点击属性栏里的“Label”标签，将其命名为“TRIAL”。在“Iteration Count”栏里进行设置，选择序列需要重复的次数，如“99”表示有99个试次。编辑“DataSource”，具体内容见图4-15，除了常规需要程序所包含的“trial”、“conditions”、“question”、“practice”等，boundary paradigm中必须包含三列：“Image_Random”、“Image_Target”和“boundary”。具体来说，“Image_Random”列呈现边界前包含预视词的图片名称，“Image_Target”列呈现边界后包含目标词的图片名称，“boundary”列呈现边界所在的X坐标的像素值，通常采用目标词与其之前一个汉字的正中间位置。为了准确获得边界值，研究者可先在被试机显示器或与之相同分辨率的显示器上，采用画图工具或者其他图像处理工具定位边界X轴像素。然而，采用这种方式找到的位置有时会存在偏差，需要研究者在完成实验程序编制后运行程序，根据主试机所呈现的实际边界的位置逐一进行微调（示意图）。在工作区内双击“Sequence”按钮以继续试次层的编写。

	Trial Number	predictability String	preview String	Sentence String	target String	Image_random String	Image_Target String	boundary Number	fill String	practise String	Q String	Chid Number
1	1	0	0	P1	礼	lianxi01.jpg	lianxi01.jpg	0	0	1	0	5
2	2	0	0	P2	拔	lianxi02.jpg	lianxi02.jpg	0	0	1	0	5
3	3	0	0	P3	婚	lianxi03.jpg	lianxi03.jpg	0	0	1	0	5
4	4	0	0	P4	祖	lianxi04.jpg	lianxi04.jpg	0	0	1	0	5
5	5	0	0	P5	轮	lianxi05.jpg	lianxi05.jpg	0	0	1	0	5
6	6	0	0	N1	母	lianxi06.jpg	lianxi06.jpg	0	0	1	0	5
7	7	0	0	N2	合	lianxi07.jpg	lianxi07.jpg	0	0	1	0	5
8	8	0	0	N3	末	lianxi08.jpg	lianxi08.jpg	0	0	1	0	5
9	9	0	0	N4	折	lianxi09.jpg	lianxi09.jpg	0	0	1	0	5
10	10	0	0	N5	裁	lianxi10.jpg	lianxi10.jpg	0	0	1	0	5
11	11	0	0	P1	礼	PQ1.jpg	PQ1.jpg	0	0	1	1	6
12	12	0	0	P4	祖	PQ2.jpg	PQ2.jpg	0	0	1	1	7
13	13	0	0	N3	末	NQ1.jpg	NQ1.jpg	0	0	1	1	6
14	14	0	0	N5	裁	NQ2.jpg	NQ2.jpg	0	0	1	1	7
15	15	0	0	0	0	END.jpg	END.jpg	0	0	2	0	5
16	16	N	V	1	兔	1NV.jpg	1NI.jpg	712	0	0	0	5
17	17	N	V	2	爪	2NV.jpg	2NI.jpg	355	0	0	0	5
18	18	N	V	3	困	3NV.jpg	3NI.jpg	555	0	0	0	5
19	19	N	V	4	右	4NV.jpg	4NI.jpg	554	0	0	0	5
20	20	N	V	5	天	5NV.jpg	5NI.jpg	438	0	0	0	5
21	21	N	V	6	豫	6NV.jpg	6NI.jpg	716	0	0	0	5
22	22	N	V	7	朋	7NV.jpg	7NI.jpg	473	0	0	0	5
23	23	N	V	8	夏	8NV.jpg	8NI.jpg	357	0	0	0	5
24	24	N	V	9	清	9NV.jpg	9NI.jpg	395	0	0	0	5
25	25	N	V	10	老	10NV.jpg	10NI.jpg	557	0	0	0	5
26	26	N	U	11	问	11NU.jpg	11NI.jpg	398	0	0	0	5
27	27	N	U	12	礼	12NU.jpg	12NI.jpg	717	0	0	0	5
28	28	N	U	13	两	13NU.jpg	13NI.jpg	556	0	0	0	5
29	29	N	U	14	惊	14NU.jpg	14NI.jpg	355	0	0	0	5
30	30	N	U	15	国	15NU.jpg	15NI.jpg	516	0	0	0	5
31	31	N	U	16	作	16NU.jpg	16NI.jpg	638	0	0	0	5
32	32	N	U	17	淅	17NU.jpg	17NI.jpg	634	0	0	0	5
33	33	N	U	18	机	18NU.jpg	18NI.jpg	517	0	0	0	5
34	34	N	U	19	冰	19NU.jpg	19NI.jpg	515	0	0	0	5
35	35	N	U	20	眼	20NU.jpg	20NI.jpg	475	0	0	0	5
36	36	P	I	21	电	21PI.jpg	21PI.jpg	877	0	0	0	5

图 4-15　边界范式中“DataSource”示意图

（三）创建试次层

添加试次层的节点，试次层的结构见图 4-16。

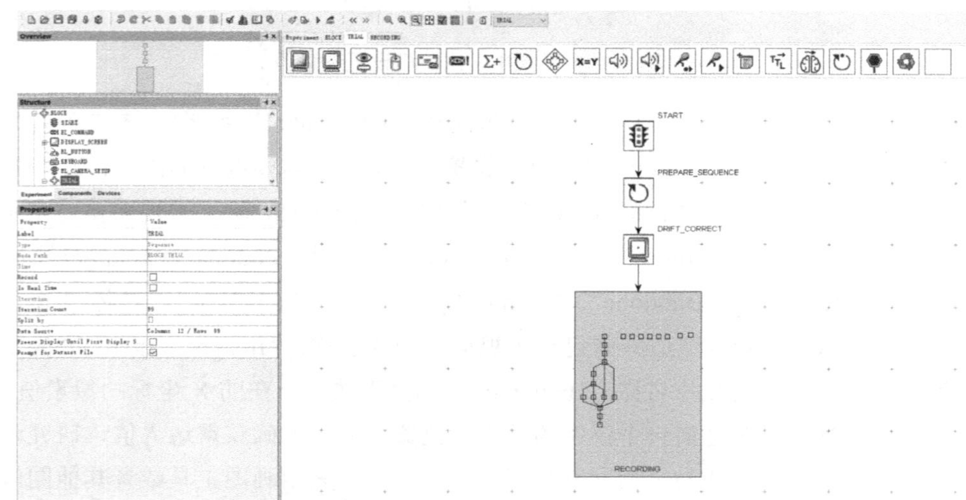

图 4-16　边界范式中试次层的结构示意图

1. 添加节点

1）点击组件栏里的“Action”按钮，选择“Prepare Sequence”节点，将其拖入工作区内。

2）点击组件栏里的“Action”按钮，选择“Drift Correction”节点，将其拖入工作区内。

3）点击组件栏里的“Action”按钮，选择“Sequence”节点，将其拖入工作区内。

4）将鼠标放在“START”节点上，点击并移动鼠标左键，按照上述添加顺序依次建立相邻组件之间的连接。

5）将鼠标放在工作区域的空白地方，点击鼠标左键，之后选择“Arrange Layout”按钮重新排列工作区内的各个节点。

2. 设置属性

1）设置“Prepare_Sequence”属性。将“Label”和“Message”的“Value”都设置为“PREPARE_SEQUENCE”；勾选“Clear Input Queues”“Load Screen Queues”“Load Audio”栏目；将“Draw To EyeLink Host”设置为“IMAGE”；最后勾选“Reinitialize Triggers”“Reinitialize Actions”栏目。

2）设置漂移校准属性。将“Label”和“Message”的“Value”都改为“DRIFT_CORRECT”；勾选“Clear Input Queues”栏目；设置漂移校准点位置 X 和 Y 值，使位置与图片第一个字重合；将“Apply Correction”设置为“CURRENT”；勾选“Allow Setup”“Draw To EyeLink Host”栏目。

3）设置“Sequence”节点。将其重新命名为“RECORDING”。确保属性栏里的“Record”和“Is Real Time”被选中；设置“Recording Pause Time”为“20”；可选择性地增加“Eyelink Record Status Message”，通常呈现实验项目个数、实验条件以及句子判断正误的反馈；设置“Trial Results”为“0”；勾选“Freeze”“Display Until First Display”栏目。

4）点击工作区的“RECORDING”按钮，开始下一步的操作。

（四）创建记录层

添加记录层的节点，记录层的结构见图 4-17。

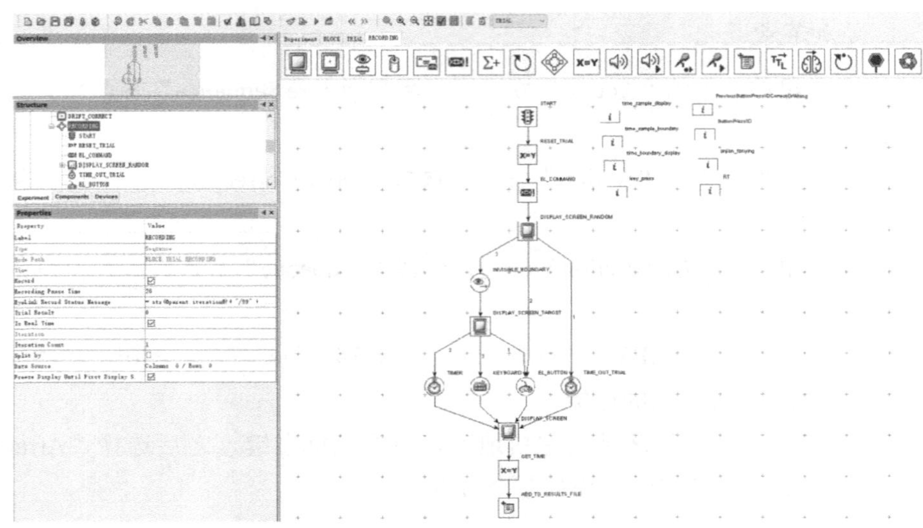

图 4-17 边界范式中记录层的结构示意图

1. 添加节点

1）点击组件栏里的“Action”按钮，选择“Update Attribute”按钮，并将其拖入工作区内。

2）从组件栏里的“Action”按钮，选择“EyeLink Command”节点，并将其拖入工作区内。

3）从组件栏“Action”按钮，选择“Display Screen”按钮，并将其拖入工作区内。

4）点击“Trigger”组件栏，选择“Boundary”节点，并将其拖入工作区内。

5）从“Action”组件中，选择“Display Screen”按钮，并将其拖入工作区内。

6）点击“Trigger”组件栏，选择添加一个“Buttons”、一个“Keyboard”和两个“Timer”节点。

7）从“Action”组件中选择一个新的“Display Screen”按钮，并将其拖入工作区内。

8）添加 6 个变量“Variable”。

9）点击组件栏里的“Action”按钮，选择“Update Attribute”按钮，并将其拖入工作区内。

10）添加“Add to Results File”按钮，并将其拖入工作区内。

11）将鼠标放在“START”节点上，点击并移动鼠标左键，按照上述添加顺序依次建立相邻组件之间的连接，参见图 4-17。

12）将鼠标放在工作区域的空白地方，点击鼠标左键，之后选择“Arrange Layout”按钮，重新排列工作区内的各个节点。

2. 设置属性

（1）设置“Update Attribute”属性

将“Label”和“Message”命名为“RESET_TRIAL”，勾选“Clear Input Queues”栏目，双击“Attribute_Value List”进入对话框，为“@time_sample_display.value@”“@time_sample_boundary.value@”“@time_boundary_display.value@”均赋值为“0”，见图 4-18。

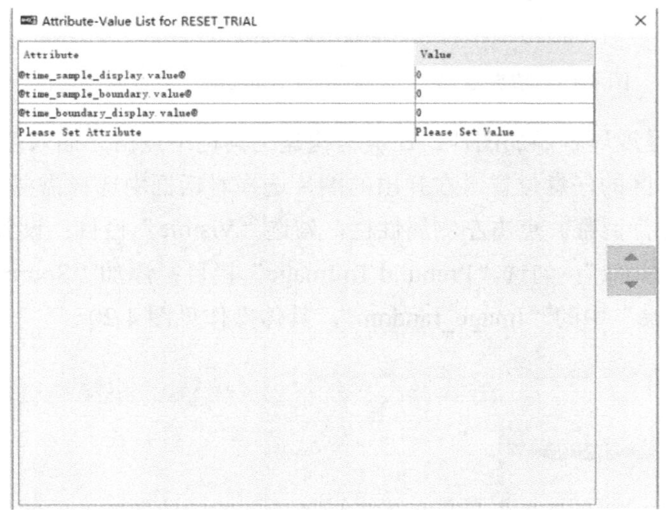

Attribute-Value List for RESET_TRIAL

Attribute	Value
@time_sample_display.value@	0
@time_sample_boundary.value@	0
@time_boundary_display.value@	0
Please Set Attribute	Please Set Value

图 4-18　边界范式中“Update Attribute”节点属性设置

（2）设置“EyeLink Command”属性

对于“EyeLink Command”节点，可自行命名或保留默认名称“EL_COMMAND”；勾选“Clear Input Queues”栏目；将“Command”设置为“draw_line”；将“Text”栏目设置为“=DataSource”中所设定的边界 x 像素+“0”+DataSource 中所设定的边界 x 像素+“768 3”，具体见图 4-19。

（3）设置第一个“Display Screen”属性

1）将“Label”命名为“DISPLAY_SCREEN_RANDOM”。

2）将“Message”命名为“SYNCITME”。

3）勾选“Clear Input Queues”“Force Full Redraw”“Auto Update Screen”“Send Eyelink DV Message”“Use For Host Display”栏目。

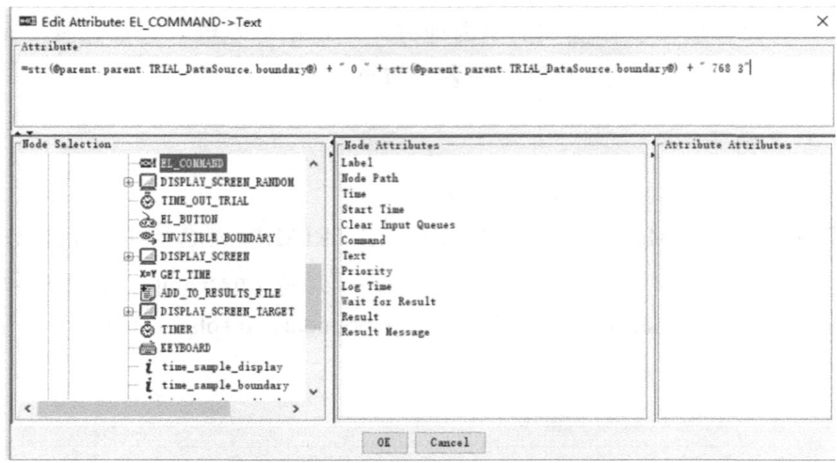

图 4-19 边界范式中“EyeLink Command”节点属性设置

4）双击呈现屏幕添加图片。在屏幕构建工具栏中点击“插入图片”图标，然后点击工作区的任意位置，在弹出的图片选择对话框中选择需要添加的图片，并对其位置进行调整。点击左侧属性栏，勾选“Visible”栏目；设置“Movement Pattern”为“None”；勾选“Prebuild To Image”栏目；添加“Source File Name”为“DataSource”中的“Image_random”，具体操作见图 4-20。

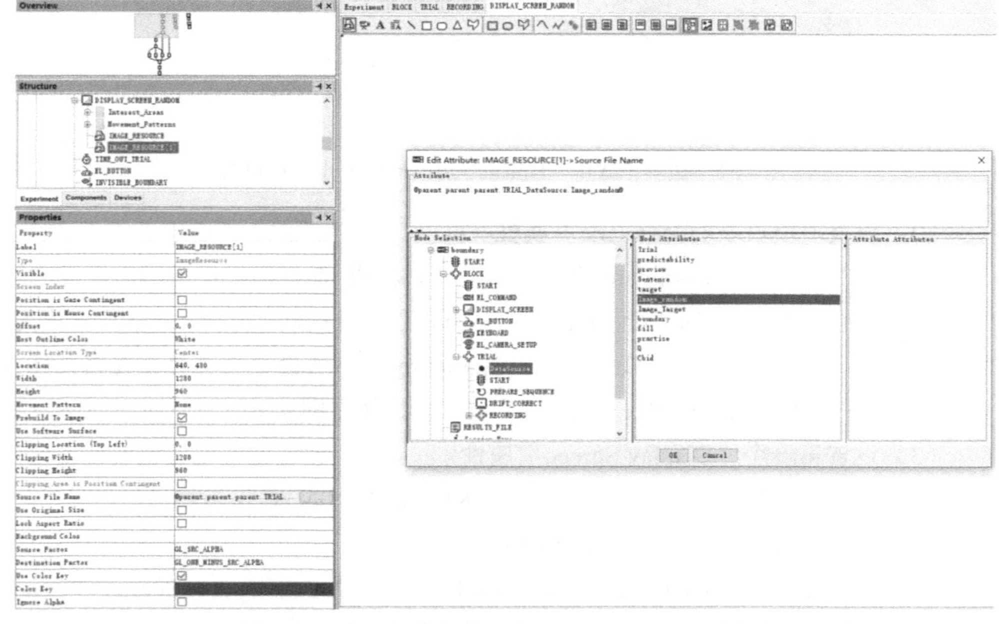

图 4-20 边界范式中边界前“Display Screen”设置

（4）设置边界属性

1）将“Label”命名为“INVISIBLE_BOUNDARY”，见图 4-21。

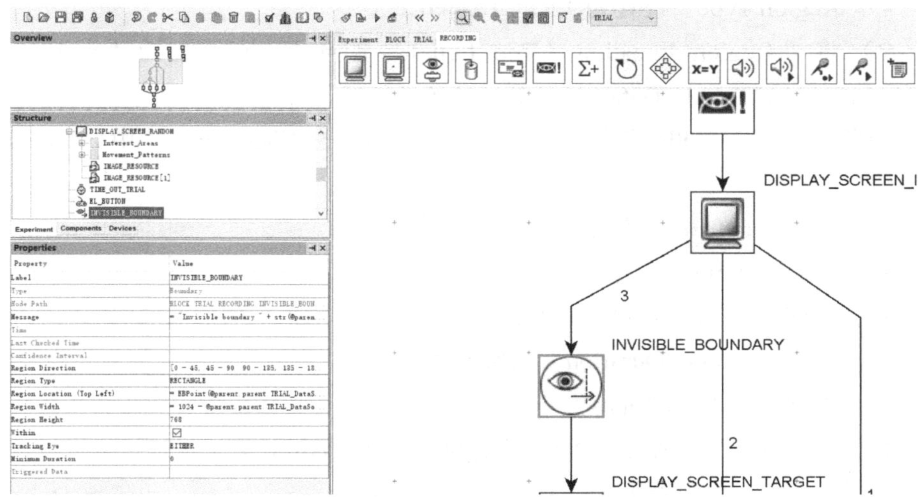

图 4-21　边界范式中边界节点设置

2）将“Message”赋值为“Invisible boundary”+“TRIAL_DataSource.boundary”（选择“DataSource”中的边界列）+“空格”+“triggeredData.EDFTime”（边界触发时的时间点），见图 4-22。

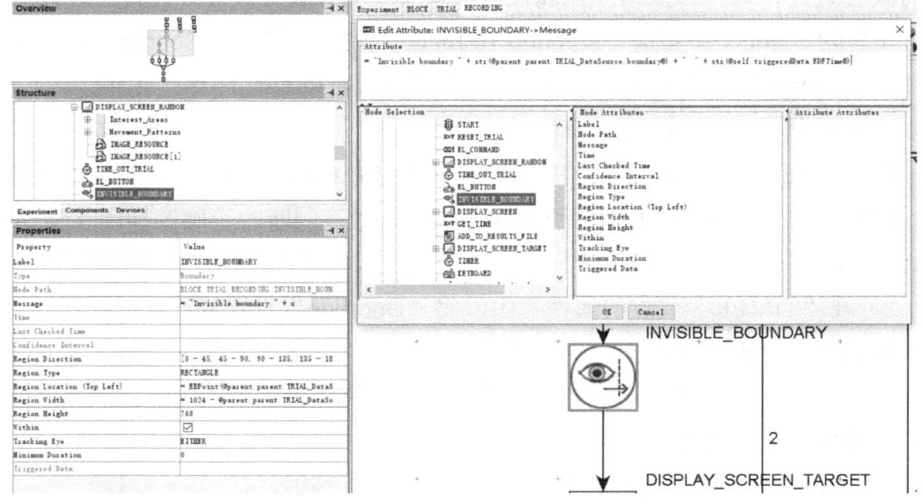

图 4-22　边界范式中边界节点内“Message”设置

3）将“Region Type”赋值为［0～45，45～90，90～135，135～180，180～−135，−135～−90，−90～−45，−45～0］，即以45°为单位的8个方向。

4）“Region Type”设置为“RECTANGLE”。

5）将“Region Location（Top Left）”的坐标点赋值为“= EBPoint（@parent.parent.TRIAL_DataSource.boundary@，0）”。

6）将“Region Width”赋值为显示器像素x值减去“DataSource”中“boundary”的x值。

7）将“Region Height”赋值为显示器像素y值。

8）勾选“Within”栏目。

9）“Tracking Eye”选择“EITHER”。

10）将“Minimum Duration”赋值为“0”。

（5）设置第二个呈现屏属性

1）将“Label”命名为“DISPLAY_SCREEN_TARGET”。

2）将“Message”命名为“TARGET_ON”。

3）勾选“Clear Input Queues”“Force Full Redraw”“Auto Update Screen”“Send Eyelink DV Message”“Use For Host Display”栏目。

4）双击呈现屏幕添加图片：在屏幕构建工具栏中点击“插入图片”图标，然后点击工作区的任意位置，在弹出的图片选择对话框中选择需要添加的图片，并对其位置进行调整。点击左侧属性栏，勾选“Visible”栏目；设置“Movement Pattern”为“None”；勾选“Prebuild To Image”栏目；添加“Source File Name”为“DataSource”中的“Image_Target”；勾选“Use Original Size”栏目。

（6）设置各个“Trigger”属性

1）在“EyeLink Button”的属性栏中，将“Buttons”的属性设置3个按键代码，例如，2、4、5分别表示句子阅读翻页键、回答判断的正确键和回答错误键。勾选“Press Events”栏目。

2）在“TIMER”节点的属性栏中，将“Duration”设置为一定时间段，表示如果被试在所设定时间内不作出按键反应，程序将会自动跳入下一屏。

3）在“Keyboard”的属性栏中，将“Keys”属性设置为“［Space，f，j］”，表示只有按所设定的键才能结束当前指导语注视屏幕。

（7）设置第三个呈现屏属性

1）点击“Display Screen”属性，将其“Label”改为“DISPLAY_BLANK”。

2）在“Message”后面填入“display_end”。

3）勾选“Clear Input Queues”“Auto Update Screen”栏目。

（8）设置所添加变量的属性

1）命名“time_sample_display”，将“Value”设置为“.”。

2）命名“time_sample_boundary”，将“Value”设置为“.”。

3）命名“time_boundary_display”，将“Value”设置为“.”。

4）命名“PreviousButtonPressIDCorrectOrWring”，将“Value”设置为“.”。

5）命名“ButtonPressID”，将“Value”设置为“.”。

6）命名“RT”，将“Value”设置为“.”。

（9）设置第二个“Update Attribute”属性

1）将“Label”和“Message”命名为“GET_TIME”。

2）勾选“Clear Input Queues”栏目。

3）双击“Attribute_Value List”进入对话框，给各个变量赋值，见图 4-23。

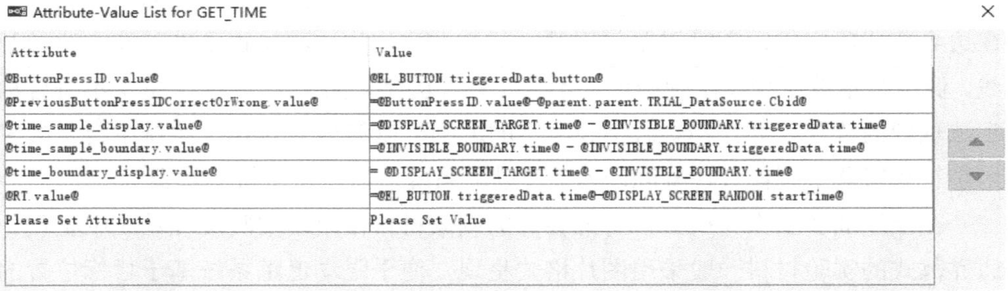

Attribute-Value List for GET_TIME

Attribute	Value
@ButtonPressID.value@	@EL_BUTTON.triggeredData.button@
@PreviousButtonPressIDCorrectOrWrong.value@	=@ButtonPressID.value@=@parent.parent.TRIAL_DataSource.Cbid@
@time_sample_display.value@	=@DISPLAY_SCREEN_TARGET.time@ - @INVISIBLE_BOUNDARY.triggeredData.time@
@time_sample_boundary.value@	=@INVISIBLE_BOUNDARY.time@ - @INVISIBLE_BOUNDARY.triggeredData.time@
@time_boundary_display.value@	= @DISPLAY_SCREEN_TARGET.time@ - @INVISIBLE_BOUNDARY.time@
@RT.value@	=@EL_BUTTON.triggeredData.time@-@DISPLAY_SCREEN_RANDOM.startTime@
Please Set Attribute	Please Set Value

图 4-23　边界范式中第二个屏幕的第二个“Update Attribute”属性设置

（10）设置“Add to Results File”属性

勾选“Clear Input Queues”栏目，双击“Results File”，选择“RESULTS_FILE”变量。

二、边界范式材料制作

在进行边界范式阅读研究时，首先需要根据选定的目标确定实验刺激。在句子阅读中，目标刺激通常位于句子中间的位置，如在句子开头后的前 5 个字之后，以及句子结尾前的后 5 个字之前。确定好句子内容后，研究者需要对其进行评估，以确定实验材料是否符合要求。首先需要考虑句子的通顺性，通常使用 7 点等级量表进行评估，例如，“1”代表非常不通顺，“4”代表介于非常通顺和非常不通顺之间，“7”代表非常通顺。根据通顺性的评估结果，选择最终的实验句子。在句子的选择中，句子的通顺性评估结果至少应达到5.5，除了根据评估结果的平均数来选择句子，还需要考虑标准差。句子通顺性评估结果的标准差应该在1以下。

除了对句子的通顺性进行评定之外，还需要对目标词的预测性进行评定。在对预测性进行评定时，可以选择给被试呈现目标词之前的内容，让被试在给出的句子后面填字或词，例如，将“在心理学实验中，我们应该尽可能地控制各种无关变量”作为实验句子，将“控制”作为目标词，在进行预测性的评定时，我们可以给被试呈现“在心理学实验中，我们应该尽可能地____”，让被试在空格处填上相应的词。当然，也可以给被试呈现除目标词之外的所有句子成分，“在心理学实验中，我们应该尽可能地____无关各种变量”，以目标词出现的次数作为预测性大小的指标。如果将目标词的预测性作为无关变量进行控制，那么建议选择目标词的预测性在0.1以下的句子作为最终的实验句子。但如果将目标词的预测性作为自变量加以操纵，则可以根据实验目的的需要来选择实验句子预测性的大小。

在对实验句子评定完毕后，接下来需要根据研究目的选择相应的预视刺激。在边界范式研究中，有时需要使用假字或者非字作为一种预视条件，建立比较基线。假字是指符合构字法规则但并不真实存在的字，如“[illegible]”；非字是指不符合构字法规则的符号，如“[illegible]”。假字和非字的编制可以使用windows系统中自带的专用字符编辑器来制作（在windows 7及以上系统中为专用字符编辑器）。

在上述准备工作完成后，将准备好的刺激材料在眼动实验编程系统中呈现。边界范式的实验材料一般采用图片格式呈现，便于眼动追踪系统基于目标位置的像素值来精准设置和识别边界。研究者可以采用各种制作图片的工具，如Photoshop。在制作图片时，需要注意以下几点：①字体的大小。在边界范式的使用中，研究者一般假设边界后的目标刺激位于副中央凹视觉区域，即注视2°～5°的范围内，因此在制作图片时需要考虑字的视角大小，一般选择视角在1°左右的字体。如果字体过小，那么边界后的目标字、词也会落在中央凹，从而造成所研究的并不是副中央凹的加工情况，并且被试也往往会更容易注意到刺激呈现的变化。最重要的是，研究者应根据实验设计的目的来选择字体呈现视角，即字体的大小。②如果研究的是句子阅读，应尽可能单行呈现句子，特别是目标词应该大概位于图片的中间位置。③每一个句子的呈现位置应该相同，包括句子首字位置和句子水平位置。

在句子的制作过程中，如果包含假字或者非字的预视条件，那么在选择一些制图工具时，需要注意有些工具，如Photoshop，对研究者自己制作的假字或者非字无法识别，这时就需要选择其他的制图工具。在制作实验的图片时，每一个实验句子需要制作多张图片，包括边界变化之前的图片和边界变化之后的图片。每一个实验句子相应的字的位置应该完全重合。

在实验图片制作完成后，接下来最为重要的是确定边界所在的位置。在阅读研究中，边界需要位于目标字与前一个字之间的空隙处。但是，在确定这个位置时往往存在偏差。我们可以采用以下方法来进一步确定边界所在的位置。首先使用各种制图工具，大致确定边界的像素位置，然后将该位置放到实验程序当中，运行实验程序，逐一检查像素位置是否精准。对于像素位置不符合要求的实验试次，在重新编程系统中进行修改。这个过程可能需要反复多次进行，直至边界位置达到要求。

三、边界范式数据处理

在处理边界范式的实验数据时，除了删除注视时间短于 80ms（或 60ms）和长于 800ms（或 1200ms）的注视点，还需要排除以下几种情况的实验试次：①注视点过少的实验试次（例如，简单句子中的注视点少于或等于 3 或 5 个）；②边界变化时眨眼的实验试次；③目标前词（即边界之前的词）发生回视的实验试次；④边界变化过早或延迟的实验试次。在清理短于 80ms 或长于 800ms 的注视点时，可以使用“Data Viewer”中的“Clean”功能。

第一，删除注视点过少的实验试次。可以使用“Trial Report”中的数据进行检查。如果某句话上的注视点过少，可能意味着被试没有认真阅读句子，或者数据追踪存在缺失；也可能是被试按键时发生错误，导致没有阅读某句话。在这种情况下，可以查看“Trial Report”数据中的“fixation_count”（实验试次上的注视点个数），选择删除少于 3 个或 4 个注视点的实验试次。

第二，删除边界变化时眨眼的实验试次。可以使用“Data Viewer”导出的 MSG 数据进行筛选。需要用到如下 4 列信息：“CURRENT_MSG_BLINK_START”（当前眨眼开始的时间）、“CURRENT_MSG_SAC_START_TIME”（当前眼跳发生开始的时间）、“CURRENT_MSG_TEXT”（当前事件）和“CURRENT_MSG_TIME”（当前事件发生的时间）。如图 4-24 所示，选择“CURRENT_MSG_TEXT”为“Invisible boundary”（边界发生变化）或者“TARGET_ON”（目标词被注视），如果“CURRENT_MSG_BLINK_START”位于“CURRENT_MSG_SAC_START_TIME”和“CURRENT_MSG_TIME”之间，表示被试在边界变化的过程中发生了眨眼，或者在目标词被注视时发生了眨眼，在随后的数据处理中需要将这些实验试次删除。

E	AA	AD	AE
CURRENT_MSG_BLINK_START	CURRENT_MSG_SAC_START_TIME	CURRENT_MSG_TEXT	CURRENT_MSG_TIME
1764	1746	Invisible boundary	1921
1605	1569	Invisible boundary	1605
1605	1569	TARGET_ON	1616
780	753	Invisible boundary	946
897	870	Invisible boundary	897
897	870	TARGET_ON	908
993	963	Invisible boundary	1149
993	963	TARGET_ON	1163

图 4-24　边界范式中边界变化时眨眼的实验数据筛选

第三，删除目标前词（即边界之前的词）发生回视的实验试次。这是因为当目标前词发生回视时，若注视点越过边界，读者通常不会再对目标前词进行注视加工。在这种情况下，读者也不会对目标词（即边界后的词）进行副中央凹的加工，导致实验变量的操纵无效。在删除这类数据时，需要将目标前词作为兴趣区，并导出其数据。在导出的兴趣区数据（“IA_REPORT”）中，首先筛选出目标前词的数据，然后检查“IA_REGRESSION_OUT”（是否从当前兴趣区发生回视出）的数据。如果从当前的兴趣区发生回视出（表中记录数据为“1”），则需要将这些实验试次删除。在整理数据时，有时还需要删除在目标词上发生回视出的实验试次，删除方法与删除目标前词发生回视的实验试次相同。

第四，删除边界变化过早或延迟的实验试次。边界变化过早是指边界左侧的注视点触发了边界的变化，但是眼睛却没有越过边界，可能是当读者眼睛从左向右移动时，眼睛会稍微过度偏向右边，然后向左缩回。在这种情况下，边界已经发生了变化，但是注视点实际上仍然停留在边界左侧，会影响到对副中央凹预视的操纵。具体操作步骤为：①找到边界触发时的信息：在 Message Report 中选取 CURRENT_MSG_TEXT 为 Invisible boundary 的情况。②选取此时有注视的情况：CURRENT_MSG_FIX_X 有数据。③找到当前注视点在边界左边情况：CURRENT_MSG_FIX_X < Boundary Location，需要注意的是这里面的 Boundary Location 的位置是 DataSource 中边界的位置像素 boundary_pixel，不是 CURRENT_MSG_X_POSITION，下同。可以在 Excel 里面采用 If 语句来实现，= If（CURRENT_MSG_FIX_X < Boundary Location，1，0），意为如果 CURRENT_MSG_FIX_X < Boundary Location，则赋值为 1，如果不是则赋值为 0，下同。④选取赋值为 1 情况下（当前注视点在边界左边）的 RECORDING_ SESSION_LABEL 和 trial，在 IA Report 中移除。对于边界变化过晚的数据删除同样使用“Data Viewer”导出的 MSG 数据

进行筛选。需要用到如下 3 列数据："CURRENT_MSG_TEXT""CURRENT_MSG_TIME""CURRENT_MSG_FIX_START"（当前注视发生开始的时间）。首先选择"CURRENT_MSG_TEXT"为边界出现时（"Invisible boundary"），然后选取"CURRENT_MSG_TIME""CURRENT_MSG_FIX_START"两列都有数据的数据，再以"CURRENT_MSG_TIME"减去"CURRENT_MSG_FIX_START"，如果差值大于 2，则认为边界出现延迟变化，需要在随后的数据分析中将其删除。

以上筛选出的实验试次只需要在分析目标区时进行删除，因此研究者需要在兴趣区数据（IA_REPORT）中选择目标字或词的数据，根据上述记录的 4 种情况对需要删除的实验试次一一进行删除；或者在"Data Viewer"中逐一删除需要删除的实验试次，然后重新导出需要分析的数据。完成上述数据筛选后才可以真正开始数据分析的步骤。

四、边界范式注意事项

在边界范式实验中，有以下几个问题需要特别注意。

1）在边界范式实验中，被试机的屏幕刷新率对实验结果的影响很大。屏幕刷新率越高，实验的准确性和稳定性就越高。这是因为屏幕刷新率会直接影响边界变化的延迟。如果屏幕刷新率过低，边界变化后文本的呈现很可能会发生延迟，导致需要删除的实验试次增多。因此，在使用 EB 编制实验程序时，务必将被试机屏幕刷新率调至最大值，以确保实验数据的精确性和可靠性。

2）在阅读研究中，字体大小是一个关键问题。正如前文提到的，字体大小的不同会导致每个字所呈现的视角不同。边界范式主要用于副中央凹加工情况的研究。为了确保边界后的刺激能够准确落在副中央凹视野中，通常需要设置相对较大的字体。这样，研究者可以保证实验材料符合视角范围的要求，确保实验结果的准确性和可靠性。

3）确定边界位置是实验中至关重要的步骤，直接影响到实验操作的准确性。在汉语阅读研究中，相邻两个汉字之间的间隔通常只有 1～2 个像素，因此确定边界位置可能并非一蹴而就的事情。为了确保准确性，可以采用之前提到的方法：首先确定一个边界位置，然后在实验程序中检验边界位置是否准确。这个过程可能需要进行多次，以确保边界位置的准确性。只有通过精细校准和反复检查，才能保证边界位置的精确度，从而提高实验的可信度和可重复性。

4）在进行数据分析之前，需要进行数据筛选，删除一些无效数据，包括删除注视点过少的次数、在边界变化时发生眨眼的数据、边界变化提前或延迟的数据，以及在目标前词（即边界之前的词）上发生回视的数据等。由于实验仪器等原因，如眼动仪和被试机的屏幕刷新率过低，可能会出现边界变化的延迟。为了确保最终数据结果的有效性，务必进行降噪处理。这些步骤的严谨性和准确性会直接影响数据分析的可靠性与结论的有效性。

5）在数据筛选过程中，通常需要删除大量的数据。由于阅读中存在较高的跳读率，为了确保在最终分析时有足够的数据量，边界范式实验通常需要设置尽可能多的实验试次。同时，为了提高统计效能，研究者也需要招募足够数量的被试。这不仅是因为在边界范式实验中，特别是在预视效应研究中，副中央凹加工的效应通常较小（一般在 45ms 以内，Vasilev & Angla，2017），所以需要大量观测数据来确保研究的可信度。这些实验设计和数据采集的策略都是为了最终得出稳健及可靠的科学结论。

第三节　边界范式经典实验赏析

在本章中，我们将赏析两篇应用边界范式的实验研究。第一篇研究报告是 Rayner 于 1975 年发表在 *Cognitive Psychology*（《认知心理学杂志》）上的文章“The perceptual span and peripheral cues in reading”（《阅读中的知觉广度与边缘线索》）。这篇研究报告首次提出了边界范式的研究方法，为随后的眼动研究，尤其是关于阅读中副中央凹加工的研究提供了重要的方法论基础，被认为是一项具有开创性意义的研究。第二篇是由闫国利等于 2011 年发表在《心理学报》上的文章《不同年级学生阅读知觉广度及预视效益的眼动研究》。这项研究是早期的中文阅读研究之一，应用边界范式探究了汉语儿童副中央凹预视加工类型的发展。该研究为理解汉语阅读中副中央凹的加工机制提供了宝贵的实证数据。

文章一　阅读中的知觉广度与边缘线索

一、问题提出

在阅读研究中，研究者长期以来一直关注一次注视所能获取信息的范围（Woodworth & Schlosberg，1938；Huey，1908）。在本篇研究中，Rayner 等学者分析了当时各种研究方法的局限性，如通过将每行字母数除以注视次数来计算注视广度（Taylor，1957，1965）、进行快速呈现字母或单词的任务（Sperling，1960）、识别不同距离的注视点上的刺激（Feinberg，1949；Bouma，1973）以及移动窗口范式（McConkie et al.，1973）等方法。这些方法普遍存在实验任务与正常阅读之间差异较大的问题，并导致对阅读知觉广度评估的不一致性。因此，研究者基于眼跳期间视觉受到抑制的假设，首次提出了阅读眼动的边界范式，旨在消除或最大程度减少读者在阅读过程中对人为操纵视觉信息变化的注意。

在这项研究中，研究者通过操纵被试在边缘视区与随后注视时所获得信息的一致性，来探索一次注视所能获取的信息范围，并进一步考察阅读知觉广度内所获取的信息类型。实验选用了短文材料，每篇短文中选择一个词作为基线词（base word）。这个词会被包含或不包含该词特定信息的词或字母串所替代。实验过程中，首先给被试呈现包含替代词的短文，当被试的注视点穿过一个不可见的边界时，最初呈现的替代词会被基线词所取代，这一过程发生在眼跳期间。

Rayner 基于假设检验假说和直接知觉理论，提出了一个预测：当边缘视野的信息在眼跳期间发生变化时，读者下一次对该信息的注视时间会延长。假设检验假说（Hochberg，1970）认为，读者会根据已获得的信息，加上从边缘视区获取的信息，形成一个假设，然后向前移动眼睛以验证这个假设。如果假设得到验证，读者会继续进行假设检验；然而，如果接下来的视觉信息与假设不一致，读者就会进一步加工该信息，导致注视时间延长或产生回视。

此外，直接知觉理论（McConkie & Rayner，1975）认为，注视时间主要用于识别知觉范围内的信息，而不是检验之前的假设。然而，该理论同样强调边缘视区信息的重要性。边缘视区获得的视觉信息会被整合到随后的注视加工中。如果读者在边缘视野中获取了下一个词的信息，但在下一次注视时这个信息发生了变化，那么之前的信息整合可能会失败，从而需要对视觉输入进行重新加工，导致注视时间延长。

基于这一预期，研究者探究了读者在一次注视时能够从边缘视野中获得多大范围的信息，并且研究了这些信息的性质。

二、方法

研究选取马萨诸塞技术研究中心的 10 名大学生作为被试，其中有 6 名男生和 4 名女生。被试阅读 225 个语篇（由 35～40 个字构成），其中每个语篇中包含一个目标句子（图 1），句子的形式为：Subject+Verb+Object+Prepositional Phrase，例如“The children tasted the chemical in the hall.”。在每个句子中选择一个关键词位置

（critical word location），如“tasted”。

Examples of sentences used in the study

1. The children tasted the chemical in the hall.
2. The king watched the traitor from his throne.
3. The owner heard the boys in the backroom.
4. The captain granted the pass in the afternoon.
5. The mayor picked a volunteer for the assignment.

Sentence	*W-I dent*	*W-SL*	*N-SL*	*N-L*	*N-S*
1.	tasted	tested	tcrted	tflmed	fcstcb
2.	traitor	teacher	tcaobcr	tifjrir	fcaobcn
3.	heard	hired	hrvcd	hcbid	krvcb
4.	granted	guarded	gmavbed	gkfbned	pmavbcd
5.	mayor	major	magor	macor	nogan

图 1 Rayner（1975）研究材料示意图

每个关键词位置上会呈现如下 5 种不同类型的预视刺激：①目标词预视（W-I dent），即预视刺激（如 tasted）与目标词完全一致；②同形同首尾字母的真词预视（W-SL），即预视刺激（如 tested）是一个在语义和语法上符合句子结构的真词（W），其首字母和尾字母与目标词相同（L），且与原词的外部形状相似（S）；③同形同首尾字母的非词预视（N-SL），即预视刺激（如 tcrted）是一个非词（N），但保留了目标词的外部词形（S）和首尾字母信息（L）；④同首尾字母的非词预视（N-L），即预视刺激（如 tflmed）是一个非词（N），仅保留首尾字母信息（L）而整体外部词形不一致；⑤同形非词预视（N-S），即预视刺激（如 fcstcb）是一个非词（N），仅保留整体外部词形信息（S）。

隐形边界位置也有 5 种类型：①距离目标词左侧 9 个字母的位置；②距离目标词左侧 6 个字母的位置；③距离目标词左侧 3 个字母的位置；④目标词第 1 个字母的位置；⑤目标词第 4 个字母的位置。

三、结果与讨论

首先，研究者分析了跨越边界之前的最后一次注视时间（不考虑边界的具体位置），以此来判断读者能够在距离目标词多远的位置探测到非词预视刺激的异常。具体来说，研究者分为了 7 个兴趣区，包括目标词位置之前的 18～16 个字母区域、15～13 个字母区域、12～10 个字母区域、9～7 个字母区域、6～4 个字母区域和 3～1 个字母区域，以及目标词的前 3 个字母区域。结果显示（图 2），在目标词前 6～4 个字母区域以及更远的区域，研究者并未观察到任何显著的预视条件差异；然而，在边界前 3～1 个字母的区域和目标词前 3 个字母区域，研究者发现了显著的预视条件差异。此外，进一步将预视刺激分为词和非词两种类型进行事后检验，结果显示，非词预视条件下的注视时间显著长于真词预视条件下的注视时间。上述结果表明，读者在目标位置之前的 3 或 4 个字母的范围之外，无法识别预视刺激是否为一个词。

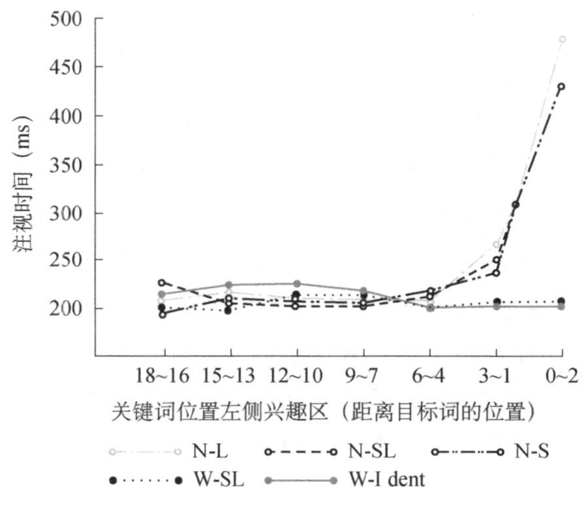

图 2　距目标词不同区域的最后一个注视的时间分布

此外，研究者对眼睛跨过边界后在目标词区域的注视进行了分析。按照起跳位置距离目标词区域开始位置的长度，将其分为 5 种情况：15～13 个字母的起跳距离，12～10 个字母的起跳距离，9～7 个字母的起跳距离，6～4 个字母的起跳距离，3～1 个字母的起跳距离。结果显示（图 3），当起跳距离为 15～13 个字母时，未观察到预视类型效应；当起跳距离小于 12～10 个字母时，出现了预视类型效应。具体表现为：在所有起跳位置情况下，N-L 和 N-S 条件下的注视时间比 W-I dent 条件下的注视时间更长，表明在距离目标区域 12 个字母的范围内，读者能够获取目标区域整体的词形信息和具体字母的信息。而 W-SL 和 N-SL 两种预视类型由于在视觉特征上非常相似，在 6～4 个字母的起跳距离时才开始产生差异。这种差异产生的原因可能是虽然 W-SL 包含一个词，但是 N-SL 并不能组成一个完整的词。最后，W-I dent 和 W-SL 两种条件只在 6～4 个字母的起跳距离存在显著差异，且两者在 12～10 和 9～7 个字母的起跳位置上的差异非常相似，因此很难判断能否在更靠前的位置上区分两者的细微差异。

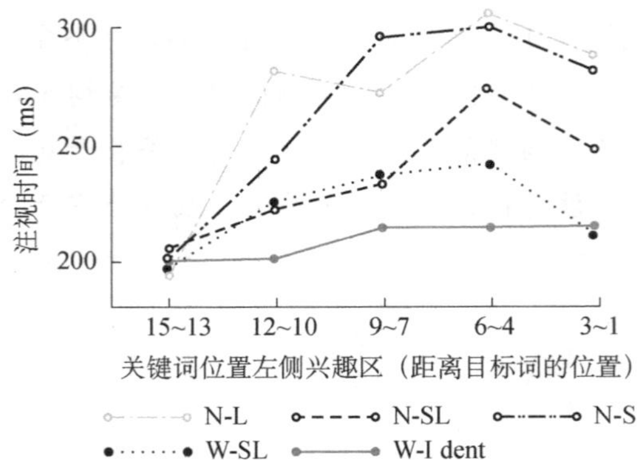

图 3 Rayner（1975）研究结果：跨过边界之后，不同起跳距离下的目标词注视时间

实际上，W-I dent、W-SL 和 N-SL 预视类型在 6～4 个字母的起跳距离开始产生差异，表明读者能够在注视右侧 6 个字母范围内获取具体的词汇特征信息。当起跳距离为 3～1 个字母时，两种词预视类型（W-I dent 和 W-SL）的注视情况相似。当从这个区域开始起跳，注视点通常会落在目标词的尾部或右侧。在这种情况下，读者很可能已经对 W-SL 预视刺激做出了语义上的解释。由于该解释符合句子的结构，读者将注意力集中在文本的后半部分，因此未能察觉到刺激呈现的变化。

四、结论

这项研究不仅进一步揭示了阅读知觉广度的大小，同时也区分了不同类型信息的获取范围。具体而言，在注视点位于目标位置前 1～6 个字母的范围内，读者能够进行语义水平上的加工；在注视点位于目标位置前 7～12 个字母的范围内，读者能够辨别出诸如词形、首字母和尾字母等粗略的视觉特征。这种差异可能与注视距离的增加导致视敏度减小有关。综上所述，这项研究首次采用生态效度较高的边界范式，验证了熟练读者在自然阅读中能够进行边缘视野信息加工的优势。

Bouma, H. (1973). Visual interference in the parafoveal recognition of initial and final letters of words. *Vision Research, 13* (4), 767-782.

Feinberg, R. (1949). A study of some aspects of peripheral visual acuity. *Optometry and Vision Science, 26* (2), 49-56.

Hochberg, J. (1970). Components of literacy: Speculations and exploratory research. In H. Levin & J. P. Williams (Eds.), *Basic Studies on Reading* (pp.74-89). New York: Basic Books.

Huey, E. B. (1908). *The Psychology and Pedagogy of Reading with a Review of the History of Reading and Writing and of Methods, Texts, and Hygiene in Reading*. New York: The Macmillan Company.

McConkie, G. W., & Rayner, K. (1975). The span of the effective stimulus during a fixation in reading.

Perception & Psychophysics, *17*, 578-586.

McConkie, G. W., Rayner, K., & Wilson, S. J. (1973). Experimental manipulation of reading strategies. *Journal of Educational Psychology*, *65* (1), 1-8.

Sperling, G. (1960). The information available in brief visual presentations. *Psychological Monographs*: *General and Applied*, *74* (11), 1-29.

Taylor, A. B. (1965). *Role Perception, Empathy, and Marital Adjustment.* Los Angeles: University of Southern California.

Taylor, E. A. (1957). The spans: Perception, apprehension, and recognition: As related to reading and speed reading. *American Journal of Ophthalmology*, *44* (4), 501-507.

Woodworth, R. S., & Schlosberg, H. (1938). *Experimental Psychology*. New York: Henry Holt & Company.

文章二　不同年级学生阅读知觉广度及预视效益的眼动研究

一、问题提出

阅读知觉广度和副中央凹预视效应是阅读研究中两个最基本的问题。它们分别从获得信息的范围和副中央凹预视获得信息的类型两个方面，考察读者在阅读过程中每次注视获得信息的情况。其中，副中央凹预视效应是一种在知觉广度范围内出现的阅读效应，指的是读者在注视一个词时，也会对注视点右侧信息进行加工，从而促进接下来对其注视时的加工效率。

研究发现，阅读技能水平可以调节阅读知觉广度（Rayner，1986；Häikiö et al.，2009）。Rayner（1986）对不同年级读者的阅读知觉广度进行了研究，结果显示，低年级读者的阅读知觉广度小于高年级读者。Häikiö 等（2009）对芬兰语阅读的研究发现，随着年级的增加，读者的字母识别广度（letter identity span）也逐渐增大。同时，研究还发现，阅读技能水平会影响副中央凹预视效益的获得。Chace 等（2005）对高、低技能读者的副中央凹预视效益进行了研究，结果显示，不同阅读技能的读者在副中央凹预视效益上存在差异，高技能读者更容易获得语音预视效益，而低技能读者则不能获得。

在前人研究的基础上，研究者关注阅读发展中汉语儿童读者的阅读知觉广度和副中央凹预视效益问题。在阅读过程中，研究者通过副中央凹预视可以考察在副中央凹处获得哪种类型（音、形）的信息，从较为精细的角度描述读者的信息加工情况。因此，这项研究中的实验二采用边界范式，试图通过探究不同年级学生副中央凹预视获取信息的类型，揭示儿童阅读效率发展的差异原因。

二、方法

研究以小学五年级学生和大学生各20名作为被试。采用2（被试类型：大学生、小学生）×4（预视条件：等同、音同、形似、控制）的两因素混合实验设计。其中，被试类型为被试间变量，预视条件为被试内变量。实验中的目标字均是合体字。每一个目标字对应4种预视条件：等同条件、音同条件、形似条件和控制条件。研究者对4种预视条件下汉字的平均字频（单位为百万分之一）、笔画数进行了匹配。

实验材料使用白底黑字显示，字间没有空格。每个汉字在屏幕上的大小为30像素×30像素，对应约0.9°的视角。实验采用边界范式，在读者开始阅读时，预视字出现在目标字位置，当读者眼跳经过看不见的边界时，预视字马上变成目标字。研究材料示意图如图1所示。

妈妈小时候的最|大理/理想是做个老师。（等同条件）
妈妈小时候的最|大理/李想是做个老师。（音同条件）
妈妈小时候的最|大理/埋想是做个老师。（形似条件）
妈妈小时候的最|大理/春想是做个老师。（控制条件）

图1　研究材料示意图

具体条件说明如下：①在等同条件下，当注视点没有跳过边界时，句子中呈现的字为“理”；当注视点跳过边界时，句子中呈现的字为“理”。②在音同条件下，当注视点没有跳过边界时，句子中呈现的字为“李”（与目标字“理”同音）；当注视点跳过边界时，句子中呈现的字为“理”。③在形似条件下，当注视点没有跳过边界时，句子中呈现的字为“埋”（与目标字“理”形似）；当注视点跳过边界时，句子中呈现的字为“理”。④在控制条件下，当注视点没有跳过边界时，句子中呈现的字为“春”（与目标字“理”既不音同，又不形似）；当注视点跳过边界时，句子中呈现的字为“理”。

三、结果与讨论

数据分析基于目标字和包含目标字的双字区域进行。其中，基于目标字的分析以单字作为兴趣区，而基于区域的分析则将目标字和目标字之后的一个字作为一个兴趣区。选择进行区域分析的原因是在中文阅读中，读者向右方向的眼跳幅度约为两个到两个半汉字的空间（Inhoff & Liu，1998）。由于读者存在较高的跳读率，大量数据缺失，从而降低了结果的稳定性和可靠性。为了确保数据分析的全面性和提高结果的可信度，研究者同时将两个汉字组成一个区域作为兴趣区进行分析。

眼动指标包括首次注视时间、凝视时间和总注视时间。在数据分析中，以控制条件作为基线条件，将其与等同条件相比较，以确定阅读者是否在预视中获得了预视信息，再将其与音同条件和形似条件相比较，以进一步确定读者是否获得了字形和语音信息。

基于目标字的分析结果显示，在首次注视时间、凝视时间和总注视时间上，被试类型的主效应均显著，同时被试类型与预视类型的交互作用也显著。具体表现为，大学生的注视时间显著短于小学生。对于大学生群体，音同条件和形似条件下的首次注视时间、凝视时间和总注视时间均显著短于控制条件，这表明大学生在副中央凹预视中获取了字形和语音信息。而对于小学生，音同条件下的首次注视时间、凝视时间及总注视时间与控制条件下的没有显著差异。然而，形似条件下小学生的注视时间显著短于控制条件下的注视时间。这表明小学生在副中央凹预视中只获得了字形信息，而没有获取语音信息。这一结果表明，相较于大学生，五年级小学生在一次注视中获得的预视信息类型更为有限。

基于区域的分析结果也得到了一致的结论，即大学生在预视中获得了字形和语音信息，而小学生在预视中仅获得了字形信息，没有证据显示他们获得了语音信息。此外，研究者还对目标前字区和目标后字区进行了分析，结果趋势与目标字区一致，进一步支持了上述研究发现。

四、结论

这项研究的结果表明，在阅读知觉广度范围内，大学生读者能够在副中央凹视觉区域获取更多类型的信息，包括语音信息和字形信息，而小学生读者仅能获取字形信息。相对于成年人，由于小学生的阅读技能较低，他们在阅读中无法像成年人一样在预视中获取语音信息。因此，在汉语阅读中，语音预视效益的获得仍然受到阅读技能水平的影响。这项研究的结果对于解释不同年级读者在阅读过程中的信息获取情况具有一定的启发意义。

Chace, K., Rayner, K., & Well, A. (2005). Eye movements and phonological parafoveal preview: Effects of reading skill. *Canadian Journal of Experimental Psychology, 59* (3), 209-217.

Häikiö, T., Bertram, R., Hyönä, J., & Niemi, P. (2009). Development of the letter identity span in reading: Evidence from the eye movement moving window paradigm. *Journal of Experimental Child Psychology, 102* (2), 167-181.

Inhoff, A. W., & Liu, W. (1998). The perceptual span and oculomotor activity during the reading of Chinese sentences. *Journal of Experimental Psychology: Human Perception and Performance, 24*

(1), 20-34.

Rayner, K. (1986). Eye movements and the perceptual span in beginning and skilled readers. *Journal of Experimental Child Psychology*, *41* (2), 211-236.

参考文献

白学军, 刘娟, 臧传丽, 张慢慢, 郭晓峰, 闫国利. (2011). 中文阅读过程中的副中央凹预视效应. *心理科学进展*, *19* (12), 1721-1729.

崔磊, 王穗苹, 闫国利, 白学军. (2010). 中文阅读中副中央凹与中央凹相互影响的眼动实验. *心理学报*, *42* (5), 547-558.

王穗苹, 佟秀红, 杨锦绵, 冷英. (2009). 中文句子阅读中语义信息对眼动预视效应的影响. *心理学报*, *41* (3), 220-232.

王永胜, 白学军, 臧传丽, 高晓雷, 郭志英, 闫国利. (2016). 副中央凹中字 N+2 的预视对汉语阅读眼跳目标选择影响的眼动研究. *心理学报*, *48* (1), 1-11.

闫国利, 王丽红, 巫金根, 白学军. (2011). 不同年级学生阅读知觉广度及预视效益的眼动研究. *心理学报*, *43* (3), 249-263.

闫国利, 巫金根, 胡晏雯, 白学军. (2010). 当前阅读的眼动研究范式述评. *心理科学进展, 18* (12), 1966-1976.

Altarriba, J., Kambe, G., Pollatsek, A., & Rayner, K. (2001). Semantic codes are not used in integrating information across eye fixations in reading: Evidence from fluent Spanish-English bilinguals. *Perception & Psychophysics*, *63* (5), 875-890.

Ashby, J., & Rayner, K. (2004). Representing syllable information during silent reading: Evidence from eye movements. *Language and Cognitive Processes*, *19* (3), 391-426.

Ashby, J., Treiman, R., Kessler, B., & Rayner, K. (2006). Vowel processing during silent reading: Evidence from eye movements. *Journal of Experimental Psychology*: *Learning, Memory, and Cognition*, *32* (2), 416-424.

Balota, D. A., & Rayner, K. (1983). Parafoveal visual information and semantic contextual constraints. *Journal of Experimental Psychology*: *Human Perception and Performance*, *9* (5), 726-738.

Briihl, D., & Inhoff, A. W. (1995). Integrating information across fixations during reading: The use of orthographic bodies and of exterior letters. *Journal of Experimental Psychology*: *Learning, Memory, and Cognition*, *21* (1), 55-67.

Chace, K., Rayner, K., & Well, A. (2005). Eye movements and phonological parafoveal preview: Effects of reading skill. *Canadian Journal of Experimental Psychology 59* (3), 209-217.

Drieghe, D., Rayner, K., & Pollatsek, A. (2005). Eye movements and word skipping during reading revisited. *Journal of Experimental Psychology. Human Perception and Performance*, *31* (5), 954-959.

Engbert, R., Nuthmann, A., Richter, E., & Kliegl, R. (2005). SWIFT: A dynamical model of saccade generation during reading. *Psychological Review*, *112* (4), 777-813.

Henderson, J., & Ferreira, F. (1990). Effects of foveal processing difficulty on the perceptual span in reading: Implications for attention and eye movement control. *Journal of Experimental Psychology: Learning, Memory, and Cognition*, *16* (3), 417-429.

Henderson, J., & Ferreira, F. (1993). Eye movement control during reading: Fixation measures reflect foveal but not parafoveal processing difficulty. *Canadian Journal of Experimental Psychology*, *47* (2), 201-221.

Henderson, J., Dixon, P., Petersen, A., Twilley, L., & Ferreira, F. (1995). Evidence for the use of phonological representations during transsaccadic word recognition. *Journal of Experimental Psychology: Human Perception and Performance*, *21* (1), 82-97.

Hohenstein, S., Laubrock, J., & Kliegl, R. (2010). Semantic preview benefit in eye movements during reading: A parafoveal fast-priming study. *Journal of Experimental Psychology: Learning, Memory, and Cognition*, *36* (5), 1150-1170.

Hyönä, J., Bertram, R., & Pollatsek, A. (2004). Are long compound words identified serially via their constituents? Evidence from an eyemovement-contingent display change study. *Memory & Cognition*, *32* (4), 523-532.

Inhoff, A., Eiter, B., & Radach, R. (2005). Time course of linguistic information extraction from consecutive words during eye fixations in reading. *Journal of Experimental Psychology: Human Perception and Performance*, *31* (5), 979-995.

Inhoff, A. W., Starr, M., & Shindler, K. L. (2000). Is the processing of words during eye fixations in reading strictly serial? *Perception & Psychophysics*, *62* (7), 1474-1484.

Johnson, R. L., Oehrlein, E. C., & Roche, W. L. (2018). Predictability and parafoveal preview effects in the developing reader: Evidence from eye movements. *Journal of Experimental Psychology: Human Perception and Performance*, *44* (7), 973-991.

Johnson, R. L., Perea, M., & Rayner, K. (2007). Transposed-letter effects in reading: Evidence from eye movements and parafoveal preview. *Journal of Experimental Psychology: Human Perception and Performance*, *33* (1), 209-229.

Kennedy, A. (2008). Parafoveal-on-foveal effects are not an artifact of mis-located saccades. *Journal of Eye Movement Research*, *2* (1), 1-10.

Kennedy, A., & Pynte, J. (2005). Parafoveal-on-foveal effects in normal reading. *Vision Research*, *45* (2), 153-168.

Kennison, S., & Clifton, C. (1995). Determinants of parafoveal preview benefit in high and low working memory capacity readers: Implications for eye movement control. *Journal of Experimental Psychology. Learning, Memory, and Cognition*, *21* (1), 68-81.

Kliegl, R., Hohenstein, S., Yan, M., & McDonald, S. A. (2013). How preview space/time translates into preview cost/benefit for fixation durations during reading. *Quarterly Journal of Experimental Psychology*, *66* (3), 581-600.

Liu, W., Inhoff, A., Ye, Y., & Wu, C. (2002). Use of parafoveally visible characters during the reading of Chinese sentences. *Journal of Experimental Psychology: Human Perception and Performance*, *28* (5), 1213-1227.

McDonald, S. A. (2006). Parafoveal preview benefit in reading is only obtained from the saccade goal.

Vision Research, *46* (26), 4416-4424.

Miellet, S., & Sparrow, L. (2004). Phonological codes are assembled before word fixation: Evidence from boundary paradigm in sentence reading. *Brain and Language*, *90* (1-3), 299-310.

Murray, W. S., & Rowan, M. (1998). Early, mandatory, pragmatic processing. *Journal of Psycholinguistic Research*, *27* (1), 1-22.

Pollatsek, A., Reichle, E., & Rayner, K. (2006). Tests of the E-Z reader model: Exploring the interface between cognition and eye-movement control. *Cognitive Psychology*, *52*, 1-56.

Pynte, J., Kennedy, A., & Ducrot, S. (2004). The influence of parafoveal typographical errors on eye movements in reading. *European Journal of Cognitive Psychology*, *16*, 178-202.

Rayner, K. (2009). The 35th Sir Frederick Bartlett Lecture: Eye movements and attention in reading, scene perception, and visual search. *Quarterly Journal of Experimental Psychology*, *62* (8), 1457-1506.

Rayner, K., & Morris, R. (1992). Eye movement control in reading: Evidence against semantic preprocessing. *Journal of Experimental Psychology: Human Perception and Performance, 18* (1), 163-172.

Rayner, K., Balota, D., & Pollatsek, A. (1986). Against parafoveal semantic preprocessing during eye fixations in reading. *Canadian Journal of Psychology*, *40* (4), 473-483.

Rayner, K., Fischer, M. H., & Pollatsek, A. (1998). Unspaced text interferes with both word identification and eye movement control. *Vision Research*, *38* (8), 1129-1144.

Rayner, K., McConkie, G. W., & Ehrlich, S. (1978). Eye movements and integrating information across fixations. *Journal of Experimental Psychology. Human Perception and Performance*, *4* (4), 529-544.

Rayner, K., McConkie, G. W., & Zola, D. (1980). Integrating information across eye movements. *Cognitive Psychology*, *12* (2), 206-226.

Reingold, E., & Rayner, K. (2006). Examining the word identification stages hypothesized by the E-Z reader model. *Psychological Science*, *17* (9), 742-746.

Slattery, T. J., Angele, B., & Rayner, K. (2011). Eye movements and display change detection during reading. *Journal of Experimental Psychology: Human Perception and Performance*, *37* (6), 1924-1938.

Sparrow, L., & Miellet, S. (2002). Activation of phonological codes during reading: Evidence from errors detection and eye movements. *Brain and Language*, *81* (1-3), 509-516.

Tsai, J. L., Lee, C. Y., Tzeng, O. J. L., Hung, D. L., & Yen, N. S. (2004). Use of phonological codes for Chinese characters: Evidence from processing of parafoveal preview when reading sentences. *Brain and Language*, *91* (2), 235-244.

Underwood, G., Binns, A., & Walker, S. (2000). Attentional demands on the processing of neighbouring words. In A. Kennedy, R. Radach, D. Heller, & J. Pynte (Eds.), *Reading as a Perceptual Process* (pp. 247-268). Amsterdam: Elsevier.

Vasilev, M. R., & Angele, B. (2017). Parafoveal preview effects from word N+1 and word N+2 during reading: A critical review and Bayesian meta-analysis. *Psychonomic Bulletin & Review*, *24*, 666-

689.

Veldre, A., & Andrews, S. (2018). Beyond cloze probability: Parafoveal processing of semantic and syntactic information during reading. *Journal of Memory and Language, 100*, 1-17.

White, S. J., Rayner, K., & Liversedge, S. P. (2005). Eye movements and the modulation of parafoveal processing by foveal processing difficulty: A reexamination. *Psychonomic Bulletin & Review, 12* (5), 891-896.

White, S. J., Rayner, K., & Liversedge, S. P. (2005). The influence of parafoveal word length and contextual constraint on fixation durations and word skipping in reading. *Psychonomic Bulletin & Review, 12* (3), 466-471.

White, S. J., Johnson, R. L., Liversedge, S. P., & Rayner, K. (2008). Eye movements when reading transposed text: The importance of word-beginning letters. *Journal of Experimental Psychology. Human Perception and Performance, 34* (5), 1261-1276.

Williams, C., Perea, M., Pollatsek, A., & Rayner, K. (2006). Previewing the neighborhood: The role of orthographic neighbors as parafoveal previews in reading. *Journal of Experimental Psychology. Human Perception and Performance, 32* (4), 1072-1082.

Yan, M. (2015). Visually complex foveal words increase the amount of parafoveal information acquired. *Vision Research, 111*, 91-96.

Yan, M., Richter, E. M., Shu, H., & Kliegl, R. (2009). Readers of Chinese extract semantic information from parafoveal words. *Psychonomic Bulletin & Review, 16* (3), 561-566.

Yan, M., Kliegl, R., Shu, H., Pan, J., & Zhou, X. (2010). Parafoveal load of word N+1 modulates preprocessing effectiveness of word N+2 in Chinese reading. *Journal of Experimental Psychology: Human Perception and Performance, 36* (6), 1669-1676.

Yang, J., Wang, S., Xu, Y., & Rayner, K. (2009). Do Chinese readers obtain preview benefit from word n+2? Evidence from eye movements. *Journal of Experimental Psychology. Human Perception and Performance, 35* (4), 1192-1204.

Yen, M. H., Tsai, J. L., Tzeng, O. J. L., & Hung, D. L. (2008). Eye movements and parafoveal word processing in reading Chinese. *Memory & Cognition, 36* (5), 1033-1045.

Zhang, M., Liversedge, S. P., Bai, X., Yan, G., & Zang, C. (2019). The influence of foveal lexical processing load on parafoveal preview and saccadic targeting during Chinese reading. *Journal of Experimental Psychology. Human Perception and Performance, 45* (6), 812-825.

第五章

视觉-情境范式

人类语言的表达形式可以分为两大类：一类是通过书面文字呈现的语言；另一类则是借助口头表达传递的口语。与书面文字相比，口语的历史更为悠久，同时口语的使用方式更加广泛且频率更高。然而，口语具有诸多复杂特点，如有声性、复合性、情境性、多样性、即时性以及简洁性等，这些特点使得口语研究的进展远远滞后于书面文字研究。视觉-情境范式（visual-world paradigm）的提出为口语研究提供了一种行之有效的方法。该方法最早由 Cooper 于 1974 年设计，现已被广泛应用于心理语言学研究的各个领域，尤其在口语词汇通达和句法加工领域取得了显著进展。

第一节　视觉-情境范式简介

一、视觉-情境范式基本原理

视觉-情境范式的基本原理是将听觉语言刺激与视觉情境进行跨通道的结合。在实验中，在被试理解听觉语言的同时，呈现一组图片或实物，要求被试根据听觉信息注视或操作图片中的目标物或实物。通过眼动追踪技术，研究者记录了被试在整个任务完成过程中的眼动行为。

该范式的基本逻辑是，被试对所听内容的加工与所看刺激物的注视同步进行。当被试听到某个词语时，眼睛会注视与该词语相关的视觉情境中的图片或实物。因此，研究者认为眼动能够很好地反映被试的语言理解状态。具体来说，被试对所呈现物体的注视情况与相应词语的激活状态相对应。如果某个词语被激活，被试对呈现与该词语相关物体的注视会多于对其他物体的注视（邱丽景等，2009）。

下面以 Tanenhaus 等于 1995 年发表在 *Science*（《科学》）杂志上的一项研究为例，进一步阐明视觉-情境范式的原理。该研究的目的是探究口语理解中视觉与听觉信息的整合问题。实验操作两种类型的指导语：一种是具有暂时歧义的指导语，如“Put the apple on the towel in the box”，当听到短语“on the towel”时，被试并不清楚这个短语是对“apple”的修饰还是动词“put”的目的地，因此需要等听完全部句子后才能进行判断，这相当于一个花园路径句；另一种是不具有暂时歧义的指导语，如“Put the apple that on the towel in the box”，“that”的存在使介词短语“on the towel”明确指向对“apple”的修饰。研究者同时操作两种类型的视觉图片：一种为单表征情境（one-referent context）[图 5-1（a）]；另一种为双表征情境（two-referent context）[图 5-1（b）]。其中，单表征情境图片只有一个表征物，即一个苹果，当被试听到“apple”时能够立即确定其作为操作物，因此暂时歧义指导语中的“on the towel”则更有可能被错误地理解为“put”的目的地。双表征情境中有两种表征物，即表征了两个“apple”，这使得“on the towel”更有可能被

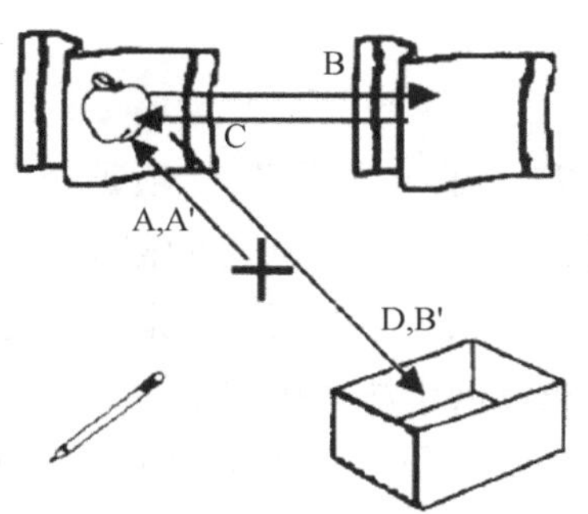

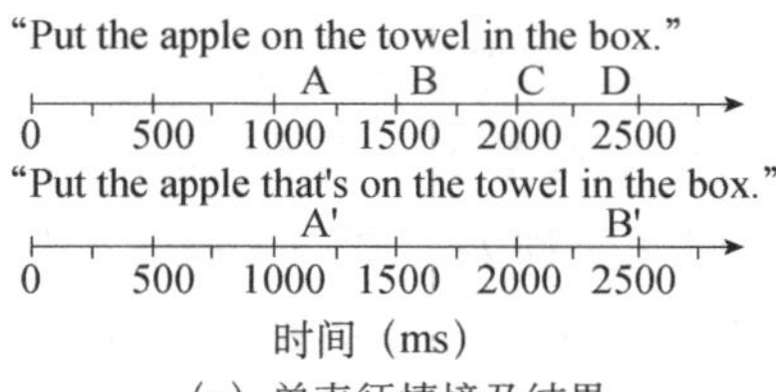

（a）单表征情境及结果

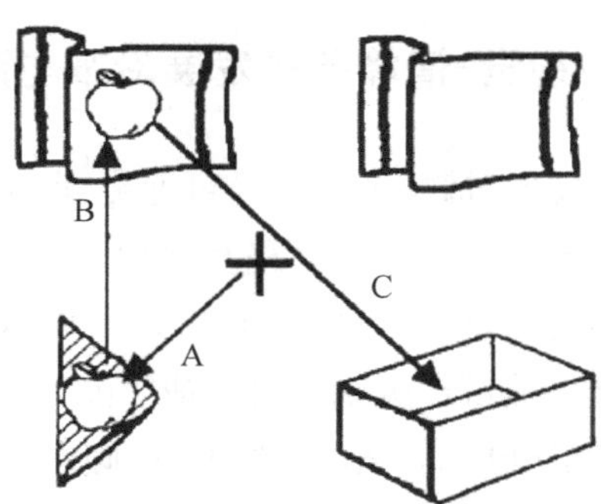

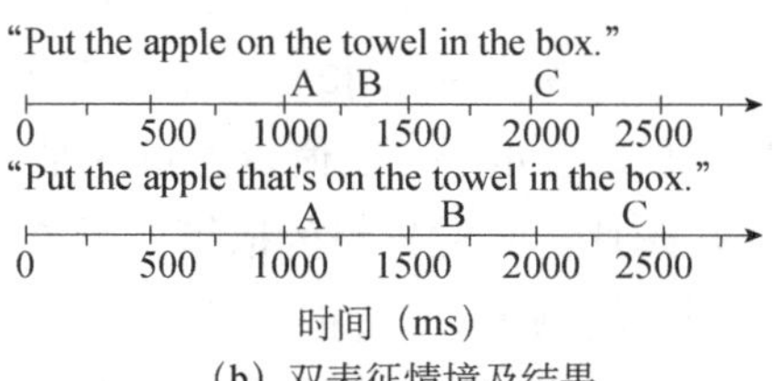

（b）双表征情境及结果

图 5-1 Tanenhaus 等（1995）研究中的实验材料

注：在单表征情境中，对于歧义和明确指导语下的眼动的顺序。字母表示每个指导语下眼动发生的时间，由该类型眼动的平均潜伏期确定（A'和 B'对应于明确的指导语）。在双表征情境中的眼动顺序。注意，相对于语音流中的名词，眼动的顺序和时间在歧义和明确两种指导语之间没有显著差异

理解为对“apple”的修饰。研究者假设，在暂时歧义指导语条件下，被试更有可能在单表征语境中，把介词短语“on the towel”当作操作的目的地，从而对其产生更多的错误注视；而在双表征情境中，被试倾向于把介词短语看作对操作物的修饰，从而不会对其产生更多的错误注视。两种类型的听觉指导语与两个类型的图片随机组合起来。实验没有具体操作任务，仅要求被试在听指导语的过程中认真看图，同时用眼动仪记录被试的眼动轨迹。

实验结果符合研究假设。首先，在暂时歧义指导语条件下，在单表征情境中，被试在听到“apple”500ms 后更倾向于注视“towel”，即把“on the towel”理解为操作的目的地，从而对这个图片产生较多的错误注视；而在双表征情境中，被试在听到“apple”后会注视两个具有“apple”的图片，直到听到“on the towel”后才明白需要选择的是目的地，因此之后立即注视潜在的目的地“box”。其次，在非暂时歧义指导语条件下，被试在单表征情境中几乎全部正确注视目的地“box”，而在双表征情境中并没有出现此种情况。实验结果表明：在单表征情境中，名词后的介词短语更易被表征为目的地；而在双表征情境中，其更易被表征为修饰语，证明了视觉-情境能够即时影响听觉句子的理解与加工。

二、视觉-情境范式发展沿革与演变

视觉-情境范式最早可追溯到 Cooper 于 1974 年的一项研究。这项研究首次发现，当听到一句同时提及视觉场景中所包含对象的句子时，被试的眼睛似乎会自动移向场景中的对象（Cooper，1974）。例如，与不相关的控制词所指对象的图片相比，被试在听到“蛇”或“蛇”的一部分时更倾向于注视蛇的图片。此外，被试在听到单词“Africa”时，更倾向于注视与之语义相关的蛇、斑马或狮子的图片，而不是注视语义无关的控制词。该研究第一次证明了在口语呈现的过程中，眼动模式可能反映了单词水平表征与其语义的实时激活，以及这些表征与同时呈现的场景对象表征的整合。值得注意的是，这项研究中的视觉刺激为由 3×3 矩阵构成的 9 张图片，听觉材料为语篇（图 5-2），其中斜体单词为故事的关键词且与视觉刺激图中的物体对应。被试的任务是在自由观看图片之后完成语篇阅读理解测试。

虽然 Cooper 的这项研究证明了视觉-情境范式可被用于研究口语理解等一系列问题，但该范式在其大约 20 年后才真正受到重视。正如上文中所介绍的，Tanenhaus 等（1995）的研究不仅重复验证了前人采用视觉-情境范式得到的经典研究结果，而且将该范式应用于更广范围的语言研究中，并将成果发表在 *Science*

While on a *photographic/safari* in *Africa*, I managed to get a number of breathtaking *shots* of the wild *terrain*. These included pictures of rugged mountains and *forests*, as well as muddy *streams/winding their way* through *big game/country*. One of my best shots though was ruined by my scatter-brained *dog/Scotty*. Just as I had slowly *wormed* my way on my *stomach* to within range of a *flock* of magnificent *birds,/feasting* on *bunches* of wild *grapes*, entwined in the *branches* of a small *tree*, *Scotty/bounded up/bark-ing/madly, and the birds/scattered in all directions*. With a sigh I lit my *pipe*, wondering how *he* had gotten away from camp, when suddenly I noticed a hungry *lion* slowly *moving* through the tall grass toward a herd of *grazing zebra*. As I grabbed my *camera*, I could see *he* had singled out a *member* of the *herd*. But before *he* could *pounce*, the *zebra/bolted*, causing all the *animals to stampede*. The *frustrated/lion* looked as *stupified* as I felt,

图 5-2　Cooper（1974）研究中的实验材料

(《科学》）杂志上。相关研究再次证明，在视觉-情境范式中，眼动行为能够为研究者提供一个有效的窗口，从而揭示自然状态下口头语言理解的快速心理加工过程。

然而，真正意义上将眼动记录与即时语言呈现同步化的研究，是由 Allopenna 等于 1998 年所开展的。在这项研究中，他们给被试呈现 4 个项目，即目标指示物体（beaker）、首音相同的语音竞争物体（beetle）、尾音相同的语音竞争物体(speaker)以及无关分心物体(carriage)，要求被试在听到指导语"pick up the beaker"时，用鼠标点击相应的目标物。研究者关注被试在这一过程中的眼睛注视情况。结果发现，在口语"beaker"开始呈现后的第一个 400ms，被试注视"beaker"或"beetle"的概率之间没有差异，大约 400ms 之后，两者开始出现差异，表现为注视 beetle 的概率逐渐向 0 降低。值得注意的是，口语"beaker"词结束的时间大约是"beaker"和"beetle"的注视概率出现差异后的 200ms。此外，有趣的是，"speaker"在"beaker"开始呈现的前 400ms 内的注视概率也在提高，随后由于两者之间语言信号的差异越来越清晰，其注视概率逐渐降低。该研究第一次证明了韵脚竞争效应的存在，同时也证明了视觉-情境范式相比迄今为止的其他技术所具有的优势。

目前，视觉-情境范式已被广泛应用于心理语言学研究的多个领域，主要集中在口语词汇通达和句法加工等方面。随着对视觉-情境范式的不断探索，实验材料和任务逐渐多样化。例如，实验中的视觉材料既可以是实物，放置于格子状的工作架上，被试需根据听到的语句对物体进行相应操作（Thothathiri & Snedeker，2008），也可以使用实物的图片，以描述场景的语句作为听觉材料（Altmann & Kamidez，1999）。任务类型包括根据指导语移动或选择特定物体（Thothathiri &

Snedeker，2008），或者对图片进行选择与排序（Huettig & Altmann，2005；Wang et al.，2017），或者自由观看等。然而，不论材料和任务如何变化，视觉-情境范式的基本逻辑并没有发生本质改变。

近年来，研究者开始采用文字作为视觉材料，这一方法被称为“printed-word visual-world paradigm（文字版的视觉-情境范式）”。该方法的优势在于，文字版本的视觉刺激不仅限于指代具体事物，还可以涵盖抽象概念。例如，Shen 等（2018）采用了文字呈现的视觉-情境范式，研究了汉语口语词汇理解中语音信息对视觉注意转移的调节。实验中，4 个印刷词以文字形式呈现，如图 5-3（a）所示，包括目标词（番茄）、语音竞争词（帆船）和两个无关干扰词（插图和车手），被试根据听到的口语词（fɑn qié），使用鼠标点击相应的视觉目标词。其中，视觉词在口语词之前的 200ms 内呈现。研究者分析了从口语词呈现开始之前 200ms 到之后 1500ms 的时间窗口范围内，被试在 4 个视觉词区域的注视比例（proportion of fixation）。根据研究目的，研究者将具体的时程划分为若干个时间段（bins），如图 5-3（b）所示，将总时间窗口 1700ms 平均分为 17 个时间段，每个时间段内计算各条件或目标词被注视的比例值（0 代表未注视，1 表示注视）。结果显示，在口语词开始呈现后的 300ms，被试对语音竞争词的注视比例明显高于分心词，表明口语词的语音信息在口语识别的早期阶段已经被激活，并且在视觉注意转移中发挥着重要作用。

视觉-情境范式的另一个变体是偏好注视范式（preferential looking paradigm），通常应用于心理发展研究。在这一范式中，婴儿坐在看护人的大腿上，不同的屏幕上会显示不同的物体或场景。研究者通过测量婴儿在听到一个单词或句子时，倾向于看哪一个物体或场景来了解婴儿的语言加工情况。由于在实验过程中婴儿的头部通常会移动，故因变量并不是眼动行为，但该范式与典型的视觉-情境范式的共同之处在于语言引导了视觉注意的分布和转移。这一范式已被广泛应用，并取得了较好的研究成果。

三、视觉-情境范式研究成果

视觉-情境范式已被广泛应用于心理语言学研究的多个领域。除了前文提到的口语理解中的词汇通达和句法加工，该范式还被用于研究语言产生、对话和观点采择等一系列问题（Altmann，2011；Griffin，2004）。这一范式也在儿童、双语学习者以及特殊读者群体中得到了成功应用。接下来，我们将通过举例介绍相关研究发现。

(a)

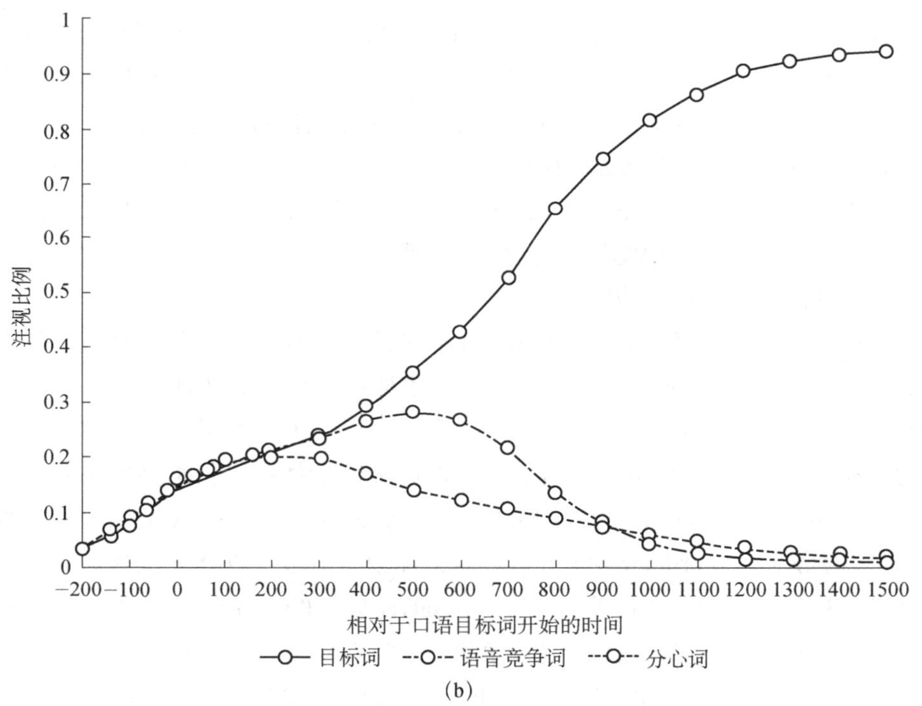

(b)

图 5-3　视觉呈现印刷词刺激时间窗口下的注视比例

从口语目标词开始前 200ms 的目标词、语音竞争词、分心词的注视比例

（一）视觉-情境范式在听觉语言理解中的研究

许多心理语言学家已经运用视觉-情境范式进行了听觉语言理解方面的研究。在口语词汇通达和句法加工等以往存在很大争论的领域，这一方法取得了许多重要的实证研究证据。

1. 口语词汇通达研究中的应用

在口语词汇理解研究中，视觉-情境范式主要用于考察口语词汇识别过程中，音、形、义信息的激活。

（1）语音

研究显示，在口语词汇识别时，人们能够激活包括词首和词尾在内的语音信息，而且词首语音信息的激活时间更早，程度也更高（Allopenna et al.，1998；McQueen & Viebahn，2007）。例如，在 Allopenna 等（1998）的实验中，研究者给被试呈现 4 个物体的图片，即目标指示物体（beaker）、首音相同的语音竞争物体（beetle）、尾音相同的语音竞争物体（speaker）以及无关分心物体（carriage），然后要求他们根据听觉指导语"please pick up beaker"完成任务。结果显示，与无关分心物体相比，两个语音竞争物体获得了更多的注视，而且首音相同的语音竞争物体比尾音相同的语音竞争物体吸引了更多且更早的注视。这些结果支持了口语词汇识别的 TRACE 模型假设（McClelland & Elman，1986），即与目标词共享相同音节的一组候选词在口语词汇识别时会获得临时激活。同时，这也表明语音水平匹配的信息能够引导视觉注意力朝向相关物体，而口语词汇的语音信息与被注视目标物体逐渐建立联系或映射。

然而，关于语音竞争效应的解释一直存在争议。学者争论的焦点是，到底是什么类型的信息能真正引导读者对语音竞争词产生更大的注视概率。语音假设（phonological hypothesis）认为，只有在语音水平上建构的重叠表征会引导视觉注意力转移到印刷文字，即只有语音信息在视觉单词搜索中起作用（Allopenna et al.，1998；Huettig & McQueen，2007；McQueen & Viebahn，2007；Weber et al.，2007）。然而，正字法假设（orthographic hypothesis）认为，在正字法水平上建构的重叠表征调节了视觉注意力对印刷单词的转移（Salverda & Tanenhaus，2010）。由于拼音文字中形与音的密切对应规则，这一争论一直没有停止。中文作为一种符号语言，词汇的表征是直接关联到意义单元而非音素单元的，其字形和语音之间的联系相对较弱，这就为解决上述争论提供了一个理想的途径。

Shen 等（2018）的研究以中文为实验材料，通过严格排除字形的影响，操作目标词与语音竞争词之间的语音重叠程度（实验 1 为语音完全重叠竞争词；实验 2 为语音部分重叠竞争词；实验 3 为同时呈现完全重叠与部分重叠的语音竞争词）。结果表明，在口头词汇识别中，语音信息的激活确实调节了视觉注意的转移，而且这种调节作用随着目标词与语音竞争词之间的语音相似性的不同而变化。这一结果为语音假设提供了强有力的证据。此外，Shen 等（2013）采用文字版本的视觉情境范式，证明在中文口语识别中，音调高度也在词汇声调感知中发挥着重要作用。

（2）语义

研究者在不同书写系统的文字中也证实了语义信息在口头词汇识别过程中的激活作用。研究发现，当人们听到“钢琴”时，他们的眼睛不仅会被引导注视钢琴（Yee & Sedivy，2001；Allopenna et al.，1998），还会被引导注视小号（Yee & Sedivy，2006）。Huettig 和 Altmann（2005）进一步扩展了 Yee 和 Sedivy（2001）的设计，他们通过听觉形式给被试呈现一个包含目标词的句子（如“piano”），同时通过视觉形式呈现 4 个物体图片（图 5-4）。这些图片中，左边第一张图呈现目标词指示物（钢琴）和 3 个分心物；第二张图呈现与目标词语义竞争的物体（小号）和 3 个分心物；第三张图同时呈现目标词指示物与其语义竞争物，以及 2 个分心物。实验任务为自由观看，被试不需要进行任何具体任务。研究结果显示，在听到“piano”时，在上述 3 种条件下，被试对目标词指示物和语义竞争物的注视都显著多于分心物。具体来说，被试对小号的注视显著多于其他分心物，这表明被试所听到的“钢琴”的语义信息被激活。这是由于钢琴与小号在心理表征中的重叠语义信息引起了小号表征的激活，从而引导被试眼睛注视小号。此外，研究者还让被试对目标与竞争物之间的语义特征进行相似性评定，结果显示，概念相似性与竞争物成为眼跳目标的概率和被注视时长显著相关，而视觉相似性却与之不相关。这表明眼动能够反映目标与竞争物之间逐渐变化的概念相似性，表现为视觉注意直接朝向概念相关物体，被试对概念相关物体的注意增加程度与概念重叠程度成正比。相同的结果也在中文研究中得到了证实（Tsang & Chen，2010）。

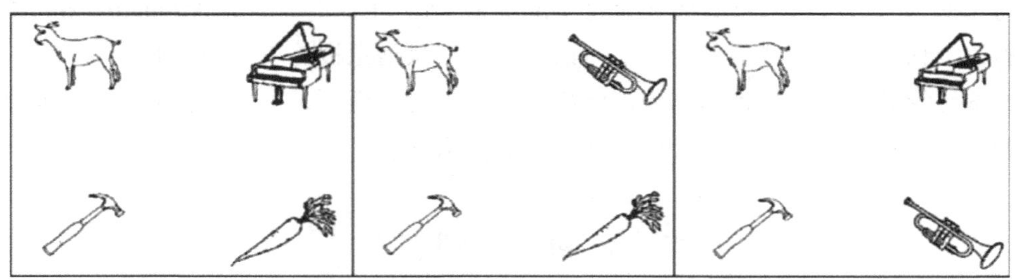

图 5-4 Huettig 和 Altmann（2005）研究中的视觉呈现图

然而，当采用文字版本的视觉-情境范式时，在拼音文字中并未出现语义竞争效应（Huettig & McQueen，2007），但在中文研究中得到了与经典图片视觉刺激同样的效应。这一发现验证了口语识别中语义层面信息的激活及其对视觉注意转移的引导作用，表明文字版本的视觉-情境范式同样能够敏感地探测中文语义加工。例如，Shen 等（2016）以听觉形式给被试呈现一个嵌入在中性句子中的目标词（例如，“在利比里亚，人民常把医生叫作天使”中的“医生”），同时呈现 4 个词汇的视觉刺激（图 5-5），包括语义竞争词（“护士”）、语音竞争词（“衣架”）以及两个无关的分心词（“学堂”和“昆虫”）。研究结果显示，被试对语义竞争词的注视比率显著高于分心词，且在进一步控制了目标词与语义竞争词之间的正字法相似信息后，语义竞争效应仍然存在。

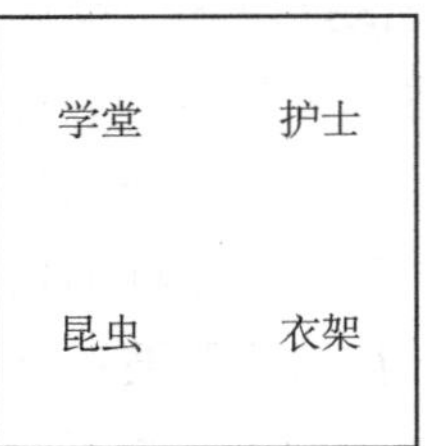

图 5-5　Shen 等（2016）研究中的视觉呈现图

（3）视觉信息

有研究发现，在识别听觉词汇时，被试能够激活该词所指代的具体形象的形状（Dahan & Tanenhaus，2005；Rommers et al.，2013）和颜色特征（Huettig & Altmann，2011）。Rommers 等（2013）进行了一项实验，在该实验中，被试听到一个句子，句末是一个可被预测的目标词（例如，句子“In 1969 Neil Armstrong was the first man to set foot on the moon”中的“moon”），在目标词以声音形式呈现之前的 500ms 内，视觉上呈现了 4 个物体图片，包括 3 个无关的分心物和 1 个目标物（图 5-6），目标物分别是目标词（moon）、形状相似的竞争物（tomato）和无关的控制物（rice）。结果显示，在口语目标词形状信息被提取之前的时间窗口内，被试已经倾向于注视目标词和形状相似的竞争物，而不是无关的控制物，表明听者能够在对话中预先激活即将到来的词语指示物的形状信息。

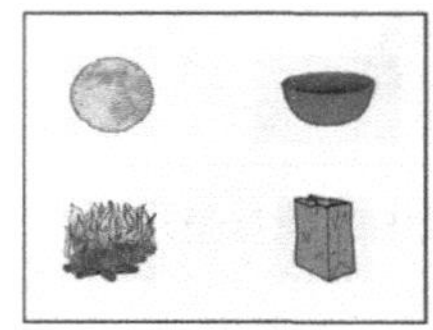

目标词

形状相似的竞争物

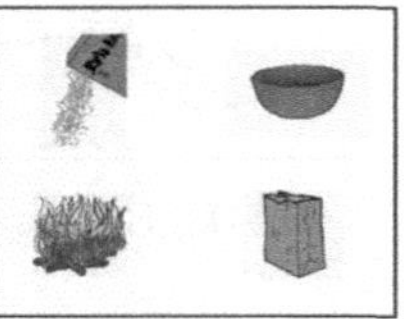

无关的控制物

图 5-6　Rommers 等（2013）研究中的视觉呈现图

上述形状信息对被试的视觉注意的引导，究竟是取决于物体形状的直接知觉信息，还是已知的概念信息呢？为了回答这个问题，研究者进一步选择了物体的颜色属性来进行直接考察。选择颜色是因为颜色的概念属性和知觉属性可以相分离。例如，人们对于青蛙的最一般认识是绿色，因此绿色作为青蛙的典型颜色被存储在青蛙概念中。如果人们听到“青蛙”这个词时，它的典型颜色就会被相应激活。类似地，当看到一个视觉物体时，人们不仅可以理解它的概念信息，还会提取它的表面属性信息。以非典型的“黄色”青蛙为例（图 5-7 中青蛙为黄色），当听到“青蛙”时，其典型颜色“绿色”会被激活，同时被试也会获得其实际呈现的颜色信息。研究者口头呈现一个目标词，其概念与一种典型颜色相关，如“青蛙”概念的典型颜色是绿色，同时按照 3 种条件进行视觉呈现（图 5-7）：①呈现具有典型颜色的物体，但是以黑白形式呈现（上排左图中的黑白青蛙）；②呈现具有典型颜色的物体，但实际颜色为非典型颜色（上排右图中的青蛙，为黄色）；③没有非典型颜色的物体，但以目标词概念的典型颜色呈现（下排图中的衬衫，为绿色）。研究结果支持外显注意的引导主要来自视觉物体的表面颜色属性，而不是物体所存储的典型颜色属性。同时，研究结果还显示，如果概念类别和表面颜色竞争物同时呈现时，概念类别是决定外显注意的主要因素。

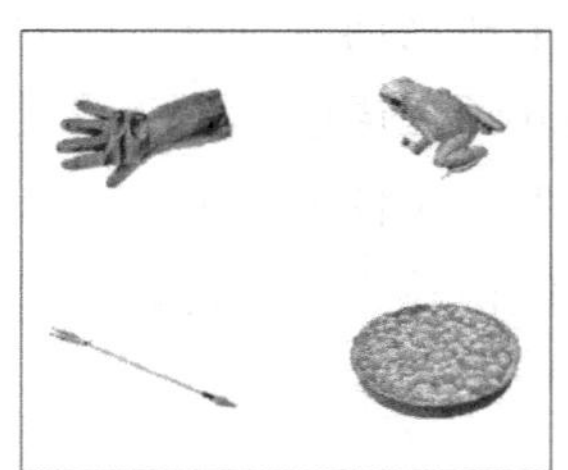
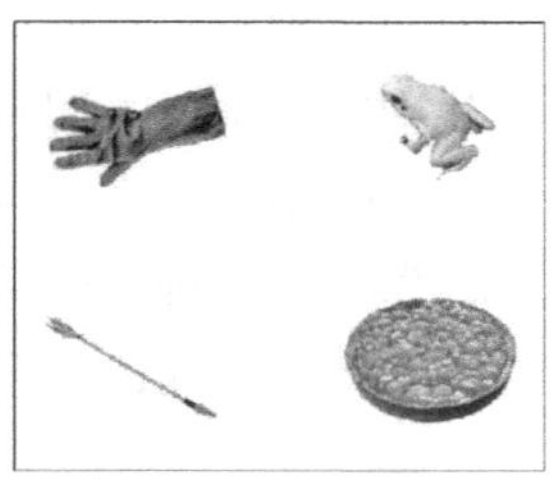

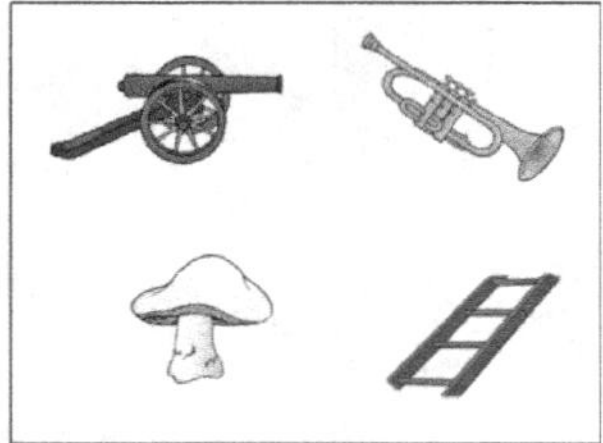

图 5-7 颜色属性对被试视觉注意的影响

2. 句法加工研究中的应用

（1）语境在句法加工中的作用时程

Tanenhaus 等（1995）最早将视觉-情境范式应用于句法加工中，关注语境在句法加工中的作用时间点。模块化理论认为，语境在句法加工的晚期开始产生作用，早期的句法加工主要受句法因素的影响。而交互作用理论则认为语境能够即时影响句子加工，句法加工是语境、非语言信息、句法信息相互作用的结果。相较于传统阅读范式，视觉-情境范式的出现为研究者提供了更多关注非语言语境信息在句法加工中的作用的机会（邱丽景等，2009）。一系列相关研究结果均证实了语境对句法加工的即时影响（Chambers et al.，2004；Snedeker & Trueswell，2004；Tanenhaus et al.，1995）。

Snedeker 等（2001）的研究发现，不仅语境能够即时影响句法加工，动词的词汇信息也能即时影响句法加工。研究者在动词对歧义介词短语解释的偏向方面设置了 3 种条件：①无偏向，如“Choose the cow with the stick”；②修饰语偏向，倾向于将歧义介词短语解释为名词的修饰语，如“Feel the frog with the feather”；③工具偏向，倾向于将歧义介词短语解释为用于完成动作的工具，如“Tickle the pig with fan”。同时，研究者相应地设计了两种表征语境：单表征物语境［图 5-8（a)］和双表征物语境［图 5-8（b)］。单表征物语境中包含 4 个物体，为蜡烛、羽毛、抱着羽毛的青蛙和嘴里叼着木棒的老虎；双表征物语境中也包含 4 个物体，为蜡烛、羽毛、抱着羽毛的青蛙和抱着木棒的青蛙。研究结果显示，对于歧义介词短语的解释，人们同时利用了表征语境和动词两种信息。具体而言，相较于双表征物语境，单表征物语境下，人们将介词短语解释为工具的可能性变大，解释为名词修饰语的可能性减小；而在工具偏向条件下，人们将介词短语解释为工具的可能性更大，解释为名词修饰语的可能性较小，而这两种信息的使用是即时发生的。这一结果与交互作用的理论预期一致。

(a) 单表征物语境

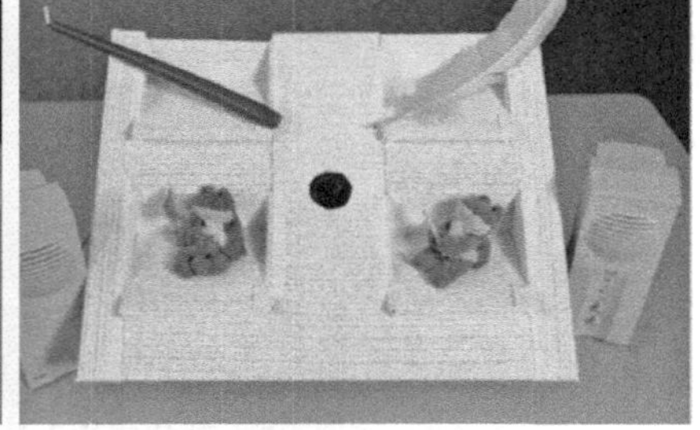

(b) 双表征物语境

图 5-8 Snedeker 等（2001）研究中的材料

（2）句子理解中的预测性

Altmann 和 Kamide（1999）使用视觉-情境范式，研究了成人和儿童在句子中预期即将出现信息的能力。他们向被试展示了一个场景，其中包含一个人、一个可食用物体以及其他干扰物体。他们发现，当听到类似“The boy will eat…（男孩将吃……）”这样的句子时，参与者的眼睛在随后的名词短语[如“cake（蛋糕）”]出现之前就已经转向了可食用对象。类似的结果也在使用其他句法结构时被观察到，比如，Sussman 和 Sedivy（2003）的研究发现，在听到“What did Jodie squash the spider with?（朱迪用什么挤压蜘蛛？）”时，当听到“squash（挤压）”，被试的眼睛预期注视蜘蛛；但当听到“spider（蜘蛛）”，被试的眼睛则预期注视到鞋子（曾经用来挤压的物体）。在后续的动词预期理解中，无论是在熟练的儿童还是不熟练的儿童中，研究者都观察到了基于动词的预期效果（Nation et al.，2003）。Dahan 和 Tanenhaus（2004）使用视觉-情境范式的研究表明，基于动词的预期可以在语义上排除不兼容的同类竞争者中出现（因此被试在听到“The boy will eat”之后和动词后的名词之前，对“cake”的注视概率比视觉场景中不兼容的其他竞争物的注视概率高）。Magnuson 等（2008）使用人工语言获得了相似结果，发现对预期的形式类别（如名词对形容词）的期望可以调节同类竞争者的效果，使得来自“错误”形式类别的竞争者不被接受。

（3）句法启动

人们可以根据刚出现的结构来预测之后可能会使用什么样的句法结构。例如，动词“give”的后面可以接双宾语或介词宾语，可以说“The boy will give the girl the doll.”（双重宾语）或者“The boy will give the doll to the girl.”（介词宾语）。眼动追踪结果显示，如果某人刚刚听到了一个双重宾语结构，那么他们预期该结构将被使用。例如，当向被试展示一个包含男孩、玩偶和汽车的场景，并给他们播放一个像“Both this boy and girl are all very generous. （男孩和女孩都是慷慨的）”这样的陈述句，然后呈现“The boy will give the girl the doll, the girl will give…（男孩会把娃娃给女孩，女孩会把娃娃给……）”，在第二次出现“give”后，参与者预期下一个出现的是“boy”。正因为被试刚刚听到了双重宾语结构，所以越来越多的注视被投向了男孩图像。因此，听者的眼动模式表明他们预期的是一种句法结构（Arai et al.，2007；Thothathiri & Snedeker，2008）。

（4）组合语义加工

Kamide 等（2003）对预期眼动的最初观察进行了跟踪研究，他们发现动词与其主语的语义组合推动了预期过程。例如，当听到“The boy will eat…”之后，参与者将注视的不仅仅是任何可食用的东西，而是最有可能被进餐者所吃的东西。该结果之所以重要，是因为它表明最初效应的产生不仅仅是语义启动（“eat”导致看向可食用的东西）的形式，而且实际上是句法和语义加工的共同产物，将动词与主语结合，再加上对事件更有可能出现的真实世界知识（Knoeferle& Crocker，

2006；Knoeferle et al.，2005）。Boland（2005）证明了句子加工中的预期限制。例如在句子“Chris recommended a movie to Kim in the hallway”中，“movie”和“Kim”都是动词的论点（arguments）。动词的含义意味着有东西需要被推荐和有人去推荐。但是“in the hallway”是一个修饰语，它不是动词核心含义的一部分。Boland指出，对修饰语的期望程度与动词的论点不同，因此可以预期的对象的语法状态确实影响了预期的可能性。

（5）句法歧义

视觉-情境范式也能解释听者加工句法歧义短语时的理解过程。例如，在句子“Put the spider on the circle on the web”中，当被试听到“Put the spider on the circle”会产生不同的理解，可以理解为“circle”在修饰“spider”，指圆圈上的蜘蛛，也可以将其理解为将蜘蛛放向圆圈的目标。研究者通过观察被试注视一个包含带有蜘蛛的圆圈（）、仅圆圈（）、带有蜘蛛的三角（）以及蜘蛛网（）场景的眼动，可以评估他们对这种句法歧义短语的理解。在成人和儿童中，基于Crain和Steedman（1985）、Altmann和Steedman（1988）早期研究，Tanenhaus等（1995）和Spivey等（2002）的研究显示，句法歧义句子的实时理解取决于句子所在的语境。他们向被试展示一个或两个苹果（其中一个放在毛巾上），并告诉被试“put the apple on the towel in the box（将苹果放在盒子里的毛巾上）”。通过对被试眼睛和手部运动进行分析（即哪个苹果及其移动到哪个位置），研究者发现，当有两个苹果时，“on the towel”可以被理解为表示在某个位置的苹果（即它被理解为修饰语）；但是当只有一个苹果时，它会被理解为苹果应放置的位置（即它被理解为目标）。Trueswell等（1999）在对儿童的研究中发现，儿童没有像成人那样使用这样的参照语境。随后，研究者采用视觉-情境范式再次考察了成人和儿童对句法歧义的实时加工过程，结果表明，这很可能是由于相对于成人而言，儿童对不同动词常出现的特定句法语境的敏感性提高了。Snedeker和Trueswell（2003）的研究还表明了说话者和听者如何使用韵律消除这类歧义，以及歧义如何与指示语境相互作用。

（6）句子加工中解析代词指称

视觉-情境范式还可用于探究听者如何消解代词歧义的问题。例如，Arnold等（2000）向被试展示了一个场景，场景中的唐老鸭拿着一个邮袋，屏幕的另一边是米奇（Mickey Mouse）或米妮（Minnie Mouse）。与此同时，被试会听到“Donald is bringing some mails to Mickey/Minnie while a violent storm is beginning. He's carrying an umbrella.（暴风雨开始时，唐老鸭正在给米奇/米妮送邮件，他拿着一把伞。）”。当米妮是图片中的第二个实体时，拿伞的那个“他”很明显就是唐老鸭，因为他是屏幕上唯一的男性，也是唯一的男性代词的先行词。在这种情况下，人们会更倾向于注视唐老鸭。而当米奇出现在图片中时，由于唐老鸭和米奇都是男性代词的潜在指代对象，“他”与唐老鸭和米奇的关系存在歧义。但由于唐老鸭是第一个被提到的，所以他似乎是最容易被提及的，而且他比米奇更吸引人。通过这种方式，研究者可以揭示听者如何将先行词指派给代词。

（二）视觉-情境范式在语言产出、对话和观点采择等领域的研究

视觉-情境范式不仅被用于研究听觉语言的理解，而且被用于语言产出、对话和观点采择等一系列更广泛的领域。

（1）语言产出

人们在用语言描述视觉场景时，通常在注视所指对象大约 1s 后开始说出相关描述词语（Griffin & Bock，2000）。第一个使用眼动技术研究语言产出的实验是由 Meyer 及其团队于 1998 年进行的命名提取实验（Meyer et al.，1998）。在这项研究中，被试的任务是对不同视觉场景中的物体进行口头命名。研究结果显示，被试在识别出一个要命名的对象并检索出其名称之前，其注视不会离开该对象。大量研究探讨了语音形式的检索难度如何影响视觉注视时间。例如，说话者注视有多个与语境相适应的名字（Griffin，2001）或不常见名字（Meyer et al.，1998）的物体的时间，比注视只有一个名字的物体的时间要长。

在句子计划研究中，研究者通常要求被试口头描述视觉呈现的简单事物或动作事件，以揭示语言产出与眼动之间的关系。例如，Griffin 与 Bock（2000）要求被试描述如下场景：“A dog chasing a postman”（追逐邮递员的狗），结果发现，在语言产出时，无论即将要命名的是“dog”还是“postman”，被试眼睛都会在其说出对象名称之前大约 900ms 开始对其进行注视。与此同时，在清晰说出名字之前的 100～300ms，被试眼睛会离开物体，并朝下一个要命名的物体移动。有趣的是，即使被试所说出的事物名称是错误的，他们也会在产出名字之前大约 900ms 对其进行注视（Griffin，2004）。这一结果表明，虽然对事物的注视能够反映相关语言产出的准备情况，但是语言产出错误与被试在这一准备过程中对相关事物注视的减少并没有联系。此外，Gleitman 等（2007）通过操作说话者的注意力，使其专注于其中某一个主角，结果发现，这一操作会在随后的句子产生中影响角色被提及的顺序（例如，“A dog is chasing a man” vs. “A man is running from a dog”）。

（2）对话和观点采择

在对话语境中，当双方讨论彼此共知或常识性的事物和观点时，说者和听者

会发生角色观点的转变。一个备受关注的问题是：对话中的参与者如何追踪彼此共享的信息和仅有其中一方知道的专属信息。Keysar 等（2000）采用了“指示物交流游戏”（referential communication game）这一常用技术来探讨对话中的角色选择问题。在这个实验中，研究者充当发布命令的指挥者（director），而被试则扮演听从指令的接收者（addressee），双方分别坐在一个放有物品的架子两侧。研究任务是指挥者要求接收者操作架子上的物体（例如，“请将小蜡烛放在上面的格子中”）（图 5-9）。然而，一些格子是被遮挡的，即只有接收者能够看到，而指挥者看不见。这样就存在两种格子：一种是指挥者和接收者都能够看到的共享格子（如图 5-9 中最大的蜡烛）；另一种是只有接收者能够看到的专属格子（如图 5-9 左侧最小的蜡烛）。

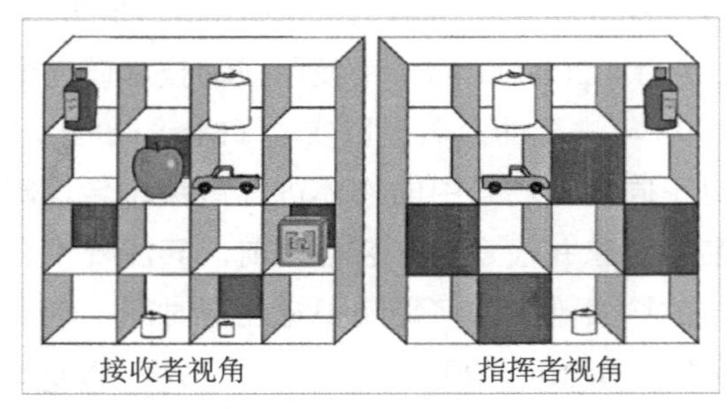

图 5-9　Keysar 等（2000）研究中的材料

研究者预期，如果接收者没有实时考虑共享和专属信息（即采用自我中心视角），那么当听到“请将小蜡烛放在上面的格子中”时，接收者可能会注视自己视角中的“小蜡烛”（而这个“蜡烛”在指挥者的视角下是不可见的），或者可能会出现短暂的不确定。但是如果接收者能够实时基于双方共享或专属信息来理解指令，那么他们可能会更多地注视双方视角都可见的“小蜡烛”。眼动数据支持了前一种假设，即听者并不会实时利用共享或专属信息来理解对方，而会直接从自身视角去理解指令内容。然而，这一结果引起了很大的争议。随后的研究发现，对话者实际上能够实时跟踪与利用共享和专属信息（成年人：Hanna et al.，2003。儿童：Nadig & Sedivy，2002）。

（3）社会参照与共同基础

Crosby 等（2008）报告了一个巧妙研究基于共同或专属信息的实验，参与者观看一个屏幕，上面显示了其他 4 个人。在一种条件下，4 个人都能听到参与者所能听到的声音；而在另一种条件下，只有其中 2 人能听到，且参与者知道是哪 2 个人。随后，当参与者听到其中一个人对其他人说了可能是冒犯性的言辞的时候，只有在认为被冒犯的人也可以听到发言者的讲话时，参与者才会看向那个人。在这种情况下，社会参照群体（指的是一类人，而不是具体描绘的个体）会引导眼睛的注视，但前提是那个人处于具有“沟通共同基础”的状态。

（4）非脚本对话

许多研究将先前的工作扩展到非脚本对话的领域，有些研究只考察了对话中的一个参与者（Brown-Schmidt & Tanenhaus，2006；Brown-Schmidt et al.，2005），而另一些研究则同时监测两个对话者的眼睛运动（Richardson & Dale，2005；Richardson et al.，2007）。在 Richardson 和 Dale（2005）的研究中，一个参与者描述情景喜剧《老友记》中的角色，而另一个参与者倾听，两者都在显示器上看到了主角的 6 张脸。研究发现，听者的眼动与说话者的眼动非常相似。当然，说话者在提到这些角色之前会注视他们（Griffin & Bock，2000；Meyer et al.，1998），而听者的眼动则推迟到每个角色被提到后不久。

（三）视觉-情境范式中语言对眼动行为的调节

在视觉-情境范式中，语言的作用更像是直接关注外部世界的内在心理表征所呈现的物体，而不仅仅是关注外部世界中的物体。通常情况下，场景及其包含的对象在言语出现之前就已经存在，因此人们能够提前理解这些对象并确定它们的位置。有关言语如何以及为什么影响眼睛运动的研究已经取得了一些重要发现。

最早的一个发现是，当一个对象的名称被提及时，被试将眼睛移向该对象的可能性会增加（Allopenna et al.，1998）。相关的研究数据（Dahan & Tanenhaus，2004）表明，言语输入通过激活与场景中匹配的词汇表征，进而影响被试将眼睛移向与这些词汇表征相匹配的对象的可能性。但更为重要的是，因为视觉注意力的转移（可以假设在眼球运动之前发生）不仅仅与口语中所提及的直接参照物有关，还与其他因素有关，所以这种匹配并不需要是完全精确的。例如，有研究发现，当听到“piano（钢琴）”这个词时，人们会看向小号乐器（Yee & Sedivy，2006），这种选择是基于单词所指对象和场景中所描绘对象的语义关联性来确定的（Huettig & Altmann，2005）。这表明，单词和物体之间的概念重叠在语言和眼动之间起中介作用（Myung et al.，2006）。这些语义关联的数据排除了仅仅基于呈现单词和场景中与对象相关联的名称之间的语音重叠而导致的视觉注意力转移的解释。

研究还发现，即使在语言刺激开始之前场景被移除了，被试眼睛仍然会移回被命名物体所在的位置或所预期的任何地方（Altmann，2004；Hoover & Richardson，2008；Knoeferle & Crocker，2007）。这种空白屏幕效应表明，眼睛可以不指向物体本身（因为空白屏幕上没有物体），而是朝向该物体的情景表征所在的具体位置（Richardson et al.，2009），这进一步证明了情景痕迹［请参见该观点的先驱 Richardson 和 Spivey（2000）的研究）］的可塑性。Altmann 和 Kamide（2009）描述了一个使用空白屏幕范式的研究，其中研究者用言语描述了一个物体的位置变化（如“女人将玻璃杯移到桌子上”），随后提到的物体（如“她将把酒倒进玻璃杯”）在关键物体（“玻璃杯”）表达过程中引发了被试对该物体新位置，而不是在前一场景中实际看到的旧位置的注视。与早期的空白屏幕研究不同，该研究表明，引导眼睛运动的空间表征并不依赖于实际占据场景中特定位置的物体——在这个示例中，玻璃杯从未在桌子上被看到，但当听到最后一句“玻璃杯”时，被试的眼睛却移动到了桌子的位置上。

这些相关研究促使 Altmann 和 Kamide（2007）阐述了一种基于物体记忆表征场景所激活的语言中介眼球运动——情景痕迹。这个痕迹不仅包括有关对象属性的信息，还包括其位置的信息。当个体听到一系列词语时所产生的表征（假设这些情景痕迹的激活先于语言的出现）与先前场景激活的表征重叠，就会导致这些情景痕迹的激活增大（由于它们得到了双重支持），而这又反过来导向与这些情景痕迹相关的空间当中。Altmann 和 Kamide（2007）将物体表征激活的变化视为认知系统注意力状态的变化（参见 Cohen et al.，2004），这种注意状态的变化是隐性注意力转移的成分或起因。反过来，这种隐性注意力的转移随着明显眼球运动可能性的增加而变化（由于与该轨迹相关的空间信息的激活增大）。Altmann 和 Kamide（2007）基于 Hebbian 学习理论（赫布学习理论）提供了一种可能的解释，解释了为什么与情景痕迹相关的空间激活的增加会导致眼球运动：朝向一个物体的定位会增加该物体的心理表征及其编码位置的激活。

在发展过程中，这种连续的配对可能会导致相反的模式，随着对一个物体的心理表征及其位置的激活增大，个体对该位置进行定向反应的可能性也会增大。这也解释了为什么在呈现语言时，不管场景是否存在，语言都会导致眼睛朝着物体当前或过去的位置移动。然而，有待解释的是 Altmann 和 Kamide（2009）报告的“移动玻璃杯”效应。这项研究表明，与一个物体的情节痕迹相关联的空间参数不是固定的，也不是仅仅由它过去的感知关联决定的。他们提出，眼跳目标可以由两种不同的表征来支持：一种是基于场景中直接体验到的对象配置的感知属性；另一种是基于对象及其配置的概念属性，后者随着所呈现语言和随后的事件而动态变化。这两种表现都是必需的，否则就不可能解释眼睛是如何回到玻璃杯的原始位置（如之前直接感知的）或是新的位置（由语言诱导的事件表征在概念上所决定）上的。

（四）对儿童读者、双语学习者或特殊读者群体的视觉-情境范式研究

在以儿童为被试时，研究者进行了大量与上述类似的研究（Trueswell，2008）。图像输入与语言输入相结合的眼动追踪研究对于儿童群体是非常理想的，它可以为研究者提供有关儿童加工过程的重要信息。儿童在某些情况下无法参与阅读实验，而且他们也不具备成年人那样的元语言技能来反映自己的表现。

此外，大量的文献使用了视觉-情境范式来研究非母语者的听觉理解（van Hell and Tanner，2012）。例如，Chambers 和 Cooke（2009）分析了熟练使用法语的英语母语者注视一组包含鸡、游泳池和两个干扰栏目（草莓与靴子）的图片时的注视模式。在实验过程中，被试会听到句子"Marie va decrire/nourir la poule（玛丽要描述/喂鸡）"，这个句子包含一个同音异形异义词［法语"poule（鸡）"听起来像英语单词"pool（游泳池）"］。在无偏向的语境中（"描述鸡"），被试对游泳池的注视增加了；而在有偏向的语境中（"喂鸡"），被试对游泳池的注视几乎消失。因此，就像母语者一样，双语者激活了所有与听觉输入相对应的词语，即使这些词语来自当前没有被使用的语言。但是这种激活是由有偏向的语境引起的。

此外，视觉-情境范式越来越多地被用于研究临床特殊人群。这在很大程度上是因为该范式对任务的要求较低，不需要进行元语言反思或决策，同时它还充分利用了听者每天都使用的语言技能（Farris-Trimble & McMurray，2013）。总之，视觉-情境范式非常敏感，可以用来测量群体差异；同时它也足够稳定，可用于测量个体差异。

第二节　视觉-情境范式实操

视觉-情境范式的基本流程是同时在计算机显示器上呈现若干张图片，根据实验目的，一般将这些图片分为目标图片、相关竞争图片和控制图片。在呈现图片的同时，播放实验指导语，要求被试自由观看或根据要求进行简单的按键反应。同时，使用眼动仪记录眼动轨迹，直到任务结束方可停止。视觉-情境范式的程序

通常包括实验层、区组层、试次层和记录层4个层级。下文将逐步介绍在EB编程中如何创建该范式的实验程序。

一、视觉-情境范式的实验程序编制

（一）创建实验层

首先，采用常规方法创建一个新的实验程序，可参考本书第三章。接下来开始添加实验层的节点、设置属性，实验层的结构见图5-10。

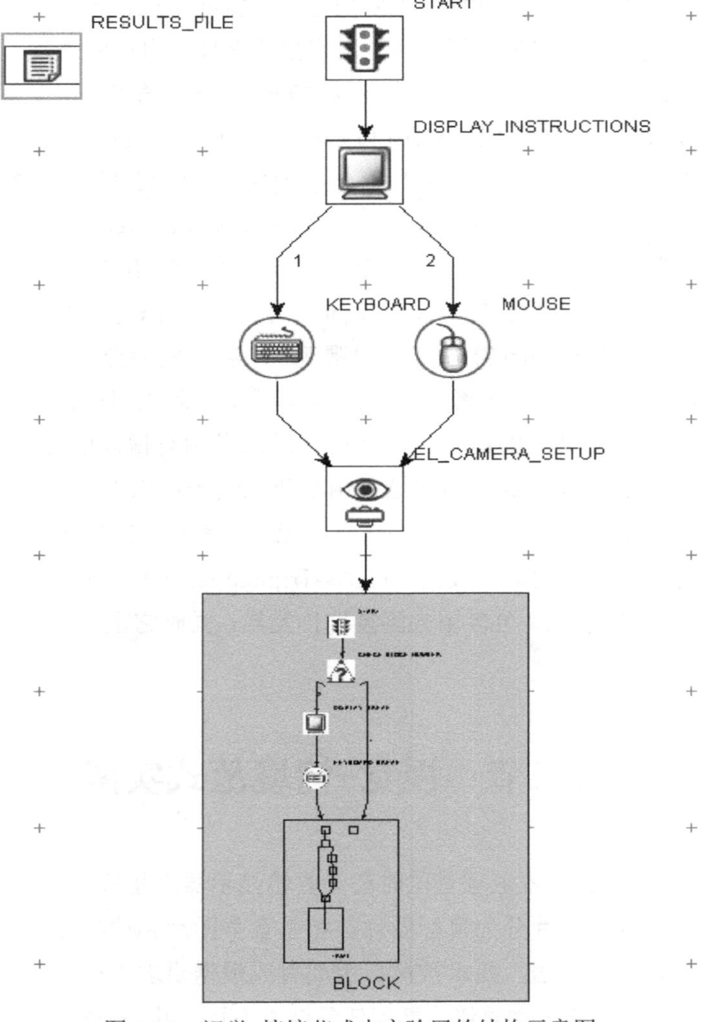

图5-10 视觉-情境范式中实验层的结构示意图

1. 添加节点

1）点击组件栏里的“Action”按钮，依次选择“Display Screen”节点、“Camera Setup”节点和“Sequence”节点，将其逐一拖入工作区内。

2）点击组件栏里的“Trigger”按钮，根据实验所需要的触发器，如这里选择“Keyboard”触发器和“Mouse”触发器，将其逐一拖入工作区内。

3）点击组件栏里的“Other”按钮，选择“Results File”节点，并将其拖入工作区内。

4）按照图 5-10 所示，依次连接各个节点。

5）将鼠标放在工作区的空白地方，点击鼠标左键，然后选择“Arrange Layout”按钮，将工作区的各个节点重新排列。

2. 设置属性

（1）设置实验层的属性

1）点击属性栏里的“Label”标签，在“Value”栏里对其重新命名，如“Visual_World_Paradigm”。

2）等实验程序编制完成后，再在“Eyelink DV Variables”的“Value”中添加所有涉及的变量，新编本 EB 将自动添加相关变量，请注意检查。

（2）设置“Display Screen”

1）点击节点命名“Label”和“Message”为“DISPLAY_INSTRUCTION”。

2）勾选“Clear Input Queues”和“Auto Update Screen”栏目。

3）双击屏幕，出现编辑窗口，插入指导语图片或输入文本格式的指导语。

（3）设置“Trigger”

1）点击“Keyboard”，选择修改“Label”和“Message”的“Value”值；设置“Keys”用于按键翻页，如“Space”或“Any”。勾选“Press Events”栏目；保证“Clear Input Queues”为“No”。

2）点击“Mouse”，选择修改“Label”和“Message”的“Value”值；设置“Buttons”用于按键翻页，如“[1，2，3]”；勾选“Press Events”“Release Events”“Within”栏目；保证“Clear Input Queues”为“No”。

（4）设置“Camera Setup”

1）点击该节点，选择修改“Label”和“Message”的“Value”值。

2）勾选“Clear Input Queues”栏目。

3）“Calibration Type”可选择 HV13 校准模式。

4）设置“Pacing Interval”为“1000ms”，也可采用默认值。

5）勾选“Randomize Order”“Repeat First Point”“Lock Eye After Calibration”“Select Eye After Validation”栏目。

6）其他属性可根据所使用的显示器尺寸、分辨率和刺激呈现要求等有选择地进行设定。

（5）设置“Results File”中的“Label”，可采用默认名称；“Columns”栏目用于选择需要导出的变量，同 Eyelink DV Variables 一样，等整个程序编制完成后再添加相关变量。

（6）设置“Sequence”节点

1）点击属性栏里的“Label”和“Message”标签，“Value”栏重新命名为“Block”。

2）在“Iteration Count”栏里进行设置，选择“Block”序列的迭代次数，如图 5-11，迭代次数为 5。

3）在工作区内，双击“Sequence”按钮以继续区组层的编写。

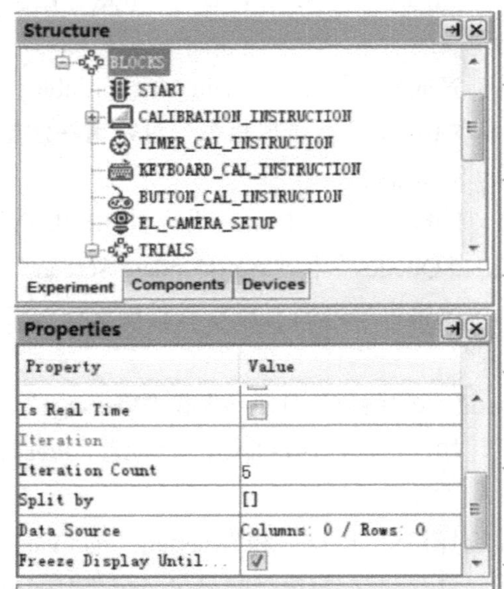

图 5-11　区组代次数的设置

（二）创建区组层

在这一层增加一个新的设置，以判断是否进入休息。区组层的结构见图 5-12。

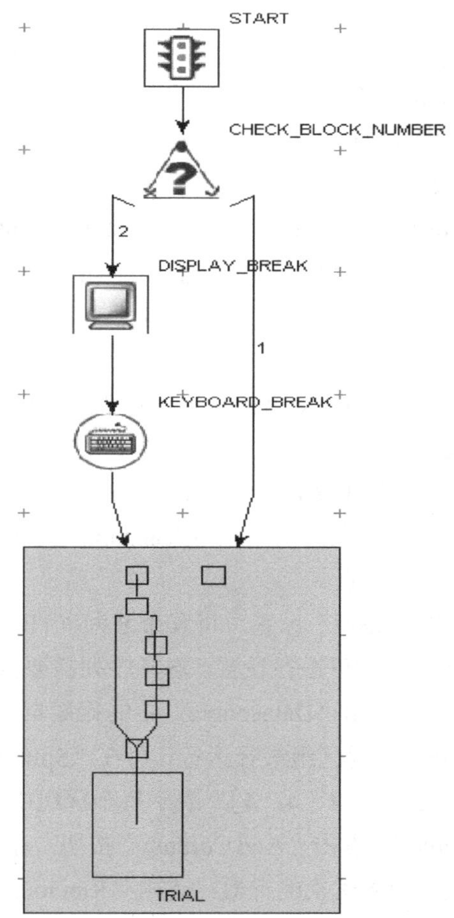

图 5-12　视觉-情境范式中区组层的结构示意图

1. 添加节点

1）点击组件栏里的“Trigger”按钮，选择“Conditional Trigger”，并将其拖入工作区内。

2）点击组件栏里的“Action”按钮，选择“Display Screen”按钮，并将其拖入工作区内。

3）点击组件栏里的“Trigger”按钮，选择添加一个或多个触发键，例如“Keyboard”触发键。

4）点击组件栏里的“Action”按钮，选择添加“Sequence”节点。

5）按照图 5-11 所示，依次连接各个节点，并选择“Arrange Layout”按钮重新排列工作区内的各个节点。

2. 设置属性

（1）设置“Condition”属性

1）将“Label”和“Message”的“Value”改为“CHECK BLOCK NUMBER”（检查 Block 的迭代次数）；

2）设置“Evaluation1：Attribute”为“@parent.iteration@”，“Comparator”选择“EQUALS”，“Value”等于“1”。这一设置表示如果“Block”的（父）迭代次数或重复次数等于 1 时不休息，否则就进入休息。

（2）设置“Trigger”

1）点击“Keyboard”，修改“Label”和“Message”的“Value”值为“KEYBOARD_BREAK”。

2）设置“Keys”用于主试按键翻页，如“Any”。

3）勾选“Press Events”栏目；保证“Clear Input Queues”为“No”。

（3）设置“Sequence”节点

1）点击属性栏里的“Label”标签，将其命名为“TRIAL”。

2）在“Iteration Count”栏里进行设置，选择序列需要重复的试次数，如“36”表示有 36 个试次（程序会根据“Datasource”中的行数自动识别）。

3）如果要将试次分为不同区组进行运行，可在“Split by”中设置参数。如分为 5 个区组，里面的“[2，4，4，4，4]”表示每个区组中的试次个数。

4）编辑“DataSource”。点击“Add Column”按钮，添加所需要添加的变量；点击“Add Row”按钮，输入试次的行数；点击“Randomization Setting”进行试次的随机设置。需要注意的是：视觉-情境范式中除了需要设置常规的自变量，例如 trial（试次）、conditions（条件）、question（问题）、practice（练习）等，还需要分别定义每个试次中的几张图片的图片名称和位置信息变量。如图 5-13 所示，一个试次包含 4 种条件下的 4 张图片，因此分别设置 4 个变量表示图片的名称信息和位置参数信息（图 5-13 中的黑色实框标记）。此外，“Block”变量（图 5-13 中的黑色点线标记）指上文“Split by”所拆分而成的 5 个区组，其如列中所示，为 0～4，0 代表练习，1～4 代表正式实验中的 4 个区组。最后，“AudioFile”和“CritWordTime”两个变量（图 5-13 中的黑色点-划线标记）分别指声音文件信息和目标词在声音文件中出现的时间。

（4）勾选“Freeze display Until First Display Screen”栏目。

（5）在工作区内，双击“Sequence”按钮以继续试次层的编写。

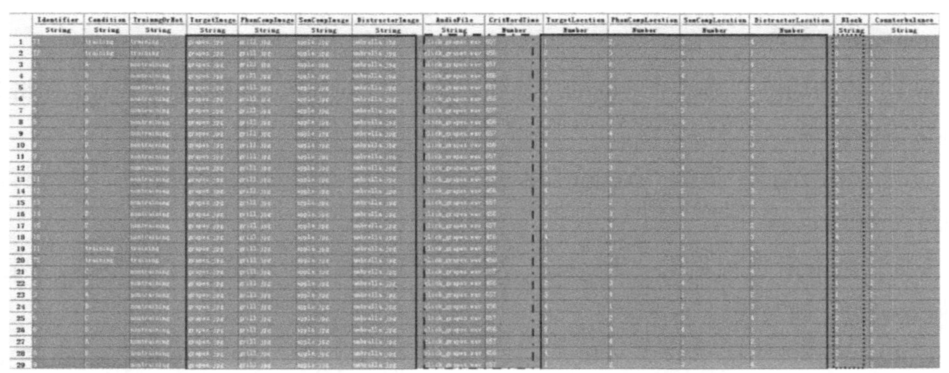

图 5-13　视觉-情境范式中“DataSource”图片信息变量设定

（三）创建试次层

添加试次层的节点，试次层的结构如图 5-14。

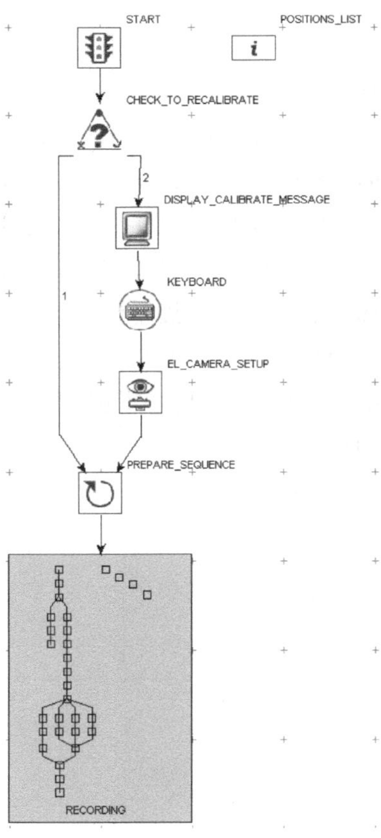

图 5-14　视觉-情境范式中试次层的结构示意图

1. 添加节点

1）点击组件栏里的“Trigger”按钮，选择“Conditional Trigger”，并将其拖入工作区内。

2）点击组件栏里的“Action”按钮，选择“Display Screen”按钮，并将其拖入工作区内。

3）点击组件栏里的“Trigger”按钮，选择添加一个或多个触发键，例如“keyboard”触发键。

4）点击组件栏里的“Action”按钮，选择添加“Camera Setup”节点、“PrepareSequence”节点和“Sequence”节点。

5）点击组件栏里的“Other”按钮，选择一个“Variable”，并将其拖入工作区内。

6）按照图 5-14，依次连接各个节点，并选择“Arrange Layout”按钮重新排列工作区内的各个节点。

2. 设置属性

1）设置“condition”属性：检查是否需要重新校准。将“Label”和“Message”的“Value”改为“CHECK_TO_RECALIBRATE”；设置“Evaluation1：Attribute”为“@RECORDING.SHOULD_WE_RECALIBRATE.value@”；“Comparator”选择“EQUALS”，“Value”等于“1”。这里表示如果这个变量的值等于 1，那么需要进行重新校准；否则正常进行下一个试次，不需要重新校准。

2）设置“Display Screen”：呈现校准提示信息。将“Label”和“Message”的“Value”改为“DISPLAY_CALIBRATE_MESSAGE”；勾选“Clear Input Queues”“Auto Update Screen”栏目；双击屏幕出现编辑窗口，插入指导语图片或输入文本格式的指导语，如图 5-15 所示。

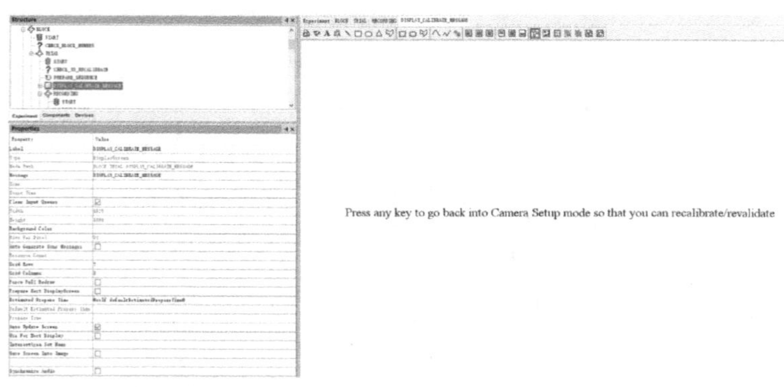

图 5-15 视觉-情境范式中校准提示信息设置

3）设置“Trigger”：按键开始重新校准。点击“Keyboard”，修改“Label”和“Message”的“Value”值为“KEYBOARD_CALIBRATE_Message”；设置“Keys”用于主试按键翻页，如“Any”；勾选“Press Events”栏目；保证“Clear Input Queues”为“No”。

4）设置“Camera Setup”。点击该节点，选择修改“Label”和“Message”的“Value”，如改为“RE_CALIBRATE”；勾选“Clear Input Queues”栏目；“Calibration Type”可选择 HV13 校准模式；“Pacing Interval”可设置为 1000ms，也可采取默认值；勾选“Randomize Order”“Repeat First Point”“Lock Eye After Calibration”“Select Eye After Validation”栏目。其他属性可根据所使用的显示器尺寸、分辨率和刺激呈现要求等有选择地进行设定。

5）设置“Prepare_Sequence”属性。选择性修改“Label”和“Message”的“Value”；勾选“Clear Input Queues”“Load Screen Queues”“Load Audio”栏目；将“Draw To EyeLink Host”设置为“IMAGE”；最后勾选“Reinitialize Triggers”“Reinitialize Actions”“Reinitialize Video resources”“Flush Logs”栏目。

6）设置“Variable”属性：刺激图片位置列表。将“Label”命名为“POSITIONS_LIST”。设置参数信息，如图 5-16 所示，列表中包括 5 个位置，即（0，0）、（480，270）、（480，810）、（1440，810）和（1440，270），对应的位置代码是“0”“1”“2”“3”“4”。因此，“DataSource”中图片位置的参数与这里的位置参数一一对应。

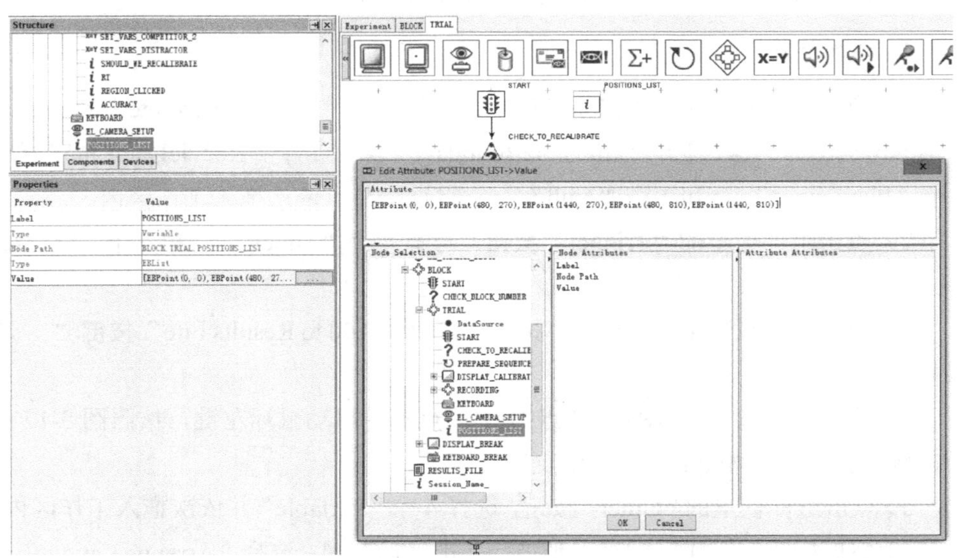

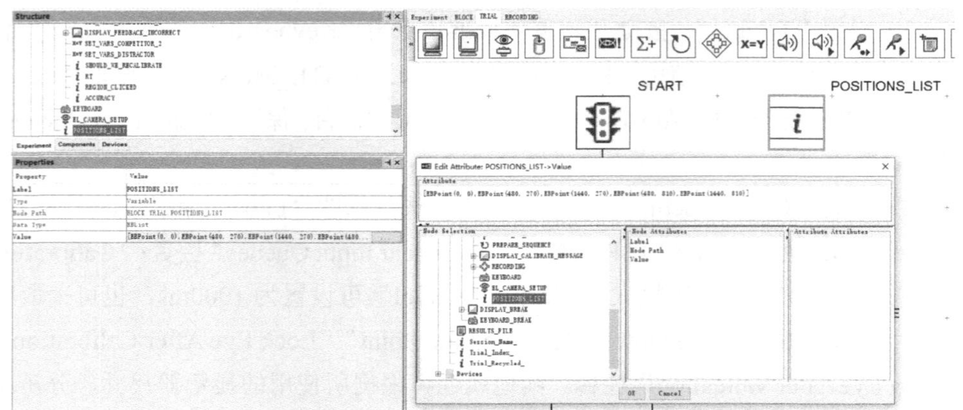

图 5-16　视觉-情境范式中刺激图片位置列表

7）设置“Sequence”节点：记录层。将“Label”的“Value”改为“RECORDING”；确保属性栏里的“Record”被选中；设置“Recording Pause Time”为“20”；根据需要选择性地增加“Eyelink Record Status Message”，通常呈现实验项目个数、实验条件以及句子判断正误的反馈；设置“Trial Results”为“0”；勾选“Is Real Time”“Freeze Display Until First Display”栏目。

8）点击工作区的“RECORDING”按钮，开始下一步的操作。

（四）创建记录层

视觉-情境范式中记录层的结构如图 5-17 所示。

1. 添加节点

1）点击组件栏里的“Action”按钮，选择 7 个“Update Attribute”、5 个“Display Screen”、1 个“InvisibleBoundary”、1 个“RecyleDataLine”、1 个“PlaySound”和 1 个“Null”，将这些节点依次拖入工作区内。

2）点击组件栏里的“Trigger”按钮，选择 4 个“Timer”和 4 个“Mouse”触发器。

3）点击组件栏里的“Action”按钮，选择“Add to Results File”按键，将其拖入工作区内。

4）将鼠标放在“START”节点上，点击并移动鼠标左键，按照图 5-17 所示的顺序依次建立相邻组件之间的连接。

5）点击组件栏里的“Other”按钮，选择 4 个“Variable”并依次拖入工作区内。

6）将鼠标放在工作区的空白地方，点击鼠标左键，选择“Arrange Layout”按钮重新排列工作区内的各个节点。

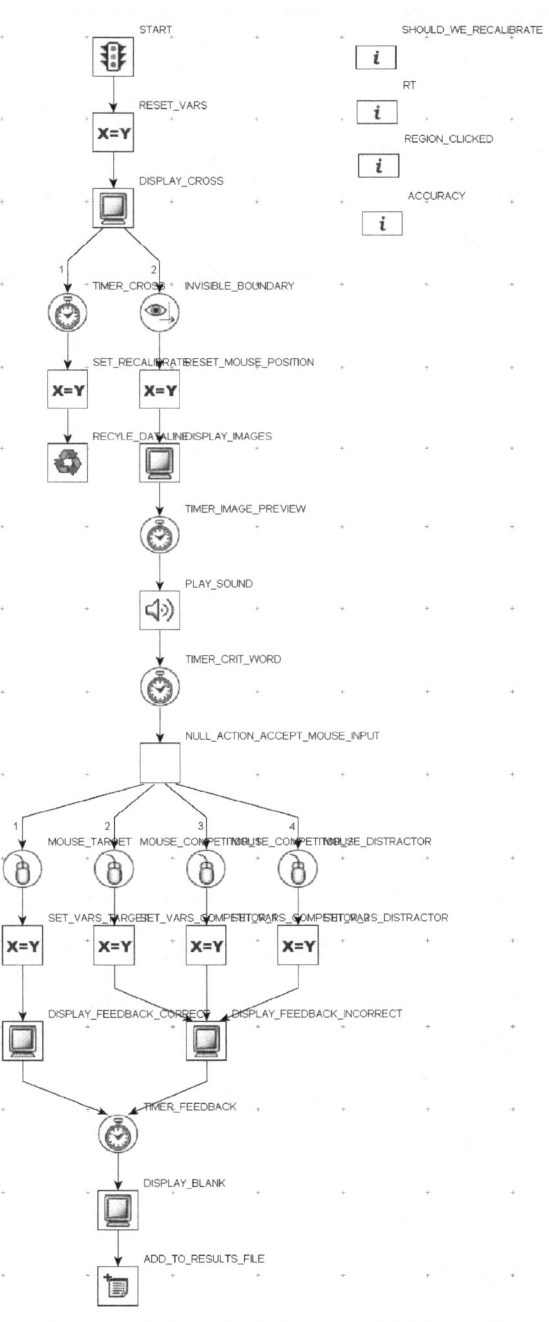

图 5-17　视觉-情境范式中记录层的结构示意图

2. 设置属性

1）设置 4 个“Variable”变量。根据实验目的设置所需要的变量名称。如图 5-17 所示，给新增 4 个变量依次命名：①“SHOULD_WE_RECALIBRATE”：记录是否重新校准；②“RT”：记录反应时；③“REGION_CLICKED”：记录反应的点击区域；④“ACCURACY”：记录判断的对错。

2）设置第一个“Update Attribute”属性：重置变量。“Label”和“Message”的“Value”改为“RESET_VARIABLES”。勾选“Clear Input Queues”栏目。双击“Attribute_Value List”，进入对话框，设定初始值，如图 5-18 所示。

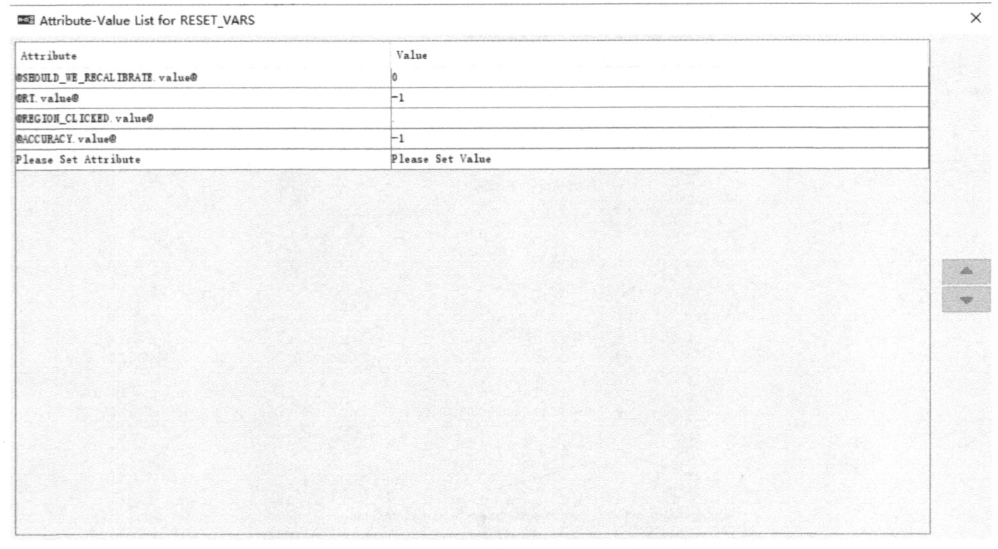

图 5-18　视觉-情境范式中重置变量的设置

3）设置第一个“Display Screen”属性：呈现“十”字注视点。可选择将“Label”和“Message”命名为“DISPLAY_CROSS”。勾选“Clear Input Queues”“Auto Update Screen”“Send Eyelink DV Message”栏目。双击“DISPLAY_CROSS”控件，在屏幕构建工具栏中点击“插入图片”图标，再点击工作区的任意位置，在弹出的图片选择对话框中选择需要的图片；点击所插入的“十”字，如图 5-19 所示，设置左侧属性栏中的“十”字属性。在屏幕构建工具栏中点击“Insert Elliptical Interest Area Region”，插入圆形兴趣区，并在左侧属性栏中设置兴趣区的名称（如“CROSS”）、位置、宽度和高度信息，如图 5-20 所示。

图 5-19　视觉-情境范式注视“十”字属性设定

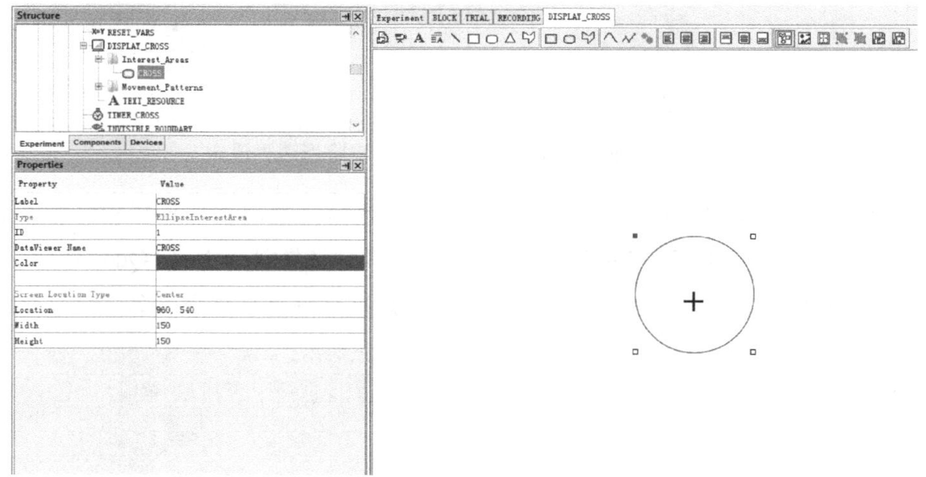

图 5-20　视觉-情境范式中注视“十”字兴趣区设定

4）设定“INVISIBLE_BOUNDARY”属性：注视“十”字的隐形边界，如图 5-21 所示。可选择性命名“Label”和“Message”；对于“Region Direction”，设定为 [1～45，45～90，90～135，135～180，-180～-135，-135～-90，-90～-45，-45～0]，表示一个 360 度范围；“Region Type”中选择“INTEREST AREA”；“Interest Area Screen”中选择“DISPLAY_CROSS”，表示隐形边界调用“十”字注视屏的兴趣区；“Interest Area Regions”中选择“CROSS”，表示隐形边界的区域为“十”字注视屏中名为“CROSS”的兴趣区。勾选“Within”栏，“Tracking Eye”

中选择“EITHER”，表示在上述兴趣区内部，左右方向都可进入。“Minimum Duration”用于设置进入不可见兴趣区的最短时间，如 500ms，表示眼睛进入“CROSS”兴趣区 500ms 以上将呈现刺激。

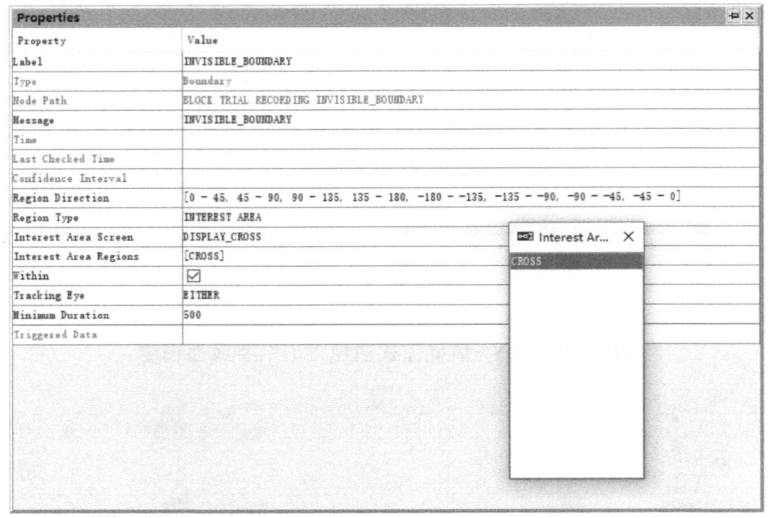

图 5-21　视觉-情境范式中“十”字隐形边界设定

5）设置第二个“Update Attribute”属性：重置鼠标位置。将“Label”和“Message”的“Value”改为“RESET_MOUSE_POSITION”；勾选“Clear Input Queues”栏目；双击“Attribute_Value List”，进入对话框，重置鼠标位置，如图 5-22 所示。

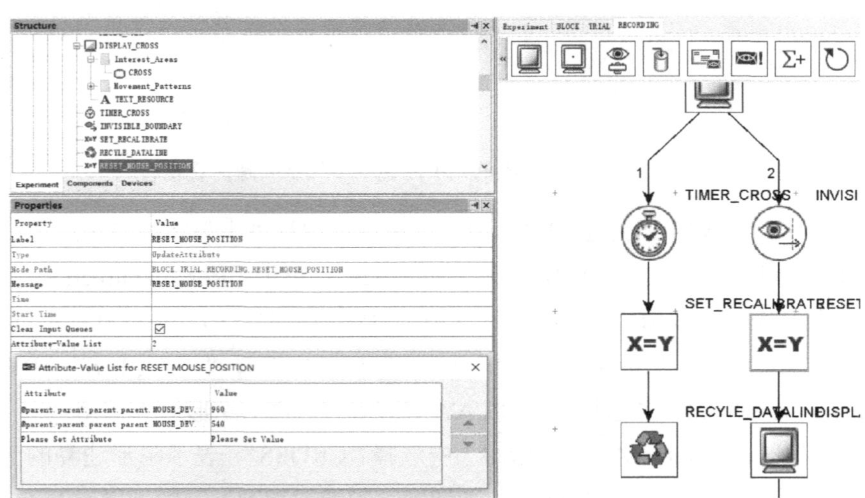

图 5-22　视觉-情境范式中重置鼠标位置的设定

6）设置第一个“Timer”：十字注视点计时器。将“Label”和“Message”的“Value”命名为“TIMER_CROSS”；设定计时器“Duration”（如 10 000）、“Duration type”（msecs）和“Start Time”（如 0），表示 10 000ms 之内未按照固定注视“十”字区域的兴趣区，程序将自动开始重新校准。

7）设置第三个“Update Attribute”属性：设置重新校准。将“Label”和“Message”的“Value”改为“SET_RECALIBRATE”；勾选“Clear Input Queues”栏目；双击“Attribute_Value List”，进入对话框，重置是否需要重新校准的值，如图 5-23 所示，如果没能按照规定注视“十”字，在所设定的时间后，“SHOULD_WE_RECALIBRATE”变量的值被赋值为 1，表示需要重新校准。

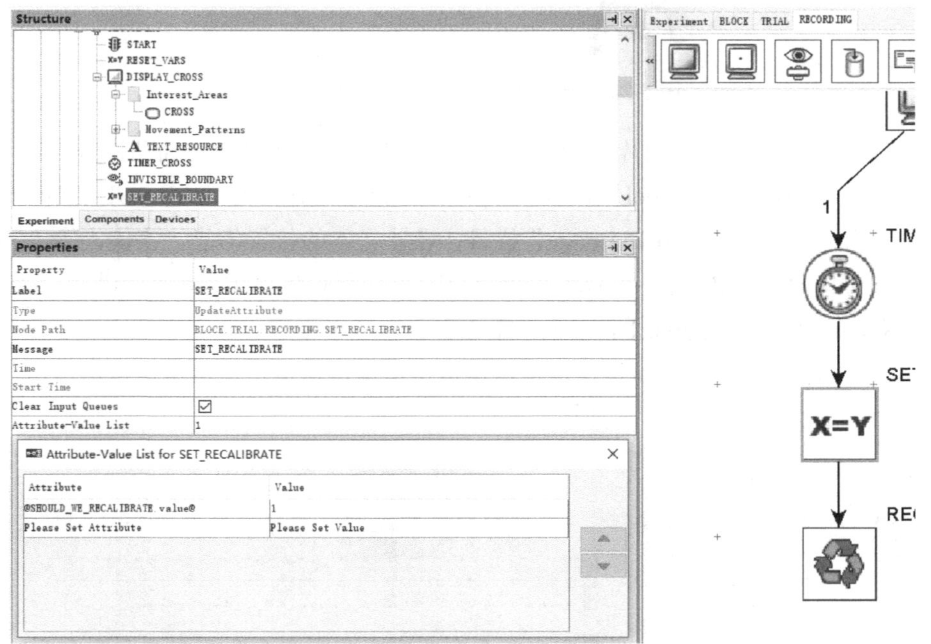

图 5-23　视觉-情境范式中“Update Attribute”属性设置

8）设置 RECYLE_DATALINE：重新执行当前试次。对“Label”和“Message”的“Value”进行选择性命名；勾选“Clear Input Queues”栏目；“Recycling Mode”选择“IMMEDIATE”，表示即刻返回重新执行当前试次。

9）设置第二个“Display Screen”属性：呈现实验刺激图片。将“Label”和“Message”的“Value”命名为“DISPLAY_IMAGES”，也可选择默认值；勾选“Clear Input Queues”“Auto Update Screen”“Send Eyelink DV Message”“Use For Host

Display”栏目；双击“DISPLAY_IMAGE”控件添加图片，如图 5-24 所示，如果每个试次呈现 4 张刺激图片，那么需要逐一添加图片、设置属性和添加相应兴趣区。

图 5-24 视觉-情境范式中实验刺激示意图

接下来以插入一张图片为例加以说明。首先插入图片 1——葡萄图片，其为实验的目标刺激，可将“Label”和“Message”的“Value”命名为“TARGET_IMAGE”；勾选“Visible”“Prebuild To Image”栏目；设置文本的位置信息、字体、颜色和文件来源等信息。这里可以从“DataSource”中调用目标图片的“Location”和“Source File Name”信息，分别见图 5-25 和图 5-26。

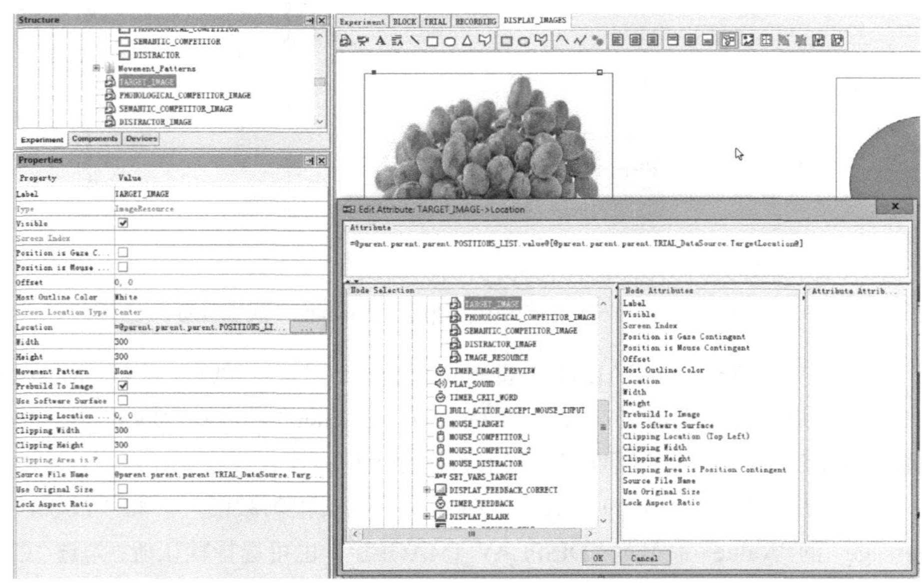

图 5-25 视觉-情境范式中目标图片位置信息调用

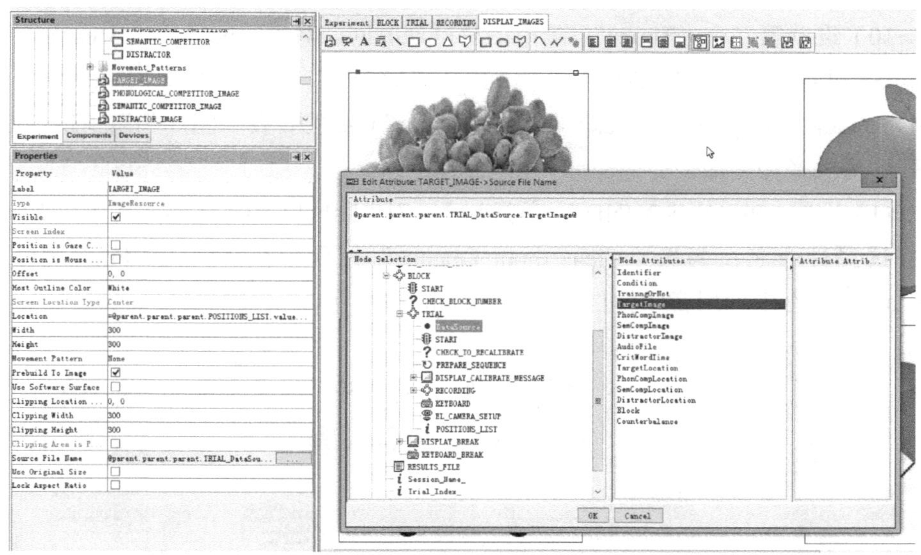

图 5-26 视觉-情境范式中目标图片文件名信息调用

最后插入图片的兴趣区并设置属性。如图 5-27 所示，对目标刺激插入一个矩形框兴趣区（插入方法同“十”字注视“CROSS”），可将“Label”和“DataViewer Name”命名为“TARGET”，“ID”等于“1”（按照插入顺序的默认值），兴趣区的“Location”（位置）、“Width”（宽度）和“Height”（高度）可调用 DataSource 中每张图片所对应的图片信息。

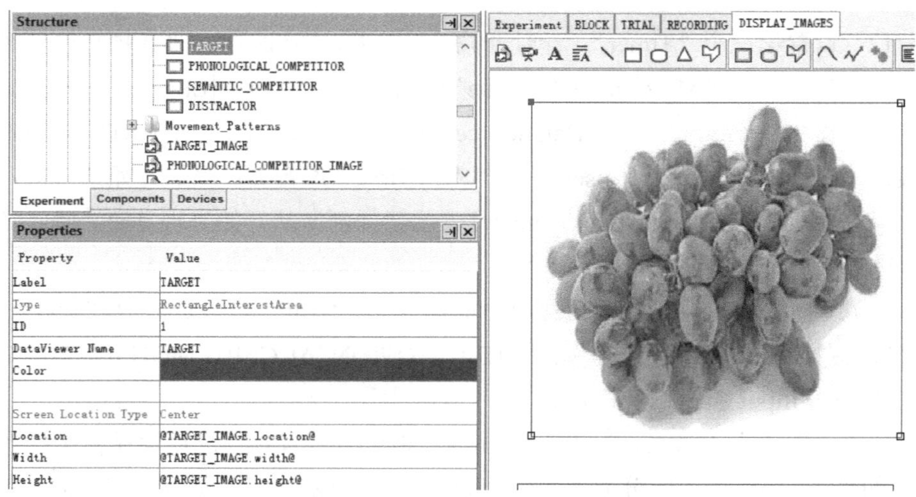

图 5-27 视觉-情境范式中目标兴趣区信息

10）设置第二个“Timer”：刺激图片呈现时间。对“Label”和“Message”的“Value”进行命名，如“TIMER_IMAGE_PREVIEW”；设定计时器“Duration”（如500）、“Duration Type”（msecs）和“Start Time”（如0），表示图片刺激呈现500ms后开始播放音频刺激。

11）设置“PLAY_SOUND”：音频刺激。对“Label”和“Message”的“Value”进行选择性命名；勾选“Clear Input Queues”栏目；在“Sound File”中，从“DataSource”中调用音频文件信息，如图5-28所示。

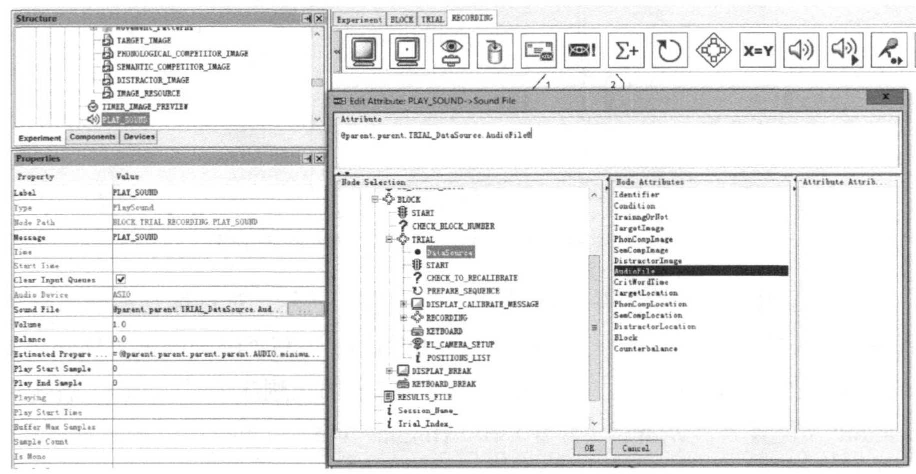

图5-28 视觉-情境范式中音频文件的调用

12）设置第三个“Timer”（计时器）：目标词音频计时器（即音频文件呈现时间）。对“Label”和“Message”的“Value”进行命名，如“TIMER_CRIT_WORD”；设定计时器“Duration”，从“DataSource”中调用变量“TIMER_CRIT_WORD”参数；“Duration Type”为“msecs”和“Start Time”声音文件播放开始的时间，例如，“@PLAY_SOUND.playStartTime@”表示音频刺激从开始呈现计时，播放时长为“DataSource”里设定的参数。

13）设置“Null”用于接受鼠标点击的输入。对“Null”的“Label”和“Message”的“Value”进行选择性命名，如“NULL_ACTION_ACCEPT_MOUSE_IMPUT”；勾选“Clear Input Queues”栏目。

14）设置4个“Mouse”（鼠标）属性：被试听到音频信息后用鼠标选择音频对应的图片。4个鼠标分别对应刺激中的4张图片，假如4张图片分别为“TARGET”“PHONOLOGICAL_COMPETITOR”“SEMANTIC_COMPETITOR”

“DISTRACTOR”。对应鼠标名称的“Label”和“Message”的“Value”可以命名为“MOUSE_TARGET”“MOUSE_COMPETITOR1”“MOUSE_COMPETITOR2”“MOUSE_DISTRACTOR”；4个鼠标对应的点击区域分别为4张图片之前插入的兴趣区，即“TARGET”“PHONOLOGICAL_COMPETITOR”“SEMANTIC_COMPETITOR”“DISTRACTOR”，因此可在“Interest Area Regions”中选择相应的兴趣区名称。其他属性设置相同，见图5-29。

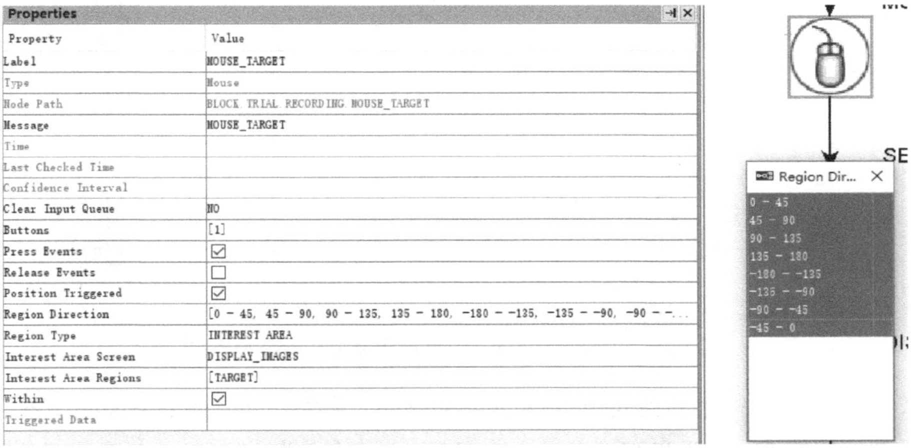

Property	Value
Label	MOUSE_TARGET
Type	Mouse
Node Path	BLOCK.TRIAL.RECORDING.MOUSE_TARGET
Message	MOUSE_TARGET
Time	
Last Checked Time	
Confidence Interval	
Clear Input Queue	NO
Buttons	[1]
Press Events	☑
Release Events	☐
Position Triggered	☑
Region Direction	[0 - 45, 45 - 90, 90 - 135, 135 - 180, -180 - -135, -135 - -90, -90 - -...
Region Type	INTEREST AREA
Interest Area Screen	DISPLAY_IMAGES
Interest Area Regions	[TARGET]
Within	☑
Triggered Data	

Region Dir...
0 - 45
45 - 90
90 - 135
135 - 180
-180 - -135
-135 - -90
-90 - -45
-45 - 0

图5-29　视觉-情境范式中鼠标反应参数设置

15）设置第三个“Update Attribute”属性：正确目标刺激反应的变量赋值。将“Label”和“Message”的“Value”命名为“SET_VARIABLES_TARGET”；勾选“Clear Input Queues”栏目；双击“Attribute_Value List”，进入对话框，设定目标刺激反应的变量值，如图5-30所示，如果被试使用鼠标正确点击目标区域，那么“REGION_CLICKED”变量的值则为“target”；“ACCURACY”变量的值等于“1”（表示正确）；“RT”变量的值等于目标区域鼠标的点击时间减去图片刺激开始呈现的时间，“int()”表示结果取整数。

16）采用同样的逻辑设置第四至六个“Update Attribute”属性：错误目标刺激反应时的变量赋值。将“Label”和“Message”的“Value”分别命名为“SET_VARIABLES_COMPETITOR1”“SET_VARIABLES_COMPETITOR2”“SET_VARIABLES_DISTRACTOR”；勾选“Clear Input Queues”栏目；双击“Attribute_Value List”，进入对话框，设定错误目标刺激反应时的变量值。如果被试使用鼠标点击错误图片区域，那么“REGION_CLICKED”变量的值则对应为“competitor1/competitor2/ distractor”；“ACCURACY”变量的值等于0（表示错误）；

“RT”变量的值等于对应图片区域鼠标的点击时间减去图片刺激开始呈现的时间，“int()”表示结果取整数。

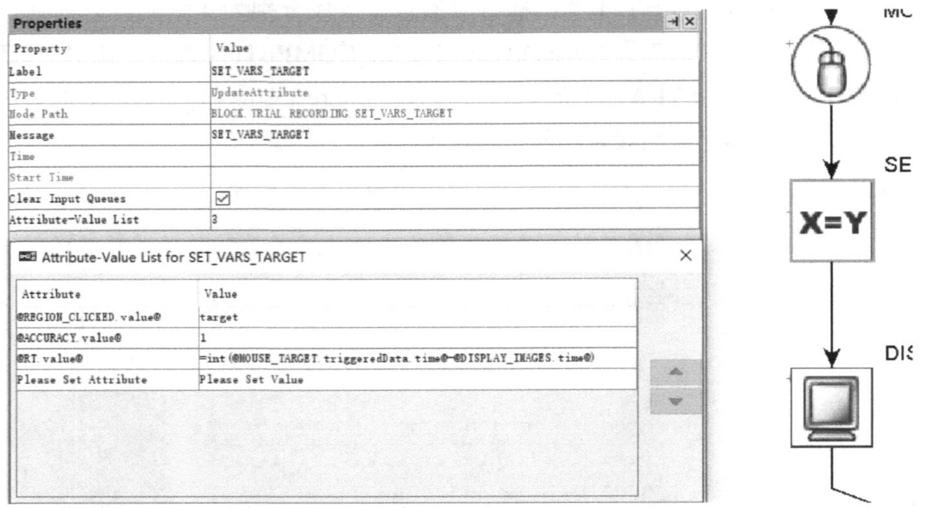

图 5-30　视觉-情境范式中目标刺激反应变量值设置

17）设置第三个和第四个“Display Screen”属性：反馈结果呈现屏设置。将两个显示屏的“Label”和“Message”的“Value”均命名为“DISPLAY_FEEDBACK_CORRECT”；勾选“Clear Input Queues”“Auto Update Screen”“Send Eyelink DV Message”栏目；双击“DISPLAY_IMAGE”添加反馈内容，如图 5-31 所示，具体方法同指导语设置。

18）设置第三个“Timer”：反馈屏幕呈现时间。将“Label”和“Message”的“Value”命名为“TIMER_FEEDBACK”；根据实验任务需要设定计时器的“Duration”（如 1000）、“Duration Type”（如 msecs）和“Start Time”（如 0）。

19）设置空白屏属性。将“Label”和“Message”的“Value”命名为“DISPLAY_BLANK”；勾选“Clear Input Queues”“Auto Update Screen”“Send Eyelink DV Messages”栏目。

20）设置“Add to Results File”属性。勾选“Clear Input Queues”栏目；双击“Results File”，选择“RESULTS_FILE”变量。

二、视觉-情境范式材料制作

视觉-情境范式的材料分为视觉材料和听觉材料。

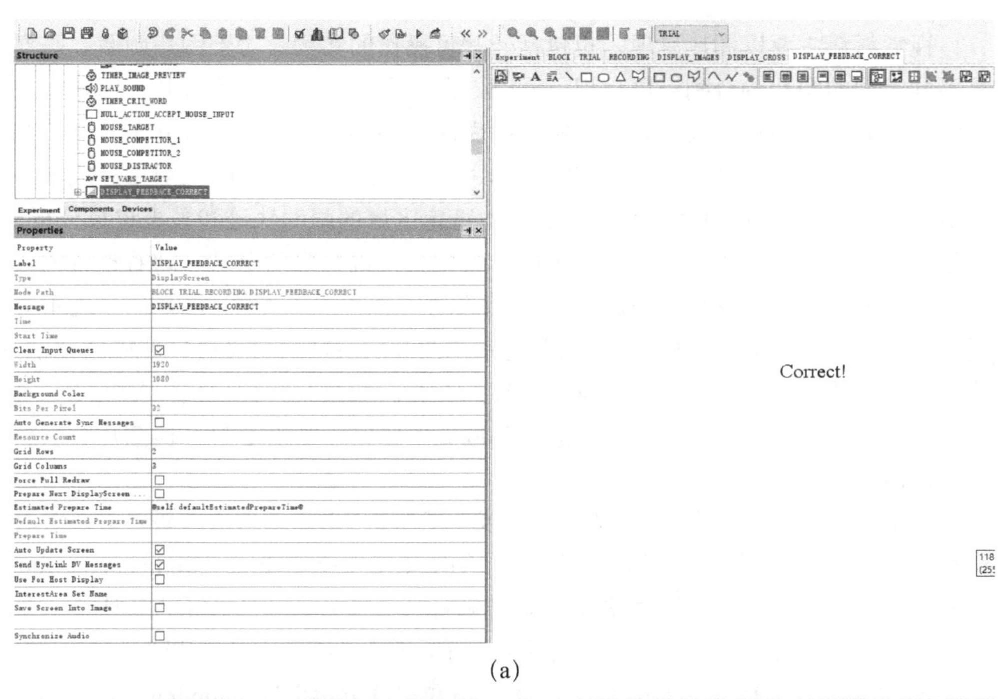

(a)

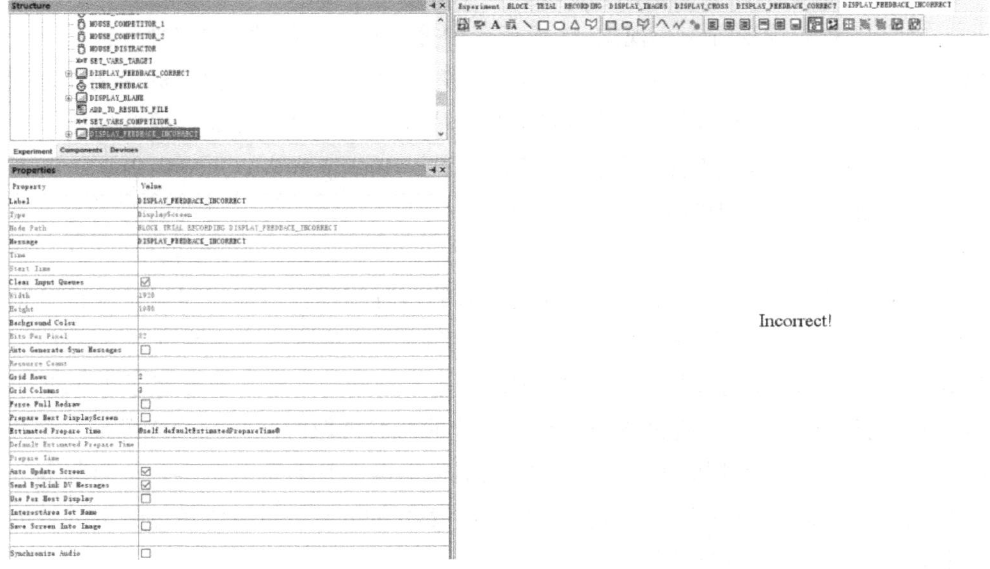

(b)

图 5-31　视觉-情境范式中正确（a）和错误反馈（b）呈现屏设置

视觉材料主要以图片呈现，也包括一些可操作的实物。对于图片刺激，需要将不同类型的图片融合到一屏呈现。同时，同一屏呈现的图片应该具有明显的边界区分，并保证图片的大小相同。常见的做法是将屏幕分成4个或9个方格，并保留方格边界。边角的方格用于放置图片，中间方格可以为空白（在屏幕分成9个方格的情况下）。这样设计可以方便后期对特定区域的眼动轨迹和数据进行分析。在早期实验中，中间的方格通常用于放置摄像头，进行眼动记录。随着设备的改进，如今使用 Eyelink 2000 或 Tobii 型号的眼动仪器进行记录时，图片的呈现不会受影响。在使用图片表征语义时，需要对每幅图片所表征的意义进行严格的评定，确保每幅图片有且只有一个可以确切表征的含义。如果某些被试认为某张图片可以表达多个意义，或者图片与意义之间的联系不紧密，就需要替换该图片并重新进行评定。

听觉语言材料通常以单个词汇、短语或句子形式呈现。研究者在设计好语言材料后，可以使用录音软件进行录音。常用的录音软件是 Praat（http://www.fon.hum.uva.nl/praat/），它的功能非常强大，能够标记关键目标词的起始点等所需信息（Boersma & Weenink，2009）。除非有特殊要求，音频的参数通常选择为“单声道”（mono）、“44kHz 采样率”（sampling rate）、“16 位采样分辨率”（sampling resolution）。

视觉刺激的预视时长在视觉-情境范式中扮演着重要的角色。这种范式通常是将视觉情境与听觉刺激中的目标词或短语同时呈现，或者在听觉目标词之前呈现视觉情境，给被试一个短暂的时间来预览图片或文字项目。然而，研究发现，视觉材料的预视时长会影响口语语言加工的进程。Huettig 和 McQueen（2007）的研究发现，在较长的预视时间下，词汇的语音、语义和词形等信息都能够引导被试的注意力转移到相应的视觉对象上。然而，在较短的预视时间（如 200ms）下，语音竞争效应会消失。研究者认为，视觉刺激的短时间预视可能不足以产生语音信息。关于汉语听觉词汇理解的研究也发现了类似的视觉刺激预视效应（Shen et al.，2016）。这两项研究均选择了短暂的预视时间（200ms），这主要参考了 Levelt 等（1991）的研究结果，该研究指出，单个图片的命名提取时间大约为 385ms。这意味着 200ms 的视觉预视时间不足以为被试提供提取图片名称的机会，从而削弱或阻止语音竞争效应的发生。因此，研究者在设计实验时需要根据具体的实验目的或假设，合理设定视觉材料的预视时长。

三、数据分析与注意事项

在实验数据处理过程中，由于实验内容和操作的不同，处理方法可能存在差异。通常的处理程序是，首先排除那些未正确完成任务或在眼动记录中未能捕捉到的实验项目，这些项目将不会被包括在后续的分析中。在视觉-情境范式实验中，研究者通常将呈现的图片分为目标图、相关图和控制图，然后在每个条件的边界内分析被试对相应图片的注视。一些研究规定，特定区域的注视点范围从眼跳开始进入该区域到眼跳结束离开该区域。这意味着在这一区域之间发生的眼跳，其前后的注视点都会被视为相应区域注视点的一部分。

（一）数据的图示描绘

数据处理通常采用图形化的方法。首先，根据实验目的设定要分析眼动数据的总体时长；其次，根据总体时长设置平均刻度；最后，计算在每个刻度下不同图片区域内注视点的百分比，从而绘制成不同图片的曲线图。例如，如图 5-32 所示，Yee 和 Sedivy（2006）的实验中考察了在目标词说出后的 1000ms 内不同图片的注视点比例。该图将每 32ms 作为一个最小刻度，逐个计算每个刻度点上的目标图、语义相关图以及控制图区域上的注视点比例。同时，也可以对总体的注视点比例进行差异检验，以确定两组数据之间是否存在显著差异。在该研究中，与控制图相比，语义相关图的注视点比例在被试和项目分析中均显示出显著差异。具体的实验设计将在本章第三节的经典实验中进行详细介绍。

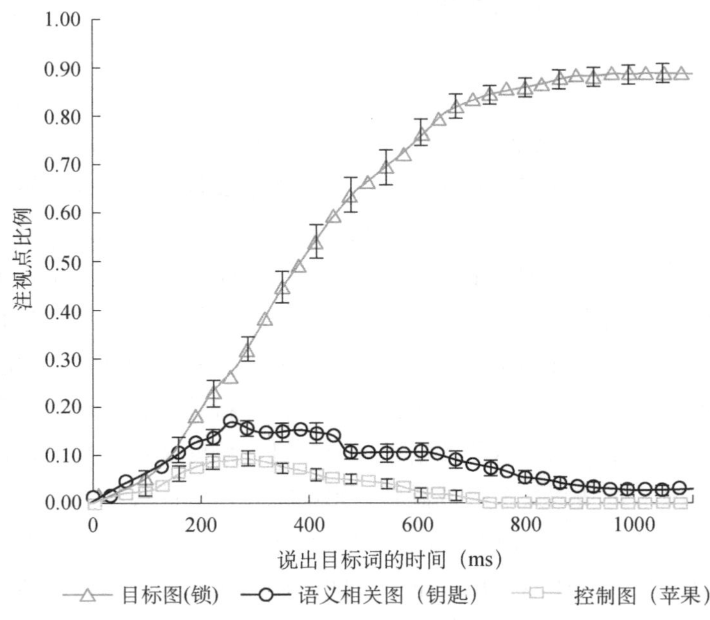

图 5-32 实验数据处理范例（Yee & Sedivy，2006）

在进行数据描绘时，研究者通常选择注视数据来反映眼睛运动的动态变化。然而，这些图示的计算方法并不相同。第一种方法是在连续时间间隔点上绘制眼睛注视某个区域的百分比。第二种方法是绘制每个特定兴趣区内的注视点（在所有感兴趣的区域内）占所有注视点的百分比。第二种计算通常会得到不同的数值，但它更准确地反映了输入到基于对数似然或优势比的统计分析中的数据。近期，一些研究人员开始直接绘制优势比（或对数优势比），通过图形反映实验操作所产生的动态变化的效应大小。

在计算注视数据时，一个重要的问题是注视开始是从何时算起的：是眼睛落在兴趣区的时间，还是注视兴趣区之前眼跳的开始时间？许多研究者采用后者，即将跳入眼跳的开始时间作为当前注视的开始。这种方法的优点是消除了前一个注视在场景中由位置引起的眼跳时间变化的干扰，因为起跳时间能够更准确地估计内在注意何时转移到新的注视位置，从而反映出认知状态变化的最早阶段的生理眼动反应。

此外还有一种方法是通过分析眼跳来描绘视觉情境范式中注视模式的动态变化，通常计算在某个兴趣区内至少有一次眼跳试次的个数。虽然基于注视和眼跳的两个因变量指标反映了动眼神经的相互关联成分，但它们可以分离（Altmann & Kamide，2004）。还有一些不常使用的指标，如注视持续时间，而注视持续时间又分为首次注视时间、凝视时间和总注视时间。

（二）兴趣区定义

在视觉-情境范式的数据分析中，研究者通常从时间和空间两个维度来考虑感兴趣的区域。时间维度指的是时间间隔，而空间维度指的是空间区域。兴趣区的设定同样非常关键。在这里，“间隔”一词指的是时间上的区域。选择适当的兴趣区间在很大程度上依赖于研究者的假设。在单词识别的研究（Allopenna et al.，1998）中，研究者倾向于关注与单词及其后的一些（偶尔是任意的）时间段相对应的时间间隔（Magnuson et al.，2007）。在这种情况下，研究者的关注点通常是，在某个区域内，相对于单词的特定部分（如词首、特殊点、词尾等）眼睛何时会更多地注视某个区域。在对这些数据进行分析时，研究者通常假设，认知系统做出“决定”将眼睛移动到某个区域需要一定的时间，因此会在时间兴趣间隔的开始和/或结束处加上一段时间来考虑这种决策过程。句子加工的研究通常在选择时间间隔方面更为复杂。在这一情况下，时间兴趣间隔的选择通常由理论预测部分决定，即根据实验的目的来定，句子的特定部分可能与之相关，因此会选择与这些部分相对应的时间间隔。

在空间兴趣区域的定义问题上，视觉-情境范式研究面临着与常规眼动研究相似的挑战。通常需要注意的是：不同物体的大小或视觉显著性不同（如颜色、对比度、纹理、空间频率等），因此对一个物体的眼动与对另一个物体的眼动之间差异的比较会受到这些因素的影响。在视觉-情境范式中，可以通过确保在语言被操纵时，视觉场景刺激保持一致来消除这种混淆。研究者所绘制的数据图是基于相同实验条件下所有刺激图片的数据汇总得来的。例如，当参与者实际上都听到了"男人会吃蛋糕"和"女人会看报纸"时，目标条件下的注视是指在"男人会吃蛋糕"中对"蛋糕"所在位置的注视和在"女人会看报纸"中对"报纸"所在位置的注视的汇总。同样，"蛋糕"和"报纸"也会在其他实验条件中出现并被汇总，这样能够平衡视觉刺激物体本身的差异所带来的额外变量。

关于空间兴趣区的定义应该有多精确并不是非常重要，因为大多数注视点都会落在该对象的外部边界定义的区域内。将兴趣区定义得比对象的边界精确一些会改变被试在对象上注视的绝对数量，但实际上不会改变不同条件下的整体注视模式。因此，一些研究人员选择了"像素分析"（即区域的边界是物体的边界），在这种分析中，物体边缘以外的一些注视仍然被包括在内。有研究（Allopenna et al.，1998）在网格上绘制对象，并且将在网格的相应单元格内的任何位置的注视都视为该对象的注视。也有研究（Huettig & Altmann，2005）描述了虚拟网格上的对象（如每个象限中的一个对象），但结果仍然基于像素分析。这些不同的定义方式实质上不会导致研究结果出现显著差异。

（三）统计问题

与任何因变量指标一样，如何根据实验操作来分析变量的差异非常重要。在视觉-情境范式的数据分析中，研究者使用多种方法来考察注视或眼跳的差异，包括传统的方差分析或 t 检验。这些方法的一个问题是数据分布通常为偏态，可能违反进行此类统计分析时所必须满足的假设。因此，使用对数弧正弦（arcsin）变换后的比例进行方差分析或 t 检验更为适宜。最近，研究人员开始对原始数据进行分层对数线性分析（基于卡方分布，在许多方面类似于卡方检验，但允许测试主效应和交互作用）。方差分析和卡方检验之间的一个重要区别是它们假设数据的底层分布不同——实际上，它们是不同类别的统计"模型"。通常情况下，方差分析更多地用于分析反应时，而卡方检验用于分析频率或计数数据。

最近，研究人员开始使用混合效应模型。这一方法在某些方面与对数线性分析相似，但通常在需要评估多个预测因子时（例如，当它们不能被纳入标准因子设计时）使用。混合效应模型的优势在于允许将被试和项目同时视为随机效应并进行处理（Baayen et al.，2008）。需要注意的是，对于时程（time-course）类型数据的分析需要完全不同的统计模型，因为这类数据通常包括何时做出反应和反应概率等多种类型的信息。因此，具体采用哪种统计方法需要考虑多种因素，包括因变量的特点、实验设计以及理论假设，没有一个模型适用于所有数据。

1. 视觉-情境范式的数据特点

视觉-情境范式的听觉刺激类型包括单个单词、声音或包含目标词的句子，而视觉刺激类型则包括图片、文字（字母语言、非字母语言）、物体等。一般情况下，数据类型为注视、眼跳和眼跳潜伏期。

不同于其他眼动范式，视觉-情境范式的注视数据属于二进制（被试是否查看对象），因此不符合高斯假设和参数检验假设。此外，这种类型的数据具有独立性，即被试在某一时刻注视一个对象，不可能同时注视两个对象。该范式对跨时间的注视变化非常敏感，因此研究者在分析注视数据时需要考虑连续数据点存在时间依赖性的问题。

注视数据通常会被转换为注视比例，计算方法为计算注视落在兴趣区的比例，或计算时间窗内注视兴趣区所花费的时间比例。例如，如果在 1000ms 兴趣期间内，对象 A 被注视 600ms，对象 B 被注视 200ms，那么对象 A 的注视比例为 0.6，对象 B 的注视比例为 0.2。

2. 传统分析方法

在传统的统计分析方法中，研究者通常使用方差分析和 t 检验。然而，使用这些方法需要对数据进行转换，而且视觉-情境范式的数据通常为分类数据（0，1），违背了无界范围假设和误差是正态分布且与均值无关的假设，可能导致注视效应的估计不准确。

近年来，许多研究者转向使用线性混合效应模型（linear mixed-effects model，LME）进行数据分析。LME 的优势在于可以同时包括随机截距和随机斜率，允许差异在不同条件或不同组之间变化。然而，视觉-情境范式的数据具有自相关性，即相邻时间点的数据往往是相关的，即使在较大的时间区间内也无法完全消除自相关性（Stone et al.，2021）。

3. 时程分析方法

为了解决这些问题，研究者开始探究能够分析效应时程的方法，如生长曲线分析（growth-curve analysis，GCA）、基于聚类的排列分析（cluster-based permutation analysis，CPA）、自举时间序列差异（Bootstrapped differences of time series，BDOTS）、广义加性混合模型（generalised additive mixed modelling，GAMM）和散点分析（divergence point analysis，DPA）。需要注意的是，在选择这些分析方法时，应该基于具体的研究问题、实验设计、实验假设以及因变量的性质。下面将对这些时程分析方法进行简要介绍。

生长曲线分析是一种非常适用于分析眼动中动态变化效应的方法。举例来说，如果我们想要测试一个物体的注视比例是否比另一个物体提高得更快，或者一个物体的注视比例是否更早达到峰值（即先提高后降低），那么可以选择使用生长曲线分析。然而，在整个兴趣期间内，如果注视比例几乎保持不变，那么使用生长曲线分析可能就不太适合，因为此时时间项（线性、二次等）所能解释的注视变化非常有限，这些项可能会变得多余。

基于聚类的排列分析是一种非参数测试方法，可以揭示在预定的兴趣期间内操作变量的影响是否显著（Maris & Oostenveld，2007）。该方法的优势如下：第一，它可以在控制眼动数据自相关性的同时，检测到变量的影响；第二，它能够在保持统计检验力的同时，控制跨多个时间区间的多次比较；第三，由于它是非参数检验，数据不需要满足参数检验的假设。然而，基于聚类的置换分析并不能明确地显示操作效应的开始、抵消或者持续的时间，因此可能需要其他方法的辅助，如下面要介绍的自举时间序列差异。

自举时间序列差异能够检测出显著的时间区间。因此，如果研究问题涉及一个效应何时开始或持续多长时间，该方法就显得非常有用。但是需要注意的是，它可能是一个指定的函数，因此可能无法捕捉到某些被试的曲线，而对其他被试的曲线可能拟合得很好。此外，采用这种方法估计得到的时间进程不能在不同条件或不同组之间进行比较。

广义加性混合模型也是一种回归模型，其优点在于可以对非线性时程数据进行建模，并估计感兴趣的影响何时发生（Porretta et al.，2018；Wieling，2018；Wood，2011）。然而，使用该方法时需要注意适用性问题。首先，它不能进行条件或组之间效应开始或持续时间的统计比较，即不能测试一种条件下的效应是否比另一种条件下的效应开始得早得多。其次，如果使用二项式编码的数据作为因变量，该方法不能解释自相关误差，因为二项式分布（不像高斯分布）不能用于自相关误差分析。

最后一种方法是散点分析，它属于非参数测试，可以估计两条注视比例曲线何时开始彼此偏离（Stone et al.，2020）。换句话说，它能够估计一个效应的开始和一个置信区间，因此可以对条件或组之间的起始点（发散点）的差异进行统计检验，克服了自举时间序列差异、广义加性混合模型的一些缺点，而且这种分析方法也不需要满足参数检验的假设。但是需要注意的是，散点分析虽然能够测试一个效应何时开始发生，但无法确定这个影响持续了多长时间，也不能测试多个发散点（它只能检测第一个发散点）。

当然，选择以上任何一种分析方法时，都需要根据研究问题、实验设计和因变量的性质等进行权衡。没有一种模型适用于所有数据，因此在具体分析时需要根据情况进行选择和应用。

第三节　视觉-情境范式经典实验赏析

本章将赏析两篇应用视觉-情境范式的实验研究。第一篇是由 Yee 和 Sedivy 于 2006 年发表在 *Journal of Experimental Psychology*（《实验心理学杂志》）期刊上的文章“Eye movements to pictures reveal transient semantic activation during spoken word recognition”（《口语词汇识别中瞬时语义激活的眼动研究》）。这项研究通过巧妙设计，探讨了拼音文字口语词汇识别过程中的语义激活问题，对前人口语识别模型进行了论证和拓展。第二篇是由 Corps 等于 2022 年发表在 *Journal of Memory and Language*（《记忆和语言杂志》）上的文章“Prediction involves two stages：Evidence from visual-world eye-tracking”（《预测加工的两阶段：来自视觉情境范式的证据》）。该研究使用 3 个基于视觉-情境范式的眼动实验，探究了口语理解过程中的预测加工机制，证实了非语言信息（如性别刻板印象）在语言加工中的作用。

文章一　口语词汇识别中瞬时语义激活的眼动研究

一、问题提出

在口语词汇识别中，人们需要从心理词典的众多候选词中准确选择与所听语音相匹配的词形和意义，这是一个非常复杂的过程。大多数口语词汇识别模型关注人们如何在这些潜在候选词中选择适合的词形，并且普遍认为，具有相同语音开头的单词会被部分激活，同时在词形被激活时，语义也会被自动激活（Connine et al.，1997）。然而，研究者对此提出异议，认为如果与所听语音相关的其他词被激活，即相应的词形和意义也都会一起激活，这就意味着在最终确定所需词之前，人们会激活多个非预期候选词的意义，可能会给听者带来一定困扰。然而，人们通常并没有意识到这种困扰的存在，这似乎表明非预期候选词的语义可能并没有被激活。也有证据表明，当人们听到某个单词时，他们确实会暂时激活与之首音重叠的单词的语义信息，例如，在听到“lock”时会激活“logs”的语义。

这种矛盾可能与先前研究中使用的跨模态语义启动范式的局限有关。在先前研究中，书面目标词会在声音启动词不再有歧义之前呈现，例如，在听到“lock”或“logs”这样的听觉启动词后，视觉目标词“key”或“wood”会出现在与听觉刺激首音（/la/）相关的位置。研究发现，被试在相关条件下判断视觉目标与听觉启动词的速度比无关条件下的更快。这表明，在识别口语词汇时，人们确实同时激活了多个潜在候选词的词形和意义（Warren & Marslen-Wilson，1987；Moss et al.，1997；Zwitserlood，1989）。然而，人们通常并没有意识到非预期候选词的意义被激活，对此，研究者提出了三种可能的解释：其一，可能是跨模态语义启动范式本身不够自然，导致研究结果无法被推广到更加自然的情境中；其二，跨模态语义启动范式提供的测量非常间接，只是呈现听觉启动词对视觉目标词反应的促进程度，无法直接反映听觉启动词本身的激活；其三，由于该方法仅提供一个具体时间点的信息，需要进行多个采用不同刺激间隔的实验才能评估单词激活的时程变化。

鉴于以上问题，研究者认为采用视觉-情境范式可以有效解决这些问题。与启动范式相比，视觉-情境范式的优势在于可以在不干扰口语输入或要求被试完成任务的情况下，测量到最自然、实时的眼动过程。已有研究采用视觉-情境范式发现，在这种情境下，被试的眼动会更多地注视与目标词首音相关的竞争词。相关研究表明，在这种激活任务中，被试的注视与听觉词汇激活紧密相连。相关研究还表明，在听到目标单词后的300～400ms，与之语义相关的单词会被部分激活。当然，视觉-情境范式也可能存在局限性。例如，在预览情境图片时，与之相关的图片名称可能会被激活，研究者认为观察到的口语词汇语义激活可能与口语刺激本身无关，而是受到图片意义的影响。另一个问题是，视觉情境中的参照刺激物可能会限制口语单词的视觉表征，特别是在语言刺激与视觉呈现中的对象明确相关的任务中。

因此，本研究采用了2个视觉-情境范式的实验，探究口语单词识别过程中语义信息的激活。实验1考察当目标名称与语义相关对象之间没有语音重叠时，视觉注意是否会被吸引到语义相关对象上（例如，目标为“lock”，语义相关对象为“key”）。此实验旨在通过观察视觉-情境中语义相关图片上的注视，来探究听觉词汇语义激活的时间进程。研究者进一步提出两个思考：①口语词汇的语义加工是否会限制在视觉-情境所提供的有限参照物中；②对语义相关对象的注视是否还受视觉情境中两个相关对象存在的影响。为了探究上述可能性的存在，研究者在实验2中探究视觉注意是否会被吸引到一个与口语单词首音竞争者语义相关对象上（例如，目标为“logs”，首音竞争者语义相关对象为“key”），即便这个首音竞争者“lock”本身并未呈现。

二、实验方法

实验1以图片类型为自变量，以注视比例为因变量，分别呈现目标词图片（ ）、语义相关图片（ ）和2张无关控制图片（ 、 ），听觉刺激为“lock”[图1（a）]。共选择了24对语义相关图片，并对目标图片和语义相关图片之间的视觉相似性（不相似）、视觉刺激名称的音节数目，以及图片-名称的匹配程度进行了控制。对实验材料进行平衡控制，保证每个被试只接受同一个视觉刺激的一种实验条件（语义相关条件和无关控制条件各12个试次），此外还包含48个刺激物彼此无关的填充试次。实验中的听觉刺激为目标词的录音，平均每个单词的阅读时间为510ms。实验2的实验操作与实验1基本相同[图1（b）]，差别在于听觉目标刺激换为“logs”，而这里的语义相关图片依然是“key”，但已经变为与目标语音竞争者（logs）的语义相关图片。实验1与实验2的关键假设是：如果口语单词及其语音竞争者相关的语义信息被激活，那么与2张无关控制图片相比，被试会对语义相关图片（实验1中的“key”）或是对目标语音竞争者的语义相关图片（实验2中的“key”）的注视比例更高。

（a）实验1视觉刺激

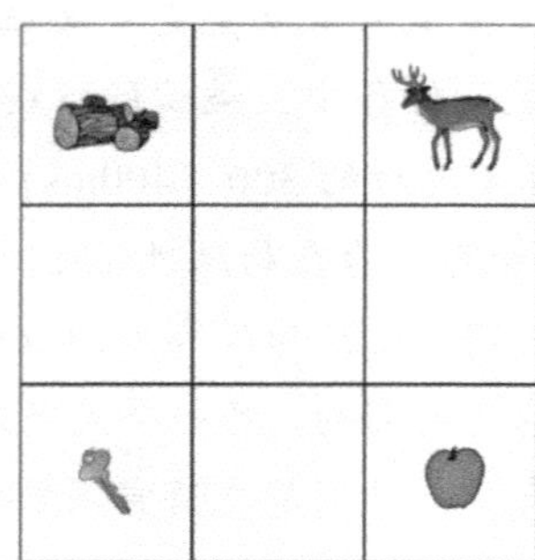
（b）实验2视觉刺激

图1 视觉刺激呈现示例

三、结果与讨论

以视觉情境刺激中每一个刺激物所在的象限为兴趣区，落在某兴趣区内任何位置的注视都被算作该区域的注视点。因变量指标为注视比例，指某一视觉刺激的注视点与视觉情境总注视点的比值。以实验 1 为例，该实验数据显示了在语义相关条件下被试对目标词图片、语义相关图片和无关控制图片（从目标开始到开始后 1000ms）的平均注视比例。出于分析数据的目的，研究者将实验开始定义为在目标开始后 200ms 开始（因为当特定目标未知时，至少需要大约 180ms 才能启动对目标的扫视以响应语言输入）时间，但当目标的可能位置已知时，在注视目标的概率渐近点处结束。实验结束发生在目标开始后约 900ms。为了获得有关参与者在语义相关条件下注视时间过程的信息，研究者将整个实验分为 7 个窗口（目标开始后 200～900ms，每个窗口为 100ms），并对每个窗口进行单独比较。

实验 1 结果［图 2（a）］与预期相符，显示语义相关图片（key）比无关控制图片吸引了被试更多的注视，且这些注视不能归因于被试简单地将声音输入与语音形式相匹配，这表明眼球运动确实反映了语义信息的激活。在目标开始后 200～300ms 的窗口内，被试对语义相关图片的注视开始增加，并且在实验结束前对语义相关图片的注视比例仍然显著高于无关控制图片。实验 2 的结果［图 2（b）］显示，在目标开始后 200～300ms 的窗口内，被试对目标词图片的注视比对无关图片的注视更多，且直到实验结束，被试对目标词图片的注视比例仍然高于无关控制图片。更重要的是，研究者发现在目标开始 300ms 之前，被试对目标语音竞争者的语义相关图片的注视与对无关控制图片的注视之间没有显著差异，但目标开始后的 300～400ms 和 400～500ms 的窗口中，被试对目标语音竞争者的语义相关图片的注视明显多于对无关控制图片的注视。

总之，实验 1 发现，随着口语单词名称（如“lock”）的呈现，眼睛注视被吸引到视觉情境中目标对象和与其语义相关对象上（如“key”）。实验 2 发现，与口语单词的首音竞争者的语义相关对象也会被激活并引起视觉注意（例如，当口语单词是“logs”时，被试会因为“lock”的部分激活而注视“key”），尽管这个首音竞争者（“lock”）本身并没有在视觉情境中呈现。这表明眼动所反映的不仅仅是声音输入与视觉呈现中潜在指示物的语音形式之间的匹配程度，还反映了口语词汇及其可能候选者的语义信息的激活。也就是说，人们在听到/la/时，不仅会激活语音竞争者“lock”“log”等，还会部分激活这些单词的语义相关词，如“key”和“wood”。本研究进一步表明，与听觉目标词具有各种语义关系的对象都可以引起视觉注意。

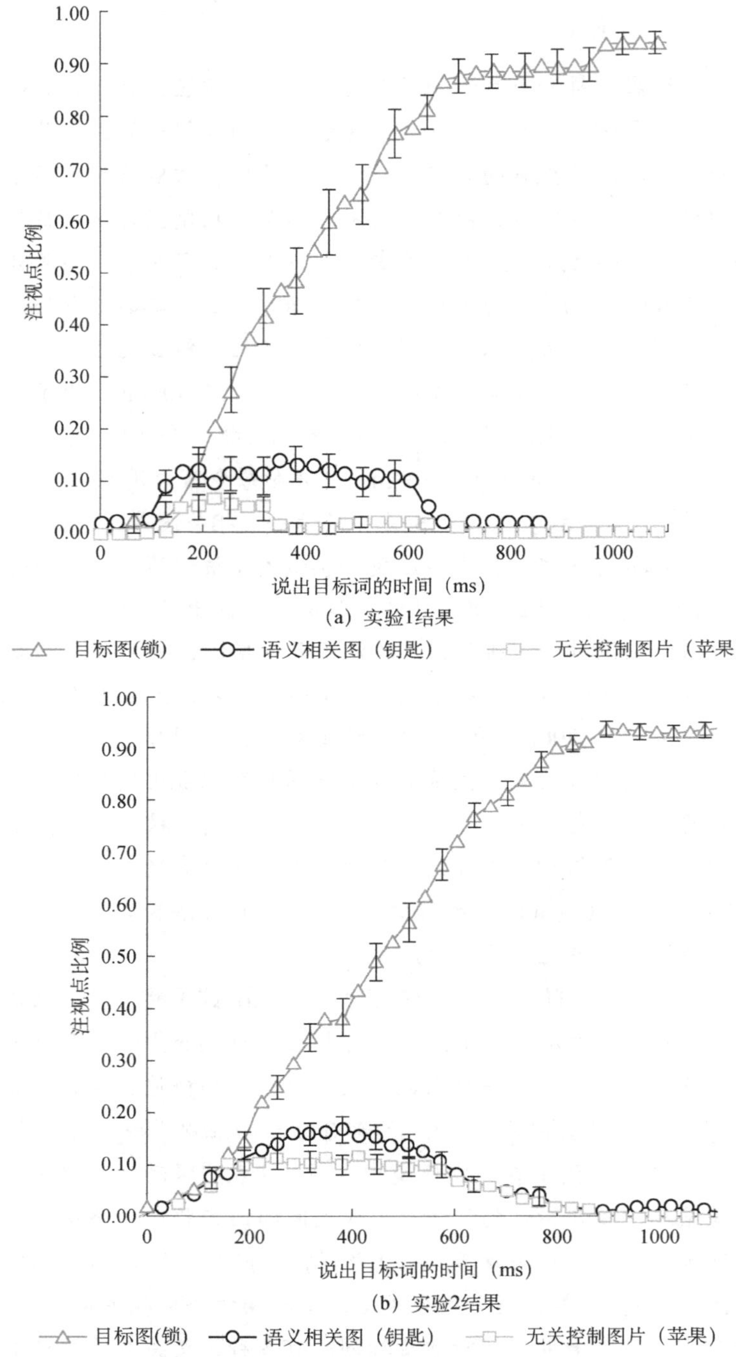
1.00
0.90
0.80
0.70
0.60
0.50
0.40
0.30
0.20
0.10
0.00
注视点比例
0
200
400
600
800
1000
说出目标词的时间（ms）
(a) 实验1结果
目标图(锁)
语义相关图（钥匙）
无关控制图片（苹果）
1.00
0.90
0.80
0.70
0.60
0.50
0.40
0.30
0.20
0.10
0.00
注视点比例
0
200
400
600
800
1000
说出目标词的时间（ms）
(b) 实验2结果
目标图(锁)
语义相关图（钥匙）
无关控制图片（苹果）

图 2 注视比例图

四、结论

本研究采用视觉-情境范式，通过两项实验考察了口语识别过程中语义信息的激活。研究结果提供了有关口语单词及与其语音竞争者相关的语义信息激活的详细信息，并证明了即时语义激活足以引导视觉注意，从而为视觉-情境范式提供了重要验证，即无论作为语义激活的词汇是否在情境中出现，语义相关性效应都会发生。因此，这种方法可用来有效地测量词汇语义激活的时程及其形式，同时因为具有时间敏感性和生态有效性，也可用于探究不同人群口语词汇理解的详细时间进程。

Connine, C. M., Titone, D., Deelman, T., & Blasko, D. (1997). Similarity mapping in spoken word recognition. *Journal of Memory and Language*, *37* (4), 463-480.

Moss, H. E., McCormick, S. F., & Tyler, L. K. (1997). The time course of activation of semantic information during spoken word recognition. *Language and Cognitive Processes*, *12*, 695-731.

Warren, P., & Marslen-Wilson, W. (1987). Continuous uptake of acoustic cues in spoken word recognition. *Perception & Psychophysics*, *41* (3), 262-275.

Zwitserlood, P. (1989). The locus of the effects of sentential-semantic context in spoken-word processing. *Cognition*, *32* (1), 25-64.

文章二 预测加工的两阶段：来自视觉情境范式的证据

一、问题提出

在听他人讲话时，理解者经常会预测接下来会听到什么。例如，Altmann 和 Kamide（1999）发现，当参与者听到某人说“这个男孩将会吃一个……”时，他们倾向于看向可食用的物体，这表明他们预测说话者即将提到这类物体。然而，理解者究竟能预测到什么内容？更重要的是，他们依据什么信息做出这些预测？他们是一开始就能做出准确的预测，还是做出这样的预测需要时间和资源的积累？

为了探究这些问题，研究者考察了当理解者从句子所描述的动作或事件的主体角度出发时，他们能预测到什么以及如何进行预测。例如，研究者假设，当女性说话者说“I would like to wear the nice...”，如果男性理解者设身处地考虑女性说话者的立场，那么他很可能会预测说话者指的是典型的女性服装，如裙子。对于理解者而言，这种“站在说话者立场上思考”的方式往往是有效的，因为其预测的内容与说话者最终所说的内容通常是一致的。因此，理解者的预测内容与说话者最终所表达的内容相一致，这便是所谓的一致性预测。

研究者假定最终的预测内容与说话者最终所表达的内容是一致的。但最初的预测内容与其是否也一致呢？换言之，理解者最初的预测（迅速发生的预测，在此之前无其他预测）方式是否与他们最终的预测方式相同，即是否与理解者的最初预测方式一致？

对于上述问题，存在两种不同的理论解释。第一种是一阶段理论，该理论认为理解者一开始便能做出最佳预测。在本研究的例子中，男性理解者最初会预测女性说话者指的是典型的女性服装。第二种是两阶段理论，该理论认为理解者一开始不能做出最佳预测，他们在最初预测时可能会忽略某些背景知识，而在最终预测时则会考虑这些因素。如果是这样，那么在本研究的例子中，他们最初可能不会预料到说话者指的是典型的女性服装。

在两阶段理论中，关于初始预测，有两种不同的描述：一种是自我中心的两阶段理论；另一种是联想两阶段理论。在自我中心的两阶段理论中，男性理解者最初从他自己的角度进行预测，也就是说，基于他自己在这种情境下的假设进行预测（Keysar et al.，2000）。在这种情况下，他最初可能预测女性说话者指的是典型的男性服装（如领带），与他自己的性别刻板印象相一致。而在联想两阶段理论中，理解者最初是基于自动产生的联想进行预测的（Neely，1977；Perea & Gotor，1997）。因此，他通过自下而上的方式激活与动词“穿戴”相关的词汇条目的语义关联，并利用这种激活来初步预测说话者将提到的任何可穿戴的物体。在这种情况下，他最初可能预测说话者指的是典型的女性服装（如裙子）或典型的男性服装（如领带）。

综上所述，研究者意在探讨理解者在预测时符合上述哪种理论解释。如果理解者从最初的加工阶段就一致地预测（例如，与听者性别刻板印象相一致），且其预测过程没有不一致的阶段，那么一阶段理论便得到支持。例如，男性理解者在听到女性说话者说到“穿戴”时会预测裙子而非领带，符合他对说话者性别认同和性别刻板印象的信念。但是，如果预测涉及两个阶段，理解者最初基于自身视角（自我中心预测）或词语间的语义关联（联想预测）进行预测，然后才转向与说话者视角一致的预测，那么两阶段理论成立。例如，上述男性理解者最初以联想方式预测是“裙子”和“领带”，或以自我为中心方式预测是“领带”而非“裙子”。因此，研究者使用视觉-情境范式，通过 3 个实验来检验上述可能性。

二、实验方法

研究者让男性和女性参与者听不同性别说话者讲述关于屏幕上显示的典型男性和女性物体的句子，同时记录被试对屏幕刺激图片的眼动注视情况。具体实验程序为：在实验开始之前，参与者听到每个说话者做一次自我介绍（图 1），在听取介绍的同时，参与者在屏幕上看到了说话者的照片，研究者通过让他们从说话者的声音中识别对应的照片来确保他们能够轻松识别说话者。

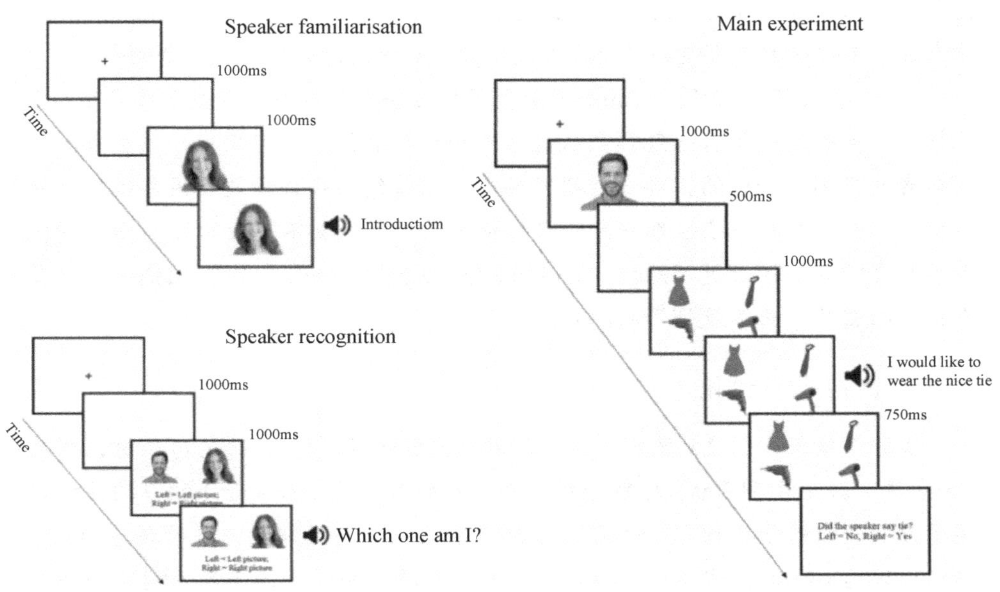

图 1　实验程序示意图

注：实验程序分为三个部分，第一部分 Speaker familiarisation 为熟悉说话者，第二部分 Speaker recognition 为辨认说话者，“Which one am I?（我是哪一个？）”。第三部分 Main experiment 为正式实验，“I would like to wear the nice tie.（我想戴漂亮的领带）”

在正式实验中，屏幕中央显示说话者的照片，持续 1000ms，然后显示 500ms 空屏，之后在屏幕的 4 个角落分别显示 4 张图片，4 张图片中有 2 张是典型女性化物体（例如，女性化的动词关联目标物——裙子，女性干扰物——吹风机），另外 2 张是典型的男性化物体（例如，男性化的动词关联目标物：领带；男性化的干扰物：电钻）。4 张图片同时显示 1000ms 后，说话者说出句子（例如“I would like to wear the nice…”）；句子结束后，图片在屏幕上保留 750ms。最后，参与者回答一个理解问题，该问题旨在询问被试，说话者是否指的是一个特定的物体（例如，说话者是否说吹风机？左=否，右=是）。

实验 1 中，研究者在说话者所说的句子中使用代词“I”来开头，认为在女说话者说“I would like to wear the nice...”时，如果男性理解者站在女说话者的角度进行一致预测，那么他很可能会预测她指的是一件典型的女性服装，如裙子。

实验 2 中，研究者使用了代词“You”而不是“I”，该实验能够排除实验一听者所作出的一致预测是由于说话人性别的简单影响（如说话人的外貌与声音）这一因素导致的，例如说话者的外貌与声音具有典型的性别化特征。假设参与者把“You”当作他们自己，此时一致预测与他们自己的观点联系在一起，该研究期望他们听者更多地关注与自己性别一致的目标物的刻板印象，而不是性别不一致的目标物。具体来说，男性理解者可能会预测男性说话者或女性说话者指的是一个领带。

实验 3 中，研究者使用 James（典型男性名字）或 Kate（典型女性名字）代替代词，该实验进一步将一致预测从说话者和理解者性别的影响中分离出来。如果理解者的预测是一致的，那么该研究期望他们看到的目标物是与角色性别一致的目标物，而不是与自己性别一致的目标物（与角色性别不一致的目标物）。例如，当参与者听到说话者说“Kate would like to wear the nice...”时，他们应该更多地看裙子的图片，而不是领带的图片。

三、结果与讨论

实验 1 结果（图 2）显示，当说话者说出以代词“I”开头的句子时，在动词（如穿戴）出现后 519ms，理解者对性别一致的目标物（如裙子）的平均注视比例高于性别一致的干扰物（如吹风机），这表明发生了与动词相关联的联想预测；在动词出现后 641ms，理解者对性别一致的目标物（裙子）的平均注视比例高于性别不一致的目标物（领带），这表明发生了与说话者性别相一致的预测。

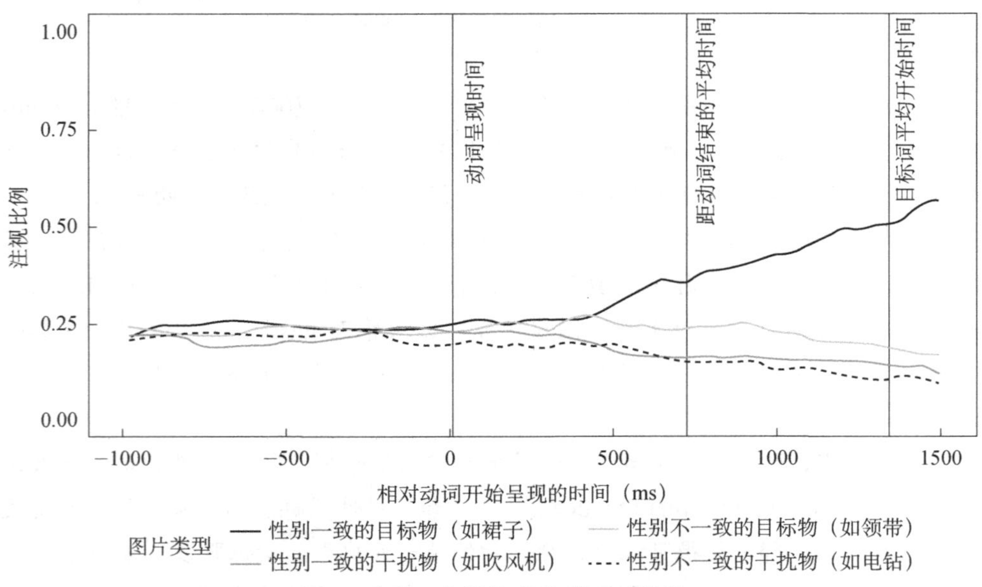

图 2 实验 1 主语为“I”的眼动结果

实验2结果（图3）显示，当说话者说出以代词“You”开头的句子时，在动词（如穿戴）出现后329ms，理解者对性别一致的目标物（如裙子）的平均注视比例高于性别一致的干扰物（如吹风机），这表明发生了与动词相关联的联想预测；在动词出现后939ms，理解者对性别一致的目标物（裙子）的平均注视比例高于性别不一致的目标物（领带），这表明发生了与理解者自身性别相一致的预测。

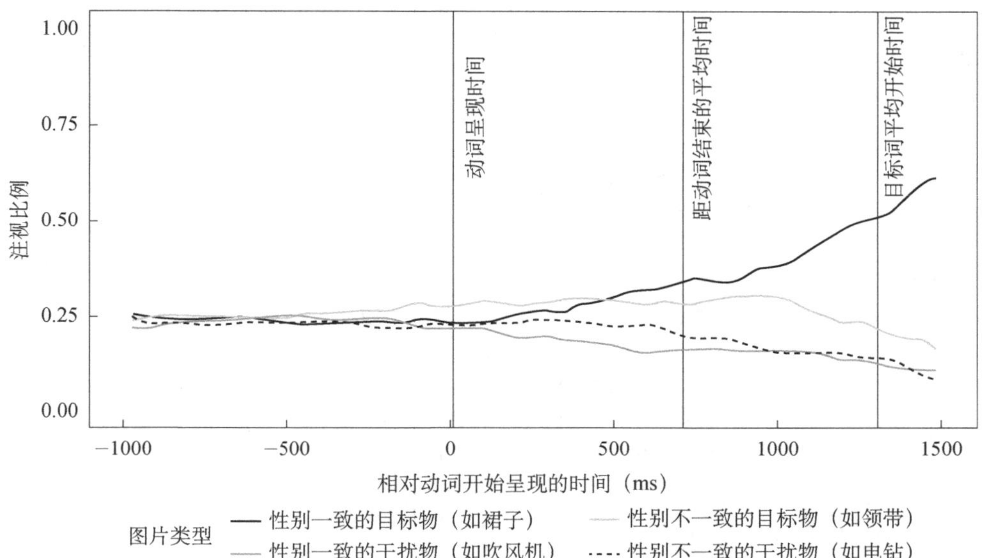

图3　实验2主语为“You”的眼动结果

实验3结果（图4）显示，当说话者说出以“James”或“Kate”开头的句子时，在动词（如穿戴）出现后384ms，理解者对性别一致的目标物（如裙子）的平均注视比例高于性别一致的干扰物（如吹风机），这表明发生了与动词相关联的联想预测；在动词出现后636ms，理解者对角色性别（如Kate）一致的目标物（裙子）的平均注视比例高于角色性别不一致的目标物（领带），这表明发生了与角色性别相一致的预测。

综上，实验1发现，理解者一致地从说话者的角度进行预测，当他们听到女性说话者说“I would like to wear the nice...”时，他们看的是典型的女性目标（如裙子）。实验2发现，理解者并不是简单地依据说话者的声音和看与讲话者性别一致的图片做出预测。相反，他们基于代词“You”始终从自己的角度进行预测。例如，当一位女性参与者听到男性或女性说话者说“You would like to wear the nice...”时，她会看衣服。实验3发现，理解者一致地从角色的角度进行预测，例如，当他们听到“Kate would like to wear the nice...”这句话时，他们关注的是裙子；而当他们听到同样的句子以“James”开头时，他们关注的是领带。

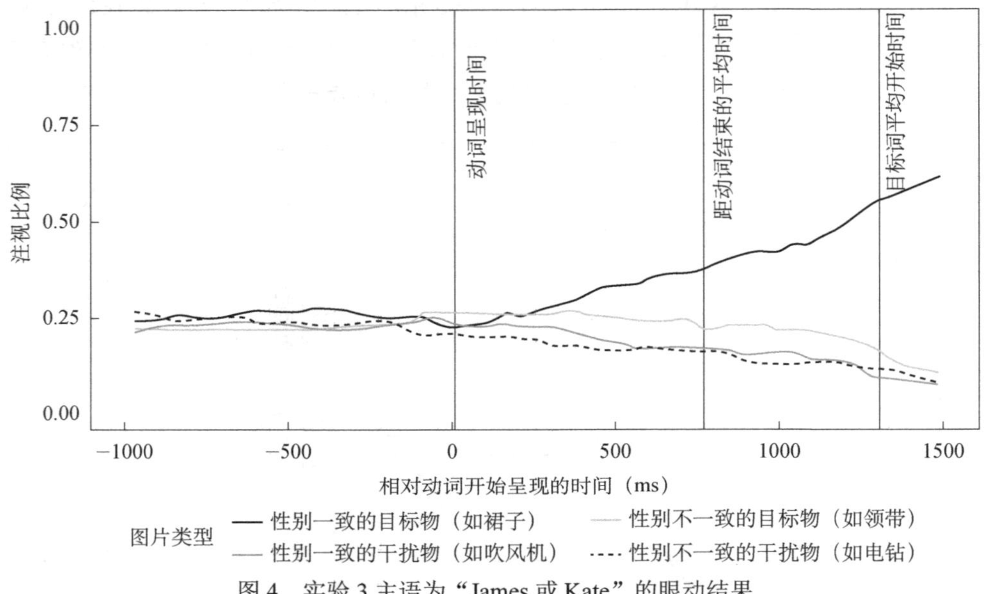

图 4　实验 3 主语为“James 或 Kate”的眼动结果

四、结论

本研究采用视觉-情境范式，通过 3 个实验考察口语理解过程中的预测加工机制，结果证明，在理解过程中，预测的发生符合两阶段理论，即首先快速地进行与关键动词语义相关联的联想预测，然后理解者可以权衡多种视角（例如，他们自己的视角、说话者的视角和第三人称视角），并使用与性别相一致的视角进行预测。本研究也为性别刻板印象在语言加工中的作用提供了解释：理解者在预测说话者可能会说什么时会考虑到刻板印象。尽管基于性别刻板印象的一致性效应比联想效应出现得晚，但它们仍然发生在目标开始之前，这表明性别刻板印象对预测的影响发生较早。总之，这些发现表明，理解者可以依靠非语言信息来准确地预测和理解语言。

Altmann, G. T., & Kamide, Y. (1999). Incremental interpretation at verbs: Restricting the domain of subsequent reference. *Cognition*, *73*, 247-264.

Keysar, B., Barr, D. J., Balin, J. A., & Brauner, J. S. (2000). Taking perspective in conversation: The role of mutual knowledge in comprehension. *Psychological Science*, *11* (1), 32-38.

Neely, J. H. (1977). Semantic priming and retrieval from lexical memory: Roles of inhibitionless spreading activation and limited-capacity attention. *Journal of Experimental Psychology*: *General*,

106, 226-254.

Perea, M., & Gotor, A. (1997). Associative and semantic priming effects occur at very short stimulus-onset asynchronies in lexical decision and naming. *Cognition*, *62*, 223-240.

参 考 文 献

邱丽景, 王穗苹, & 关心. (2009). 口语理解的视觉—情境范式研究. *华南师范大学学报 (社会科学版)*, (1), 130-136.

Allopenna, P. D., Magnuson, J. S., & Tanenhaus, M. K. (1998). Tracking the time course of spoken word recognition using eye movements: Evidence for continuous mapping models. *Journal of Memory and Language, 38* (4), 419-439.

Altmann, G., & Steedman, M. (1988). Interaction with context during human sentence processing. *Cognition*, *30* (3), 191-238.

Altmann, G. T. M. (2004). Language-mediated eye movements in the absence of a visual world: The "blank screen paradigm". *Cognition, 93* (2), 79-87.

Altmann, G. T. M. (2011). Language can mediate eye movement control within 100 milliseconds, regardless of whether there is anything to move the eyes to. *Acta Psychologica, 137* (2), 190-200.

Altmann, G. T. M., & Kamide, Y. (1999). Incremental interpretation at verbs: Restricting the domain of subsequent reference. *Cognition, 73* (3), 247-264.

Altmann, G. T. M., & Kamide, Y. (2007). The real-time mediation of visual attention by language and world knowledge: Linking anticipatory (and other) eye movements to linguistic processing. *Journal of Memory and Language, 57* (4), 502-518.

Altmann, G. T. M., & Kamide, Y. (2009). Discourse-mediation of the mapping between language and the visual world: Eye movements and mental representation. *Cognition, 111* (1), 55-71.

Altmann, G.T.M., & Kamide, Y. (2004) Now you see it, now you don't: Mediating the mapping between language and the visual world. In J. Henderson and F. Ferreira (Eds.) *The integration of language, vision and action* (pp. 347-386). Hove: Psychology Press.

Arai, M., van Gompel, R. P. G., & Scheepers, C. (2007). Priming ditransitive structures in comprehension. *Cognitive Psychology, 54* (3), 218-250.

Arnold, J. E., Brown-Schmidt, S., & Trueswell, J. (2007). Children's use of gender and order-of-mention during pronoun comprehension. *Language and Cognitive Processes, 22* (4), 527-565.

Arnold, J. E., Kam, C. L. H., & Tanenhaus, M. K. (2007). If you say thee uh you are describing something hard: The on-line attribution of disfluency during reference comprehension. *Journal of Experimental Psychology: Learning, Memory, and Cognition, 33* (5), 914-930.

Arnold, J. E., Eisenband, J. G., Brown-Schmidt, S., & Trueswell, J. C. (2000). The rapid use of gender information: Evidence of the time course of pronoun resolution from eyetracking. *Cognition, 76* (1), 13-26.

Baayen, R. H., Davidson, D. J., & Bates, D. M. (2008). Mixed-effects modeling with crossed random effects for subjects and items. *Journal of Memory and Language, 59* (4), 390-412.

Bock, J. K. (1986). Meaning, sound, and syntax: Lexical priming in sentence production. *Journal of Experimental Psychology: Learning, Memory, and Cognition, 12* (4), 575-586.

Bock, K. (1987). An effect of the accessibility of word forms on sentence structures. *Journal of Memory and Language, 26* (2), 119-137.

Boersma, P. & Weenink, D. (2009). Praat: Doing phonetics by computer (Version 5.1.05) [Computer program]. Retrieved May 1, 2009.

Brown-Schmidt, S., & Tanenhaus, M. K. (2006). Watching the eyes when talking about size: An investigation of message formulation and utterance planning. *Journal of Memory and Language, 54* (4), 592-609.

Brown-Schmidt, S., & Tanenhaus, M. K. (2008). Real-time investigation of referential domains in unscripted conversation: A targeted language game approach. *Cognitive Science, 32* (4), 643-684.

Chambers, C.G., & Cooke, H. (2009). Lexical competition during second-language listening: Sentence context, but not proficiency, constrains interference from the native lexicon. *Journal of Experimental Psychology: Learning, Memory, and Cognition, 35* (4), 1029-1040.

Chambers, C. G., Tanenhaus, M. K., & Magnuson, J. S. (2004). Actions and affordances in syntactic ambiguity resolution. *Journal of Experimental Psychology: Learning, Memory, and Cognition, 30* (3), 687-696.

Chambers, C. G., Tanenhaus, M. K., Eberhard, K. M., Filip, H., & Carlson, G. N. (2002). Circumscribing referential domains during real-time language comprehension. *Journal of Memory and Language, 47* (1), 30-49.

Cohen, J. (2004). Objects, places, and perception. *Philosophical Psychology, 17* (4), 471-495.

Cooper, R. M. (1974). The control of eye fixation by the meaning of spoken language: A new methodology for the real-time investigation of speech perception, memory, and language processing. *Cognitive Psychology, 6*, 84-107.

Crain, S., & Steedman, M. (1985). On not being led up the garden path: The use of context by the psychological syntax processor. In D. R. Dowty, L. Karttunen, & A. M. Zwicky (Eds.), *Natural Language Parsing: Psychological, Computational, and Theoretical Perspectives* (pp. 320-358). Cambridge: Cambridge University Press.

Cree, G. S., & McRae, K. (2003). Analyzing the factors underlying the structure and computation of the meaning of chipmunk, cherry, chisel, cheese, and cello (and many other such concrete nouns). *Journal of Experimental Psychology: General, 132* (2), 163-201.

Crosby, J. R., Monin, B., & Richardson, D. (2008). Where do we look during potentially offensive behavior? *Psychological Science, 19* (3), 226-228.

Dahan, D., & Tanenhaus, M. K. (2004). Continuous mapping from sound to meaning in spoken-language comprehension: Immediate effects of verb-based thematic constraints. *Journal of Experimental Psychology: Learning, Memory, and Cognition, 30* (2), 498-513.

Dahan, D., & Tanenhaus, M. K. (2005). Looking at the rope when looking for the snake: Conceptually mediated eye movements during spoken-word recognition. *Psychonomic Bulletin & Review, 12* (3), 453-459.

De Jong, N. H., & Wempe, T. (2009). Praat script to detect syllable nuclei and measure speech rate automatically. *Behavior Research Methods*, *41* (2), 385-390.

Farris-Trimble, A., & McMurray, B. (2013). Test–retest reliability of eye tracking in the visual world paradigm for the study of real-time spoken word recognition. *Journal of Speech, Language, and Hearing*, *56* (4), 1328-1345.

Gleitman, L. R., January, D., Nappa, R., & Trueswell, J. C. (2007). On the give and take between event apprehension and utterance formulation. *Journal of Memory and Language*, *57* (4), 544-569.

Griffin, Z. M. (2001). Gaze durations during speech reflect word selection and phonological encoding. *Cognition*, *82* (1), B1-B14.

Griffin, Z. M. (2004a). The eyes are right when the mouth is wrong. *Psychological Science*, *15*, 814-821.

Griffin, Z. M. (2004b). Why look? Reasons for eye movements related to language production. In J. M. Henderson, & F. Ferreira (Eds.), *The Interface of Language, Vision, and Action*: *Eye Movements and the Visual World* (pp. 213-247) . New York: Psychology Press.

Griffin, Z. M., & Bock, K. (2000). What the eyes say about speaking. *Psychological Science*, *11*, 274-279.

Hanna, J. E., Tanenhaus, M. K., & Trueswell, J. C. (2003). The effects of common ground and perspective on domains of referential interpretation. *Journal of Memory and Language*, *49* (1), 43-61.

Hoover, M. A., & Richardson, D. C. (2008). When facts go down the rabbit hole: Contrasting features and objecthood as indexes to memory. *Cognition*, *108* (2), 533-542.

Huettig, F., & Altmann, G. T. M. (2005). Word meaning and the control of eye fixation: Semantic competitor effects and the visual world paradigm. *Cognition*, *96* (1), 23-32.

Huettig, F., & Altmann, G. T. M. (2011). Looking at anything that is green when hearing “frog”: How object surface colour and stored object colour knowledge influence language-mediated overt attention. *Quarterly Journal of Experimental Psychology*, *64* (1), 122-145.

Huettig, F., & McQueen, J. M. (2007). The tug of war between phonological, semantic and shape information in language-mediated visual search. *Journal of Memory and Language*, *57* (4), 460-482.

Ito, K., & Speer, S. R. (2008). Anticipatory effects of intonation: Eye movements during instructed visual search. *Journal of Memory and Language*, *58*, 541-573.

Kamide, Y., Altmann, G. T. M., & Haywood, S. L. (2003). The time-course of prediction in incremental sentence processing: Evidence from anticipatory eye movements. *Journal of Memory and Language*, *49* (1), 133-156.

Kamide, Y., Scheepers, C., & Altmann, G. T. M. (2003). Integration of syntactic and semantic information in predictive processing: Cross-linguistic evidence from German and English. *Journal of Psycholinguistic Research*, *32*, 37-55.

Keysar, B., Barr, D., Balin, J., & Brauner, J. (2000). Taking perspective in conversation: The role of mutual knowledge in comprehension. *Psychological Science*, *11*, 32-38.

Knoeferle, P., & Crocker, M. W. (2006). The coordinated interplay of scene, utterance, and world knowledge: Evidence from eye tracking. *Cognitive Science*, *30* (3), 481-529.

Knoeferle, P., Crocker, M. W., Scheepers, C., & Pickering, M. J. (2005). The influence of the immediate visual context on incremental thematic role-assignment: Evidence from eye-movements in depicted events. *Cognition*, *95* (1), 95-127.

Levelt, W. J. M., Schriefers, H., Vorberg, D., Meyer, A. S., Pechmann, T., & Havinga, J. (1991). The time course of lexical access in speech production: A study of picture naming. *Psychological Review, 98* (1), 122-142.

Magnuson, J., Dixon, J., Tanenhaus, M., & Aslin, R. (2007). The dynamics of lexical competition during spoken word recognition. *Cognitive Science*, *31*, 133-156.

Magnuson, J. S., Tanenhaus, M. K., & Aslin, R. N. (2008). Immediate effects of form-class constraints on spoken word recognition. *Cognition*, *108* (3), 866-873.

Maris, E., & Oostenveld, R. (2007). Nonparametric statistical testing of EEG-and MEG-data. *Journal of Neuroscience Methods*, *164* (1), 177-190.

McClelland, J. L., & Elman, J. L. (1986). The TRACE model of speech perception. *Cognitive Psychology*, *18* (1), 1-86.

McMurray, B., Tanenhaus, M. K., & Aslin, R. N. (2002). Gradient effects of within-category phonetic variation on lexical access. *Cognition*, *86* (2), 33-42.

McQueen, J. M., & Viebahn, M. C. (2007). Tracking recognition of spoken words by tracking looks to printed words. *Quarterly Journal of Experimental Psychology*, 60 (5), 661-671.

Meyer, A. S., Sleiderink, A. M., & Levelt, W. J. M. (1998). Viewing and naming objects: Eye movements during noun phrase production. *Cognition*, *66* (2), 25-33.

Myung, J., Blumstein, S. E., & Sedivy, J. C. (2006). Playing on the typewriter, typing on the piano: Manipulation knowledge of objects. *Cognition*, *98* (3), 223-243.

Nadig, A., & Sedivy, J. C. (2002). Evidence of perspective-taking constraints in children's on-line reference resolution. *Psychological Science*, *13* (4), 329-336.

Nation, K., Marshall, C. M., & Altmann, G. T. M. (2003). Investigating individual differences in children's real-time sentence comprehension using language-mediated eye movements. *Journal of Experimental Child Psychology*, *86* (4), 314-329.

Papafragou, A., Hulbert, J., & Trueswell, J. (2008). Does language guide event perception? Evidence from eye movements. *Cognition*, *108* (1), 155-184.

Porretta, V., Kyröläinen, A. J., van Rij, J., & Järvikivi, J. (2018). Visual world paradigm data: From preprocessing to nonlinear time-course analysis. In *Intelligent Decision Technologies 2017: Proceedings of the 9th KES International Conference on Intelligent Decision Technologies (KES-IDT 2017) –Part II 9* (pp. 268-277). Springer International Publishing.

Richardson, D. C., & Dale, R. (2005). Looking to understand: The coupling between speakers' and listeners' eye movements and its relationship to discourse comprehension. *Cognitive Science*, *29*, 1045-1060.

Richardson, D. C., Dale, R., & Kirkham, N. (2007). The art of conversation is coordination: Common ground and the coupling of eye movements during dialogue: Research article. *Psychological Science, 18*, 407-413.

Richardson, D. C., & Spivey, M. J. (2000). Representation, space and Hollywood Squares: Looking at things that aren't there anymore. *Cognition, 76* (3), 269-295.

Richardson, D. C., Altmann, G. T. M., Spivey, M. J., & Hoover, M. A. (2009). Much ado about eye movements to nothing: A response to Ferreira et al.: Taking a new look at looking at nothing. *Trends in Cognitive Sciences, 13* (6), 235-236.

Rommers, J., Meyer, A. S., Praamstra, P., & Huettig, F. (2013). The contents of predictions in sentence comprehension: Activation of the shape of objects before they are referred to. *Neuropsychologia, 51* (3), 437-447.

Rumelhart, D. E., & McClelland, J. L. (1986). *Parallel Distributed Processing: Explorations in the Microstructure of Cognition: Foundations.* Cambridge: MIT Press.

Salverda, A. P., & Tanenhaus, M. K. (2010). Tracking the time course of orthographic information in spoken-word recognition. *Journal of Experimental Psychology: Learning, Memory, and Cognition, 36* (5), 1108.

Sedivy, J. C. (2003). Pragmatic versus form-based accounts of referential contrast: Evidence for effects of informativity expectations. *Journal of Psycholinguistic Research, 32* (1), 3-23.

Sedivy, J. C., Tanenhaus, M. K., Chambers, C. G., & Carlson, G. N. (1999). Achieving incremental semantic interpretation through contextual representation. *Cognition, 71* (2), 109-147.

Shen, J., Deutsch, D., & Rayner, K. (2013). On-line perception of Mandarin tones 2 and 3: Evidence from eye movements. *The Journal of the Acoustical Society of America, 133*, 3016-3029.

Shen, W., Qu, Q., & Li, X. (2016). Semantic information mediates visual attention during spoken word recognition in Chinese: Evidence from the printed-word version of the visual-world paradigm. *Attention, Perception & Psychophysics, 78* (5), 1267-1284.

Shen, W., Qu, Q., & Tong, X. (2018). Visual attention shift to printed words during spoken word recognition in Chinese: The role of phonological information. *Memory & Cognition, 46* (4), 642-654.

Slobin, D. (1996). From "thought and language" to "thinking for speaking". In J. Gumperz & S. Levinson (Eds.), *Rethinking Linguistic Relativity* (pp. 70-96). Cambridge: Cambridge University Press.

Snedeker, J., Thorpe, K., & Trueswell, J. (2001). On choosing the parse with the scene: The role of visual context and verb bias in ambiguity resolution. In *Proceedings of the Annual Meeting of the Cognitive Science Society, 23* (23).

Snedeker, J., & Trueswell, J. (2003). Using prosody to avoid ambiguity: Effects of speaker awareness and referential context. *Journal of Memory and Language, 48* (1), 103-130.

Snedeker, J., & Trueswell, J. C. (2004). The developing constraints on parsing decisions: The role of lexical-biases and referential scenes in child and adult sentence processing. *Cognitive Psychology, 49* (3), 238-299.

Spivey, M. J., Tanenhaus, M. K., Eberhard, K. M., & Sedivy, J. C. (2002). Eye movements and spoken language comprehension: Effects of visual context on syntactic ambiguity resolution. *Cognitive Psychology*, *45* (4), 447-481.

Sussman, R. S., & Sedivy, J. (2003). The time-course of processing syntactic dependencies: Evidence from eye movements. *Language and Cognitive Processes*, *18* (2), 143-163.

Stone, K., Lago, S., & Schad, D. J. (2021). Divergence point analyses of visual world data: Applications to bilingual research. *Bilingualism*: *Language and Cognition*, *24* (5), 833-841.

Tanenhaus, M. K., Magnuson, J. S., Dahan, D., & Chambers, C. (2000). Eye movements and spoken language comprehension: Effects of visual context on syntactic ambiguity resolution. *Cognitive Psychology*, *29* (6), 557-580.

Tanenhaus, M. K., Spivey-Knowlton, M. J., Eberhard, K. M., & Sedivy, J. C. (1995). Integration of visual and linguistic information in spoken language comprehension. *Science*, *268* (5217), 1632-1634.

Thothathiri, M., & Snedeker, J. (2008). Give and take: Syntactic priming during spoken language comprehension. *Cognition*, *108* (1), 51-68.

Trueswell, J. C. (2008). Using eye movements as a developmental measure within psycholinguistics. In I. A. Sekerina, E. M. Fernández, & H. Clahsen (Eds.), *Language Acquisition and Language Disorders* (Vol. 44, pp. 73-96). Amsterdam: John Benjamins Publishing Company.

Trueswell, J. C., Sekerina, I., Hill, N. M., & Logrip, M. L. (1999). The kindergarten-path effect: Studying on-line sentence processing in young children. *Cognition*, *73* (2), 89-134.

Tsang, Y.-K., & Chen, H.-C. (2010). Morphemic ambiguity resolution in Chinese: Activation of the subordinate meaning with a prior dominant-biased context. *Psychonomic Bulletin and Review*, *17*, 875-881.

van Hell, J.G., & Tanner, D. (2012). Second language proficiency and cross-language lexical activation. *Language Learning*, *62* (S2), 148-171.

Viebahn, M. C., Ernestus, M., & McQueen, J. M. (2017). Speaking style influences the brain's electrophysiological response to grammatical errors in speech comprehension. *Journal of Cognitive Neuroscience*, *29* (7), 1132-1146.

Wang, X., Wang, J., & Malins, J. G. (2017). Do you hear "feather" when listening to "rain"? Lexical tone activation during unconscious translation: Evidence from Mandarin-English bilinguals. *Cognition*, *169*, 15-24.

Weber, A., Melinger, A., & Tapia, L. (2007). The mapping of phonetic information to lexical representation in Spanish: Evidence from eye movements. *Proceedings of the 16th International Congress of Phonetic Sciences* (ICPhS 2007), Dudweiler.

Wood, S. N. (2011). Fast stable restricted maximum likelihood and marginal likelihood estimation of semiparametric generalized linear models. *Journal of the Royal Statistical Society Series B*: *Statistical Methodology*, *73* (1), 3-36.

Wieling, M. (2018). Analyzing dynamic phonetic data using generalized additive mixed modeling: A tutorial focusing on articulatory differences between L1 and L2 speakers of English. *Journal of Phonetics*, *70*, 86-116.

Yee, E., & Sedivy, J. (2001). Using eye movements to track the spread of semantic activation during spoken word recognition. *Paper Presented to the 13th Annual CUNY Sentence Processing Conference*, Philadelphia.

Yee, E., & Sedivy, J. (2006). Eye movements to pictures reveal transient semantic activation during spoken word recognition. *Journal of Experimental Psychology: Learning, Memory, and Cognition*, *32* (1), 1-14.

第六章

Landolt-C 范式

在阅读领域，关于生理眼球运动和认知因素对眼睛运动的相对影响程度一直存在争议（Starr & Rayner，2001）。生理眼球运动模型（oculomotor model）认为，眼睛的注视时间和位置主要受到视敏度和眼球运动生理限制的影响（McDonald et al.，2005；O'Regan，1990；Yang & McConkie，2001），而认知模型（cognitive models）则强调认知加工因素在引导眼睛运动方面发挥更大作用（Just & Carpenter，1980；Reichle et al.，1998；Reilly & Radach，2006）。为解决这一争议，Landolt-C 范式被应用在阅读研究中，该范式从非阅读任务的角度出发，揭示了认知加工在引导眼睛运动方面的作用。

第一节　Landolt-C 范式简介

一、Landolt-C 范式基本原理

在 Landolt-C 范式中，刺激由一系列带有不同大小缺口和缺口方向不一致的兰道环（也被称为兰道缺口环）构成，如图 6-1 所示，每个环的形状类似字母 C。这些兰道环最初源自视力测验，是一种验光字体。在典型的 Landolt-C 范式中，研究者要求被试浏览线性排列的兰道环刺激，并在其中寻找没有缺口的目标圆环。兰道环呈线性排列，类似于“单词”方式，通过空格将不同兰道环簇分开，该任务已被用于研究读者在阅读拼音文字时对单词、句子或语篇的加工行为。

Landolt-C 范式的优势在于，它的刺激材料能够排除文本中的词汇特征信息，如词频、音位结构等，仅保留或操纵一些类文本的词汇结构信息，如字母数或词

cuun uncc unuc ncnn uccc ccuc cccc cccc

图 6-1　Landolt-C 范式中材料示例

注：没有缺口的目标圆环位于第三组兰道环簇的末尾

汇数（Liu et al.，2015；Zschormak et al.，2012）。因此，研究者可以有效地将文本阅读中的视觉信息和语言信息分离开来，通过与真实文本阅读任务的比较，揭示它们在阅读中对读者眼动行为的影响（Corbic et al.，2007；Williams & Pollatsek，2007；Vanyukov et al.，2012；Williams et al.，2014）。

Landolt-C 范式还具有一定的灵活性。例如，研究者可以通过改变兰道环缺口的大小来操控识别难度，通过改变兰道环簇的暴露频率和排列方式来模拟不同阅读认知因素，也可以改变任务要求，如搜索、识别和学习方式等，以满足不同研究目的的需要。

二、Landolt-C 范式发展沿革与演变

（一）z-string 非阅读任务

在早期研究中，研究者采用 z-string 非阅读任务，以探究阅读过程中的眼动控制原理（Vitu et al.，1995；Rayner & Fischer，1996）。Vitu 等（1995）最早将正常文本阅读任务与 z-string 的非阅读任务进行比较，其中 z-string 非阅读任务是将原本正常句子中的字母全部用“z”字母替换（图 6-2），要求被试“假装”进行句子阅读或搜索特定字母。研究发现，读者在阅读文本句子和 z 字母串时的眼动特征非常相似，表明在没有任何语言信息需要加工的情况下，眼睛能够产生自主的眼球运动扫描策略。这一发现支持了预设眼球运动策略可能是决定阅读中眼动行为的重要因素之一。

He invested his money to build a store and was soon bankrupt.

Zz zzzzzzzz zzz zzzzz zz zzzzz z zzzzz zzz zzz zzzz zzzzzzzz.

图 6-2　z-string 非阅读任务中的材料示例

在此基础上，Rayner 和 Fischer（1996）通过操纵目标刺激的频率变量，并增加搜索任务的要求，比较了被试在阅读 z 字母串和正常文本情境下的眼动行为。结果发现，在两种搜索情境下，被试何时移动眼睛的表现非常相似，表明在非阅读任务中，即使被试观看含有语义的文本，也不对其进行词汇信息的加工。同时，研究发现，在视觉搜索任务中，不存在正常文本阅读中的频率效应。这一方面反

映出搜索任务中的眼动控制模式可能与正常阅读不同，另一方面说明眼睛的注视时间会随着是否具有语言加工而出现显著变化。这一发现支持阅读眼动的认知模型。此外，注视位置的结果显示，在搜索任务中，眼睛目标选择的分布曲线呈水平形态，并没有显示出在正常阅读中偏向注视词中心的特点。这也证明了注视位置同样受到即时语言加工的影响。

通过将阅读任务与不包含语言加工的类阅读任务进行比较，研究者认为生理眼动模型能够解释一部分注视位置方面的问题，但却不能很好地解释注视时间的问题。与之不同的是，认知模型认为注视位置和注视时间在一定程度上是相互独立的，而生理眼动模型认为二者并非独立。综上所述，研究者认为认知加工类的模型比眼球运动模型更适合解释阅读过程中的眼动控制行为。

（二）Landolt-C 任务

与 z-string 非阅读任务类似，Landolt-C 任务能够有效排除词汇特征加工，在任务执行过程中所需的认知操作与阅读中的操作有所不同。因此，研究者通过比较读者在执行这类非阅读任务和阅读任务时的眼动行为，来探讨阅读中眼动控制的独特性。研究者假设，如果非阅读任务和阅读任务中的眼动模式足够相似，那么这两类任务中共同的视觉和生理眼动限制可以有效地解释阅读中的眼动行为；反之，如果存在不同，就证明语言认知加工在驱动阅读时的眼动行为方面具有一定的作用。

在 Landolt-C 范式中，被试通常被要求搜索 Landolt-C 排列中是否存在目标字母“O”，并进行按键反应（Hooge & Erkelens，1998；Trukenbrod & Engbert，2007；Vanyukov et al.，2012；Williams & Pollatsek，2007）。研究者通过操纵 Landolt-C 中的缺口大小（以像素值作为测量标准），来调节搜索目标字母“O”的难度。通常，每个 Landolt-C 组块或团簇内的缺口大小相同，而不同组块间的缺口大小则随机变化。Landolt-C 任务中的刺激通常以水平和圆环两种方式呈现。Williams 和 Pollatsek（2007）将刺激按照水平方式呈现（图 6-1），看起来类似句子，其中单词内的字母要么是“C”要么是“O”。而 Williams 等（2014）将刺激以圆环（表盘）方式呈现（图 6-3），每个 Landolt-C 的单个组块位于一个想象中圆环的一圈，共 8 个不同位置（每 45°为一个区组）。这两个实验研究了刺激的空间排列对被试在搜索过程中眼睛何时移动以及移向何处产生的影响。

图 6-3　Landolt-C 范式中材料环形呈现示例

（三）汉语阅读中的 Landolt-squares 任务

汉字属于方块文字，其结构与拼音文字不同，同时词与词之间没有类似空格的词切分线索。因此，汉语阅读研究者对 Landolt-C 任务进行调整以使其视觉形式更接近于汉语阅读，如图 6-4 所示，这也被称为 Landolt-squares 任务。研究者采用该范式探究汉语阅读中的眼动控制和词切分等重要的理论问题。这里所谓的“词”指的是具有相同方向和大小缺口的一组相邻刺激簇。在 Liu 等（2015）的研究中，被试被要求浏览线性排列的带有不同缺口的 Landolt-squares，并指出不带缺口的正方形目标物的数目。这种方法的优势在于，在没有语言加工的情况下，它提供了一种精确操纵“词”加工难度（指缺口大小）和“词长”（指相邻的非目标正方形目标物的数量）的方式。

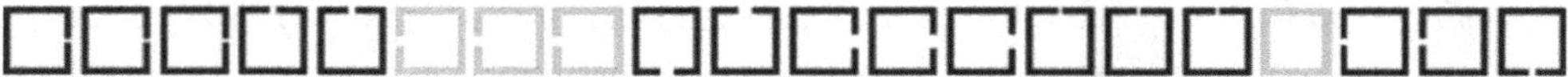

图 6-4　Landolt-squares 任务中材料示例

注：目标是一个全封闭方块，目标和一个类比“词”的有缺口方块簇用灰色呈现

李馨等（2019）在此基础上，进一步选择更加接近汉字结构的韩语文字符号（如뚜）来替代 Landolt-squares，并以此研究汉语阅读中汉字笔画数对眼跳目标选择影响的原因，即区分视觉复杂性及其导致的认知加工复杂性的影响。研究采用与正常文本中的汉字具有相同笔画数的符号材料替代有词汇信息的汉语句子中对应的汉字，从而组成无词汇信息的符号句子（图 6-5）。研究任务是要求被试阅读有词汇信息和无词汇信息两类材料。其中，在阅读完有词汇信息的句子后，被试需回答阅读理解问题；而在无词汇信息任务中，为了模拟自然阅读，被试需在“阅读”完无词汇信息句子后报告目标符号（如方框“□”）的数量。

任务类型	句子类型	句子举例
有词汇信息任务	实验句	语文老师要求我们进行自由讨论。
	填充句	这项技术促进中国古代文化的发展。
无词汇信息任务	实验句	랴느보쿄겁됴큐두보쿄쑈도크보。
	填充句	됴뷰큐두겁됴느문뾰두크닭ㅂ크랴크빨。

图 6-5　基于韩语文字符号的 Landolt-C 范式材料示例

三、Landolt-C 范式研究成果

（一）视觉搜索任务中认知加工对眼动行为的影响

在典型的视觉搜索任务中，由于刺激位置被随机分配，研究者通常无法预期被试会采用何种搜索策略。同时，拥挤的搜索矩阵也加剧了这一预测的难度。这些问题使得搜索任务中眼动行为和即时认知加工之间的关系变得难以建立。因此，一些研究者采用了类似阅读的 Landolt-C 搜索任务，在被试的注视模式尽可能可以被预测的情境下，来探究搜索任务中相邻注视之间的关系。虽然在类似阅读的 Landolt-C 任务中没有具体的搜索指导语，但被试在头脑中会进行类似阅读过程中的从左到右的搜索方式，因为这种任务与文本中单词的呈现方式一致。

Williams 和 Pollatsek（2007）通过这种方式探索了视觉搜索任务中潜在的认知加工对眼动行为的引导效应。在刺激材料上，兰道环缺口的大小在同一个团簇中保持不变，而在不同的团簇中则不同，详见图 6-1。研究结果显示，被试对非目标团簇的注视时间与其兰道环缺口大小有关，而与相邻团簇中的兰道环缺口大小无关。同时，该研究还比较了单一团簇搜索任务和将同一个团簇按行排列放置在多个团簇的搜索任务，结果发现，被试的注视时间几乎没有显著差异。这与阅读中被试对单词的凝视时间和同一单词独立呈现时的识别时间相关的结果类似（Schilling et al.，1998）。因此，研究者推测在视觉搜索任务中，眼动主要受认知加工驱动。

Williams 等（2014）将刺激按照圆环（表盘）形式呈现，每个 Landolt-C 的单个组块（每 45°为一个组块）位于一个想象的圆环一圈的 8 个不同位置，见图 6-3，通过操纵兰道环缺口的大小，使其在同一个团簇中相同而在不同的团簇中不同。眼动数据显示，被试在大多数试次上按照顺时针或逆时针的序列扫视兰道环团簇。被试在兰道环团簇上的注视时间反映了当前注视团簇的加工水平，且不受前后兰道环团簇缺口大小的影响。此外，与 Williams 等（2017）的发现一致，被试对兰道环列阵中的团簇的注视时间与单独呈现的团簇的反应时相似。这项研究结果支

持序列认知加工影响搜索模式的假说。

（二）拼音文字阅读中认知加工对眼动控制的影响

在 Landolt-C 搜索任务中，研究者探讨了兰道环团簇出现频率对眼动行为的影响。他们的研究假设是，兰道环团簇的出现频率和注视时间存在反比关系，即兰道环团簇在记忆中的可获得性将影响其注视加工时间。这种非阅读任务中的频率效应被认为是认知加工影响眼动的强有力证据，也有助于揭示阅读任务与非阅读任务中脑-眼之间关系变化的过程。以下是 Landolt-C 在搜索任务中常见的效应。

第一，Landolt-C 搜索任务中的词频效应。研究者发现，随着兰道环团簇的暴露次数逐渐增加，被试对其凝视时间、总注视时间和注视次数逐渐减少（Vanyukov et al.，2012；Wang et al.，2021），这与阅读中的词频效应一致。兰道环团簇的频率效应具有重要的理论价值。首先，它表明被试在搜索任务中不仅仅只进行独立符号之间的辨认，也会对团簇进行整体加工（McClelland & Rumelhart，1981；Reicher，1969）。这与阅读经验有关的词汇加工相似，随着读者经验的增加，词汇加工从基于单个字母的亚词汇加工水平逐渐向基于整词的加工水平发展（Ans et al.，1998）。其次，它表明频率效应的出现是刺激重复暴露的结果，这与读者从记忆中对特定团簇或者单词的信息获得难度有关。随着暴露次数的增多，团簇或者单词在记忆中的表征变得更强，也更容易获取，因此对其注视时间会变短。这个结果与词汇获得理论一致，即随着单词暴露次数的增加，其表征也随之增强（Ans et al.，1998；Craik & Tulving，1975；Goldinger，1998；Reichle & Perfetti，2003），同时也与眼动控制模型一致，表明词汇加工是决定眼睛何时移动的主要因素。

第二，Landolt-C 搜索任务中的溢出效应。与阅读研究类似，研究者发现，Landolt-C 搜索任务中同样存在溢出效应，且随着兰道环团簇暴露次数的增加，其缺口越大，溢出效应越小（Vanyukov et al.，2012），这在一定程度上说明被试在知觉辨认和记忆获取之间进行了权衡。被试最开始可能基于单独字母或符号的知觉特征对团簇进行辨认，因为缺口较大的 C 比 O 更容易辨认，但使用这种策略的加工速度较慢，使得副中央凹预视加工减少，产生溢出效应。但随着兰道环团簇暴露次数的增加，其作为一个整体在记忆中的表征得到增强，进而促进了整体加工效率，因此溢出效应相应减小。

第三，Landolt-C 搜索任务中的 PoF 效应。随着副中央凹兰道环团簇（n+1）加工难度的减小（缺口的增大），被试对当前注视团簇（n）的凝视时间和注视次数逐渐增加（Vanyukov et al.，2012）。这与阅读研究中的 PoF 效应模式不同，即在正常文本阅读中，副中央凹加工难度增加会导致中央凹的注视时间更长（Kliegl et al.，2006）。有研究者认为，这可能是由于被试在区分副中央凹团簇中的大缺口 C 与 O 时，会通过调整注意广度来同时加工团簇 n 和 n+1。这种注意分散使得中央凹兰道环团簇 n 获得的注意减少，进而导致其加工速度变慢。研究同时显示，随着练习次数的增加，缺口大小对 PoF 效应的影响逐渐减小，这就为读者逐渐将团簇作为一个整体进行加工提供了进一步的证据（Vanyukov et al.，2012）。

（三）汉语阅读中的认知加工对眼动控制的影响

在一项汉语式 Landolt-squares 视觉搜索任务中，Liu 等（2015）探究了词汇加工如何影响眼动行为。研究结果与前人关于 Landolt-C 范式的结果一致，更重要的是与汉语阅读的相关发现也一致，进一步支持了中文阅读中眼动控制的理论解释（Liu et al.，2014；Wei et al.，2013）。

第一，注视位置分布结果显示，虽然多次注视中的首次注视位置在词首达到了峰值，但单一注视位置在词中心达到了峰值（Li et al.，2011；Yan et al.，2010），但是对所有向前注视位置的分析表明其分布均匀，不受词长（指团簇中兰道环的个数）、加工难度（指缺口大小）以及练习的影响。基于这一观察，研究者认为，在中文阅读中，不存在特定的眼跳目标位置。换句话说，眼跳目标本身是眼跳结果的表现，其目的是将眼睛移动到下一个信息丰富的注视位置。

第二，在与注视时间有关的指标上发现词长与加工难度效应，这与汉语自然阅读中的研究发现完全一致（Li et al.，2014；Liu et al.，2014；Yan et al.，2006；Yang & McConkie，1999；Rayner et al.，2005）。这一发现一方面表明使用 Landolt-C 范式考察中文阅读研究中的眼动控制是一个非常有效的方法，另一方面表明该范式中所操作的任何知觉信息（如基于字的缺口大小和方向来切分“词”）和认知信息（如辨别非目标和目标）的加工与中文阅读过程非常相似（如词切分、字词识别等），并且这些加工对眼动行为产生决定性影响。

第三，词汇属性影响任务中的向前眼跳长度。研究者认为，这与当前兰道环团簇和/或下一个团簇的加工难度有关，即读者可能会利用当前加工内容难度作为标准来衡量下一次眼跳该跳多远。当获得较少加工的副中央凹词被注视后，其需要更多的加工时间，因此注视靠近词首更为保守，可以产生一个或多个额外的注视；同样，从中央凹中获得的关于副中央凹的信息也会影响向前眼跳长度（Henderson & Ferreira，1990；Kennison & Clifton，1995）。这与阅读中向前眼跳长度受到当前词的加工难度（如词频）影响的机制相似（Liu et al.，2014；Wei et al.，2013）。

第四，李馨等（2019）根据汉字结构特点，采用基于韩语文字符号的 Landolt-C 范式，研究了汉语阅读中汉字笔画数影响眼跳目标选择的原因。实验中，被试被要求阅读两类材料：一类包含词汇信息，阅读完成后需回答阅读理解问题；另一类包含无词汇信息，被试需模拟自然阅读，阅读完成后需报告目标符号（如方框“□”）的数量。研究结果显示，词汇信息的存在不仅影响了跳读率和平均向前眼跳幅度，还对首次注视和单次注视中的平均注视位置产生了影响。这一发现表明，汉字的笔画数会影响眼跳目标的选择，既与视觉复杂性有关，也与认知加工复杂性有关。研究结果支持了“战略-战术”模型，该模型是眼球运动模型的代表，认为在阅读中，读者采用了词间眼跳策略和词内眼跳策略。词间眼跳策略旨在准确注视每个词的最佳注视位置（optimal viewing position，OVP）。如果首次眼跳落点准确地位于 OVP 上，读者只会进行一次注视。但是，如果因误差越过或未达到预期的注视目标，最终导致首次眼跳落点位于非 OVP 上，读者将采用词内眼跳技术对该词进行再次注视。

另外，Wang 等（2021）首次采用 Landolt-C 学习和阅读任务探究了“新词”学习以及空格对已学习“新词”加工的影响。在学习阶段，被试被要求学习由 3 个兰道环构成的团簇，即“新词”（如 CoƆ ）。所有兰道环团簇的缺口大小一致，但方向不同。同时，研究者操纵了兰道环团簇的暴露频次（高频和低频）。结果显示，被试对兰道环团簇的学习与对真实新词的学习类似，随着暴露频次的提高，他们对兰道环团簇的视觉熟悉性越来越高，学习速度越来越快，熟悉的兰道环团簇在心理辞典中通达的速度也越来越快。在阅读阶段，被试被要求阅读 3 种词切分条件下的兰道环“句子”：不包含空格、包含空格和阴影（图 6-6）。一半的试次中包含在学习阶段学习过的兰道环团簇，而另一半的试次中则包含未学习过的新兰道环团簇。被试的任务是阅读兰道环句子并判断是否包含已学习“新词”（即已学习的兰道环团簇）。结果显示：①学习阶段的兰道环暴露频率效应在阅读阶段消失；②空格促进了阅读时间，并影响了眼动控制行为，尽管相对于空格条件，阴影的促进作用减小，但与无空格条件相比，阴影仍然表现出一定的益处；③登陆位置分析结果显示，对于包含空格的团簇，读者更倾向于选择团簇中心作为登陆点，这与包含空格的拼音文字的阅读模式类似。而对于不包含空格和阴影条件的团簇，登陆位置更倾向于落在团簇的开始位置，与汉语阅读的登陆模式相似。

不包含空格

包含空格

阴影

图 6-6　Landolt-C 学习和阅读任务（Wang et al.，2021）

第二节　Landolt-C 范式实操

一、Landolt-C 范式实验程序编制

Landolt-C 范式的实验程序同样包括实验层、区组层、试次层和记录层 4 个层级（图 6-7），整体程序与常规句子阅读眼动实验程序类似。下文将逐步介绍在 EB 编程中创建 Landolt-C 范式的实验程序。

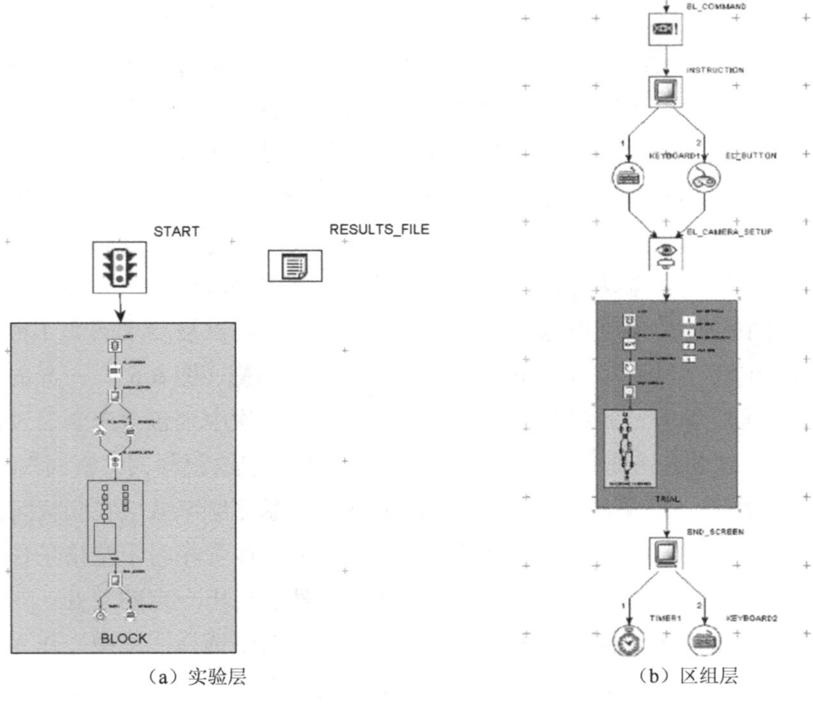

（a）实验层　　（b）区组层

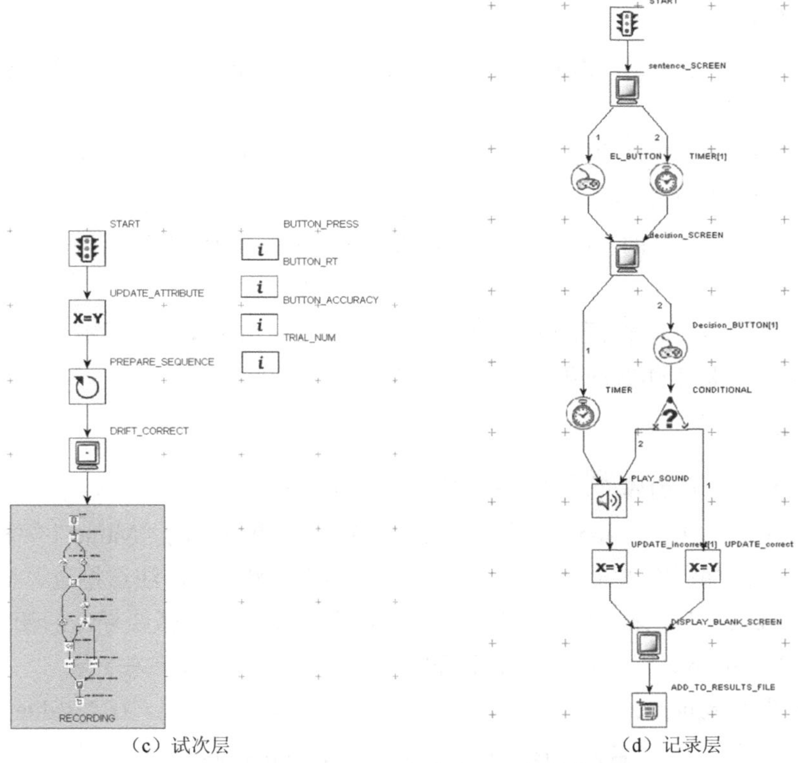

（c）试次层　　（d）记录层

图 6-7　Landolt-C 范式中各层级的结构示意图

（一）创建实验层

首先，采用常规方法创建一个新的实验程序，可参考本书第三章，然后开始添加实验层的节点和设置属性，实验层的结构见图 6-8。

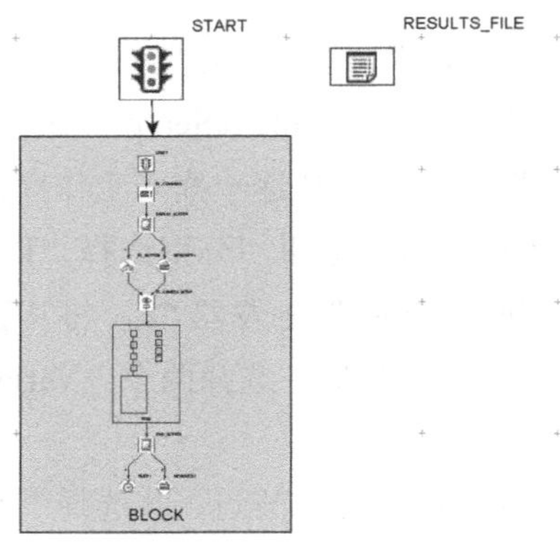

图 6-8　Landolt-C 范式中实验层的结构示意图

1. 添加节点

1）点击组件栏里的“Action”按钮，选择“Sequence”节点，用鼠标左键将其拖入工作区内。

2）将鼠标放在“START”节点上，点击并移动鼠标左键至“Sequence”节点，建立两者之间的连接。

3）点击组件栏里的“Other”按钮，选择“Results File”节点，并将其拖入工作区内。

4）将鼠标放在工作区的空白地方，点击击鼠标左键，之后选择“Arrange Layout”按钮，将工作区的各个节点重新排列。

2. 设置属性

1）设置实验层的属性。点击属性栏里的“Label”标签，在“Value”栏里对其重新进行命名，如“Landolt-C”。“Eyelink DV Variables”的“Value”等程序编制完成后，再添加所有涉及的变量，新版本 EB 将自动添加，请注意检查。“Results File”中的“Label”可采用默认名称，“Columns”栏目是选择需要导出的变量，同“Eyelink DV Variables”一样，在整个程序编制完成后再添加相关变量。

2）设置“Sequence”节点。点击属性栏里的“Label”标签，在“Value”栏里对其重新命名，将其命名为“BLOCK”。在“Iteration Count”栏里进行设置，选择“Block”序列的迭代次数。在工作区内，双击“Sequence”按钮以继续区组层的编写。

（二）创建区组层

1. 添加节点

1）点击组件栏里的“Action”按钮，依次选择“EyeLink Command”节点、第一个“Display Screen”节点、“Camera Setup”节点、“Sequence”节点和第二个“Display Screen”节点，将其逐一拖入工作区内。

2）点击组件栏里的“Trigger”按钮，分别选择“EyeLink Button”触发器和“Keyboard”触发器或“Timer”触发器，将其逐一拖入工作区内。

3）点击组件栏里的“Other”按钮，选择两个“Variable”，将其逐一拖入工作区内。

4）按照图 6-9 所示，依次连接各个节点，并选择“Arrange Layout”按钮重新排列工作区内的各个节点。

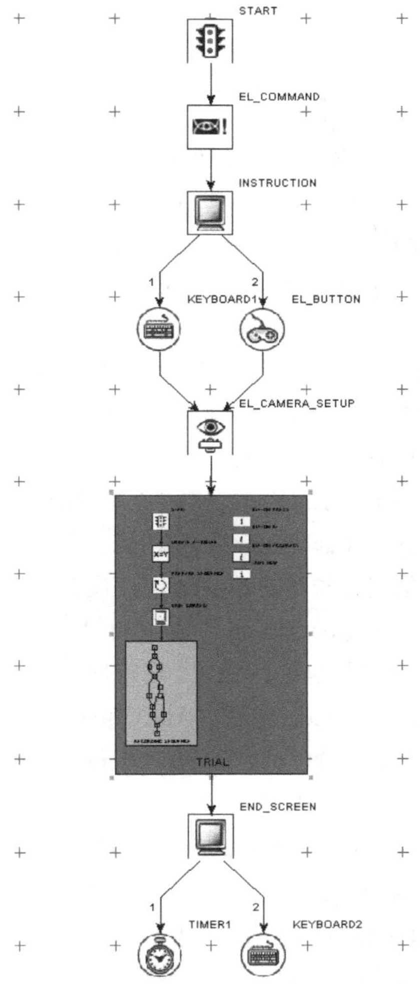

图 6-9　Landolt-C 范式中区组层的结构示意图

2. 设置属性

1）设置“EyeLink Command”。点击该节点对“Label”栏目进行命名，如“drift_correct”，或保留默认名称“EL_COMMAND”；勾选“Clear Input Queues”栏目；“Command”栏目里输入“drift_correcttime_rpt_error”；“Text”栏目输入漂移校准容许的最大偏差（如 0.2°），根据研究实际情况进行设置。

2）设置第一个“Display Screen”。通常第一屏用于呈现实验指导语，因此点击节点可命名“Label”为“INSTRUCTION”；勾选“Clear Input Queues”“Auto Update Screen”栏目；双击屏幕出现编辑窗口，插入指导语图片或输入文本格式的指导语。

3）设置“Trigger”。点击“EyeLink Button”节点，设置“Buttons”用于主试按键翻页手柄的对应代码，如“[5，6，7]”；勾选“Press Events”栏目。点击“Keyboard”设置“Keys”用于主试按键翻页，如“[Space，f，j]”；勾选“Press Events”栏目。也可采用“Timer”触发器节点来控制指导语的呈现时间，将“Duration”设置为一定时间段，表示如果被试在所设定时间内不作出按键反应，程序将会自动跳入下一屏（下面所有关于“Trigger”的设置均与此相同）。

4）设置“Camera Setup”。点击该节点，选择修改“Label”和“Message”的“Value”值；勾选“Clear Input Queues”栏目；“Calibration Type”按照刺激内容和实验要求进行选择，如果是单行呈现兰道环刺激，选择“H3”；但如果是多行或环形呈现兰道环刺激，则需要采用“HV5/HV9”方式的校准。“Pacing Interval”设置可为默认值，或1000ms；勾选“Randomize Order”“Repeat First Point”“Lock Eye After Calibration”“Select Eye After Validation”栏目。其他属性可根据所使用的显示器尺寸、分辨率和刺激呈现要求等有选择地进行设定。

5）设置“Sequence”节点。点击属性栏里的“Label”标签，将其命名为“TRIAL”。在“Iteration Count”栏里进行设置，选择序列需要重复的次数，如“99”表示有99个试次。编辑DataSource。点击“Add Column”按钮。添加所需要添加的变量，通常情况下，自变量包含“trial”“conditions”“question”“practice”等，同时需要对数据类型进行定义，如数值、字符串、选择型。点击“Add Row”按钮，输入试次的行数。点击“Randomization Setting”进行试次的随机设置。

6）设置第二个“Display Screen”。这一屏作为当前实验结束感谢语，点击节点可命名“Label”为“END_SCREEN”；勾选“Clear Input Queues”“Auto Update Screen”栏目；双击屏幕出现编辑窗口，插入指导语图片或输入文本格式的指导语（图6-10）。

7）设置“Trigger”触发键，以在被试完成所有实验后退出软件的运行。

8）在工作区内，双击“TRIAL”按钮以继续试次层的编写。

（三）创建试次层

1. 添加节点

1）点击组件栏里的“Action”按钮，选择“Update Attribute”节点 X=Y 、“Prepare Sequence”节点、“Drift Correct”节点和“Sequence”节点，并将这些节点依次拖入工作区内。

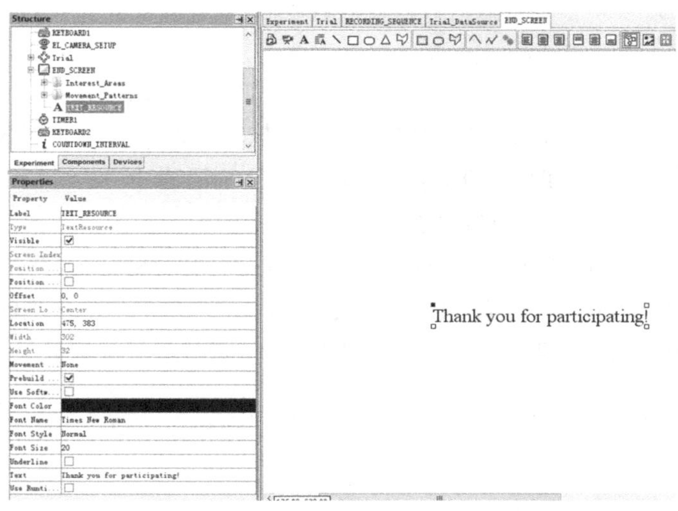

图 6-10　实验结束语设置示例

2）将鼠标放在“START”节点上，点击并移动鼠标左键，按照上述添加顺序依次建立相邻组件之间的连接。

3）点击组件栏里的“Other”按钮，选择 4 个“Variable”，并以此拖入工作区内。

4）将鼠标放在工作区的空白地方，点击鼠标左键，之后选择“Arrange Layout”按钮重新排列工作区内的各个节点。试次层的结构如图 6-11 所示。

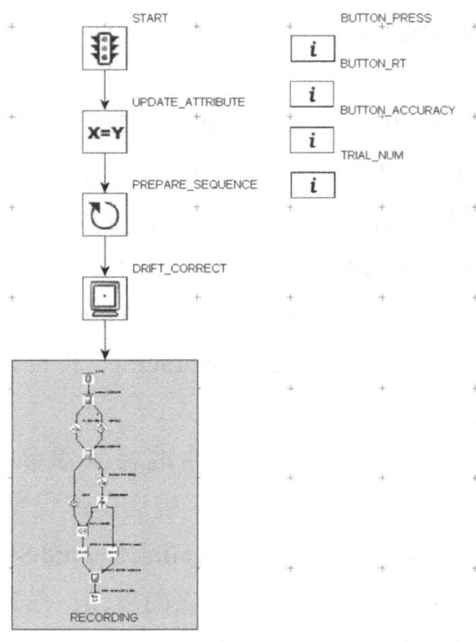

图 6-11　Landolt-C 范式中试次层的结构示意图

2. 设置属性

1）设置“Variable”节点。根据实验目的添加所需要的变量，如这里设置 4 个变量，依次命名为“BUTTON_PRESS”（记录按键的值）、“BUTTON_RT”（记录按键的反应时）、“BUTTON_ACCURACY”（记录按键判断的对错）和“TRIAL_NUM”（记录当前试次的编号）。

2）设置“Update Attribute”属性。将“Label”和“Message”的“Value”都改为“RESET_VARS”，勾选“Clear Input Queues”栏目，双击“Attribute_Value List”进入对话框，如图 6-12 所示，给上述 4 个变量赋予初始值。

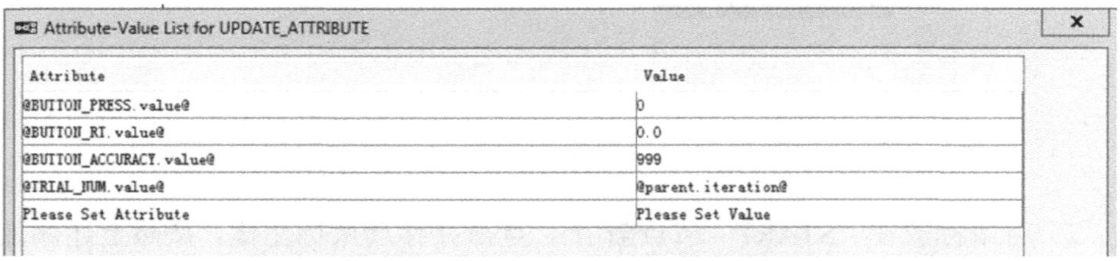

Attribute-Value List for UPDATE_ATTRIBUTE

Attribute	Value
@BUTTON_PRESS.value@	0
@BUTTON_RT.value@	0.0
@BUTTON_ACCURACY.value@	999
@TRIAL_NUM.value@	@parent.iteration@
Please Set Attribute	Please Set Value

图 6-12　设置“Update Attribute”属性并进行变量赋值

3）设置“Prepare_Sequence”（准备序列）属性。将“Label”和“Message”的“Value”都改为“PREPARE_SEQUENCE”；勾选“Clear Input Queues”“Load Screen Queues”“Load Audio”栏目；将“Draw To EyeLink Host”设置为“IMAGE”；最后勾选“Reinitialize Triggers”“Reinitialize Actions”“Reinitialize Video Resources”“Flush Logs”栏目。

4）设置“Drift Correction”（漂移校准）属性。将“Label”和“Message”的“Value”都改为“DRIFT_CORRECT”；勾选“Clear Input Queues”栏目；设置漂移校准点位置 X 和 Y 值，如果兰道环刺激按行呈现，可将漂移校准的位置设置为与刺激起始位置一致或在起始位置之前，具体以实验设计为准。勾选“Apply Correction”，将其设置为“CURRENT”；勾选“Allow Setup”“Draw Drift Correction Target”“Clear Target At Exit”“Use Custom Target”栏目。“Custom Target”一栏里选择自定义的校准图片，如一个方块□。

5）设置“Sequence”节点。选择性地将其重新命名为“RECORDING_SEQUENCE”；确保属性栏里的“Record”被选中；设置“Recording Pause Time”为 20；根据主试需要，选择性地增加“Eyelink Record Status Message”，通常呈现实验项目个数、实验条件以及句子判断正误的反馈；设置“Trial Results”为“0”；勾选“Freeze Display Until First Display”栏目。

6）双击工作区的“RECORDING”按钮，开始下一步的操作。

（四）创建记录层

添加记录层的节点。记录层的结构如图 6-13 所示。

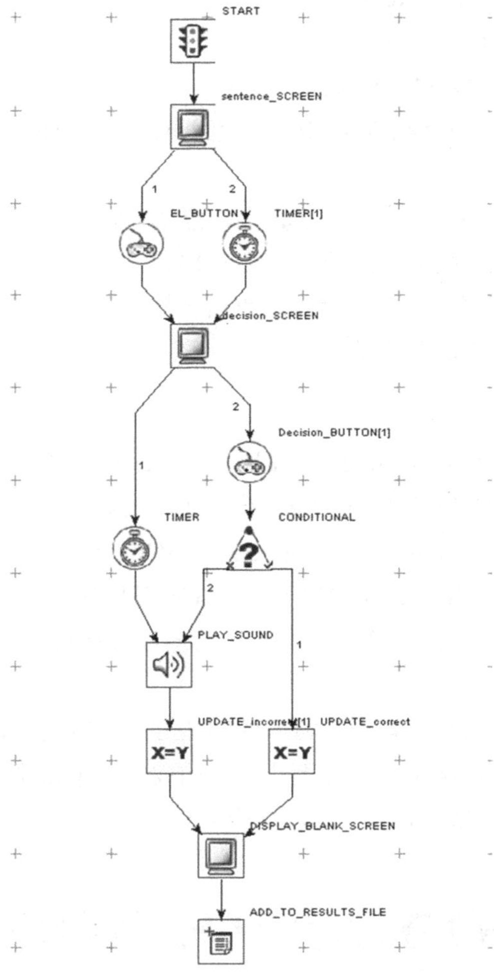

图 6-13 Landolt-C 范式中记录层的结构示意图

1. 添加节点

1）点击组件栏里的“Action”按钮，选择添加第一个“Display Screen”按钮。

2）点击组件栏里的“Trigger”按钮，选择添加“Buttons”“Keyboard”“Timer”节点中的 1 个或多个。

3）点击组件栏里的“Action”按钮，选择添加第二个“Display Screen”按钮。

4）再次点击组件栏里的“Trigger”按钮，选择添加“Buttons”、“Keyboard”和“Timer”节点。

5）点击组件栏里的“Trigger”按钮，选择添加“Conditional Trigger”。

6）点击组件栏里的“Action”按钮，选择添加 2 个“Update Attribute”节点 x=y 和 1 个播放声音节点。

7）添加第三个“Display Screen”按钮。

8）点击组件栏里的“Action”按钮，添“Add to Results File”按键，将其拖入工作区内。

9）将鼠标放在“START”节点上，点击并移动鼠标左键，按照上述添加顺序依次建立相邻组件之间的连接，见图 6-13。

10）将鼠标放在工作区的空白地方，点击鼠标左键，之后选择“Arrange Layout”按钮重新排列工作区内的各个节点。

2. 设置属性

1）设置第一个“Display Screen”属性。对 Label 和 Message 进行可选择命名，如“SENTENCE_SCREEN”；勾选“Clear Input Queues”“Prepare Next Display Screen Action”“Auto Update Screen”“Send Eyelink DV Message”“Use For Host Display”栏目；双击“SENTENCE_SCREEN”控件，在屏幕构建工具栏中点击“插入图片”图标，再点击工作区的任意位置，在弹出的图片选择对话框中选择需要的图片，并对其位置进行调整。

这里介绍一种兰道环“句子”材料的制造方法。首先制作 8 个不同缺口方向的兰道环，然后采用这 8 个兰道环图片组合构成每一个试次中的兰道环团簇和团簇所构成的“句子”。如图 6-14 所示，3 个兰道环构成一个团簇，6 个团簇构成一个兰道环“句子”。

图 6-14　兰道环“句子”材料的制作示意图

首先，图 6-15 为兰道环“句子”示例，点击其中一个兰道环，在左侧属性栏设置其属性，并勾选“Visible”“Prebuild To Image”“Use Original Size”栏目，如图 6-16 所示。

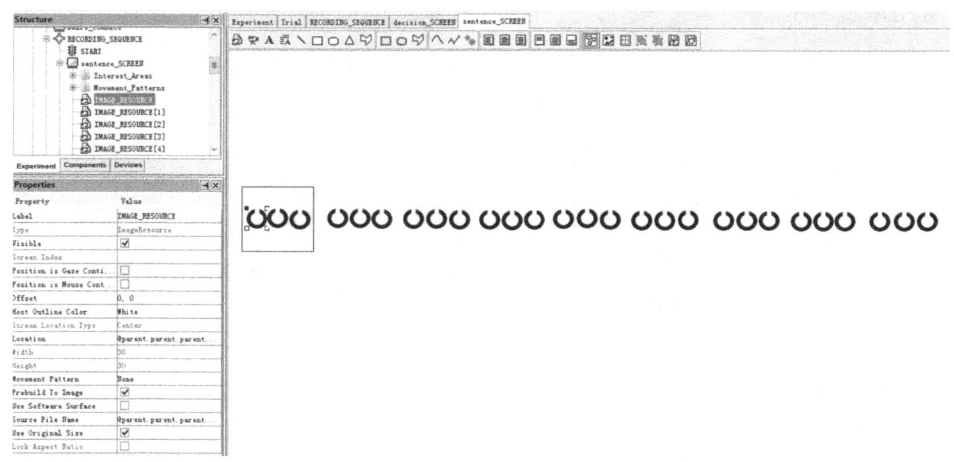

图 6-15　兰道环“句子”材料属性设置的选择

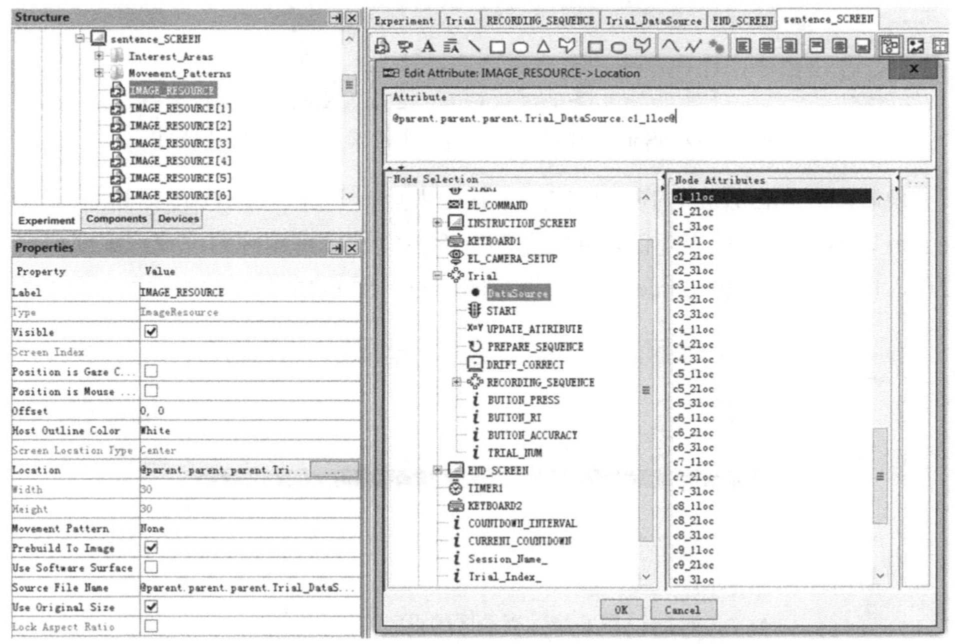

图 6-16　兰道环句子材料的属性设置的方法

其次，在“Location”一栏中，从“DataSource”中依次调用每一个位置兰道环的位置信息，如图 6-16 所示。

再次，在“Source File Name”一栏中，从“DataSource”中依次调用每一个位置兰道环的图片信息，如图 6-17 所示。

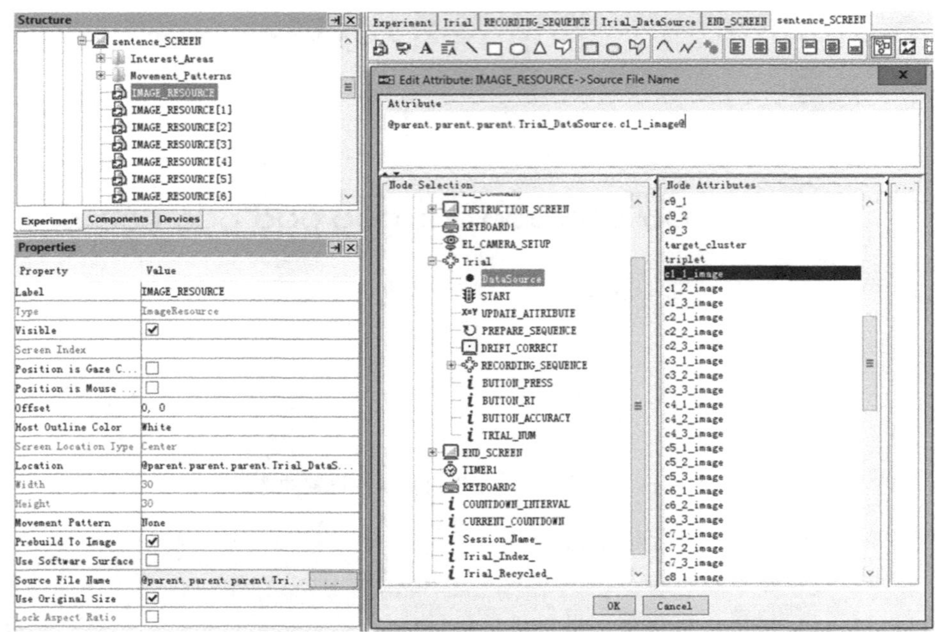

图 6-17 DataSource 中依次调用每一个位置兰道环的图片信息

最后，兴趣区设定，在屏幕构建工具栏中点击“Insert Rectangle Interest Area Region”，插入矩形框兴趣区，并在左侧属性栏中设置兴趣区的位置、宽度和高度信息。也可调用 DataSource 中提前设定的信息（图 6-18）。

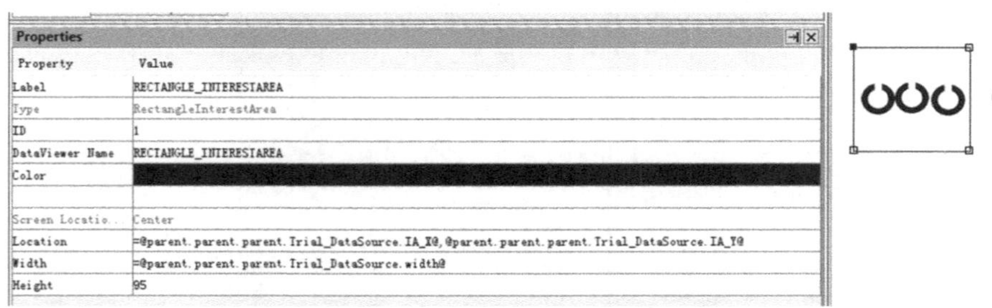

图 6-18 兴趣区的设定方法

2）设置目标刺激屏的“Triggers”属性（根据实验所使用的具体触发设备来选择，可选择多种触发方式）。在“EyeLink Button”的属性栏中进行命名，“Clear Input Queues”选择“NO”；“Buttons”的属性设置一个固定的按键，表示试次翻页键；勾选“Press Events”栏目。在“TIMER”的属性栏中进行命名，将“Duration”设置为一定时间段，表示如果被试在所设定时间内不作出按键反应，程序将会自动跳入下一屏。在“Keyboard”的属性栏中进行命名；“Clear Input Queues”选择“NO”；“Keys”属性设置为固定的键，如“[Space]”，表示只有按所设定的键，才能结束当前指导语注视屏幕；“Use Keyboard”设置为“Display Computer”；勾选“Press Events”栏目。

3）设置第二个“Display Screen”属性：判断屏。Landolt-C 范式通常有两种任务：判断是否存在某个目标刺激；判断存在几个目标刺激，需要输入具体数字。后一任务使用较多，接下来以此为例进行介绍。将“Label”和“Message”的“Value”改为“DECISION_SCREEN”，也可为默认值；勾选“Clear Input Queues”“Prepare Next Display Screen Action”“Auto Update Screen”“Send Eyelink DV Message”栏目；双击“DECISION _SCREEN”控件，在屏幕构建工具栏中选择插入图片或文本内容。点击左侧属性栏以设置相关属性，如图 6-19 所示，勾选“Visible”“Prebuild To Image”栏目，设置文本的位置、字体、颜色和内容等信息。

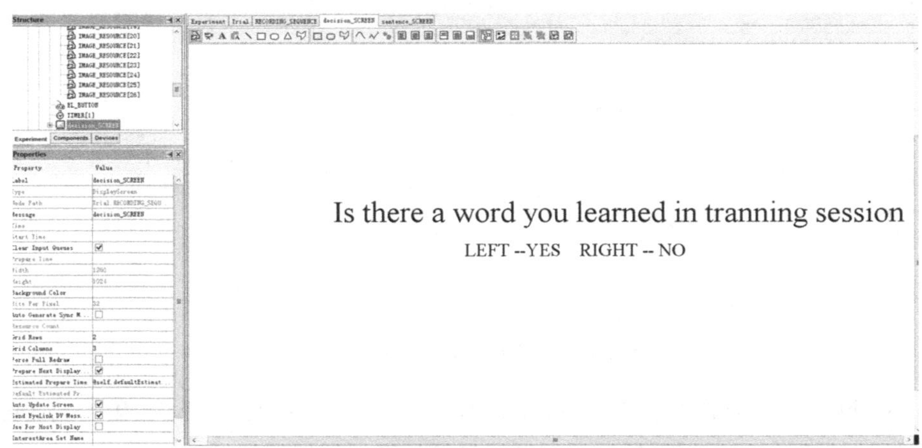

图 6-19 判断屏设置

4）设置判断屏的“Triggers”属性。若使用 Button 控件，在“EyeLink Button”的属性栏中将“Label”和“Message”的“Value”改为“DECISION_BUTTON”；“Clear Input Queues”选择“NO”；“Buttons”设置一个固定的按键（如“[2，4]”），分别表示“是”和“否”两个键；勾选“Press Events”栏目。设置“TIMER”节点的属性，“Duration”设置为一定时间段，表示如果被试在所设定时间内不作出按键反应，程序将会自动跳转。

5）设置“Condition”属性。将“Label”和“Message”的“Value”改为“CORRECT_OR_WRONG”；设置“Evaluation1：Attribute”为“DECISION_

BUTTON”按键的“BUTTON”值；“Comparator”选择“EQUALS”；“Value”等于“DataSource”中的“expected_button”（即正确按键），表示如果被试的按键等于设定的正确按键，那么接下来将会对“BUTTON_ACCURACY”变量赋值为1，表示正确；否则赋值为0，表示错误，同时发声提示错误。

6）设置“PLAY_SOUND”。选择性修改“Label”和“Message”的“Value”值；勾选“Clear Input Queues”栏目；在“Sound File”中插入声音文件，如“pip.wav”。

7）设置两个“Update Attribute”属性。分别将其命名为“UPDATE_incorrect”“UPDATE_correct”；勾选“Clear Input Queues”栏目，分别双击“Attribute_Value List”进入对话框，进行赋值设定。“UPDATE_incorrect”赋值如图6-20所示，“UPDATE_correct”赋值如图6-21所示。

Attribute-Value List for UPDATE_incorrect[1]

Attribute	Value
@parent.parent.BUTTON_PRESS.value@	@Decision_BUTTON[1].triggeredData.button@
@parent.parent.BUTTON_RT.value@	=@Decision_BUTTON[1].triggeredData.time@-@sentence_SCREEN.time@
@parent.parent.BUTTON_ACCURACY.value@	0
Please Set Attribute	Please Set Value

图6-20 “UPDATE_incorrect”赋值

Attribute-Value List for UPDATE_correct

Attribute	Value
@parent.parent.BUTTON_PRESS.value@	=@Decision_BUTTON[1].triggeredData.time@ - @decision_SCREEN.time@
@parent.parent.BUTTON_RT.value@	=@Decision_BUTTON[1].triggeredData.time@-@sentence_SCREEN.time@
@parent.parent.BUTTON_ACCURACY.value@	1
Please Set Attribute	Please Set Value

图6-21 “UPDATE_correct”赋值

8）设置空白屏属性。点击“Display Screen”属性，将其“Label”和“Message”的“Value”改为“DISPLAY_BLANK_SCREEN”；勾选“Clear input Queues”“Auto Update Screen”“Send Eyelink DV Messages”栏目。

9）设置“Add to Results File”属性。勾选“Clear Input Queues”栏目，双击“Results File”，选择“RESULTS_FILE”变量。

二、Landolt-C范式材料的制作

在Landolt-C范式中，研究者常使用图片作为实验材料。制作刺激图片时，研究者可以采用两种方式。第一种方式是以刺激项目为单位，即每个项目制作一张图片，如图6-22所示。在制图软件中，按照要求的缺口方向、数量和位置排列组

合每个兰道环，并将它们保存为一整张图片（即一张图片对应一个刺激项目）。第二种方式是以兰道环为单位，即每个兰道环制作一张图片（如）。与第一种方式中的刺激项目相似，这种方式下的一个刺激项目由 8 个缺口方向不同的兰道环组合而成。因此，研究者只需制作 8 张基本的兰道环图片，然后在 EB 编程中按照刺激项目的呈现要求，在不同的像素位置调用这 8 张基础的兰道环图片即可。

图 6-22　以项目为单位制作图片

第一种方式的制图逻辑相对简单，适用于刺激数量较少或者实验设计中的兰道环操作相对简单的情况。然而，在大多数情况下，实验材料的数量通常较多，且兰道环操作水平较为复杂。因此，推荐使用第二种方式。第二种方式的最大优点在于只需制作少量的兰道环图片，通过操作位置像素，能够迅速而准确地呈现出研究者所需的任何刺激项目。与此同时，这种方式下的刺激项目也相对更容易进行修改。如果发现刺激项目有误，可以通过修改图片或位置信息的调用参数来进行调整。

接下来以第二种方式介绍具体的材料制作过程。首先制作所需要的基本兰道环图片。如果研究者只操作兰道环的缺口方向，如通常需要 8 种基本兰道环，按照顺时针方向，兰道环的缺口方向依次为 0°（）、45°（）、90°（）、135°（）、180°（）、225°（）、270°（）、315°（）；研究者通常也会操作兰道环的缺口大小，以此来控制从兰道环“句子”中搜索目标的难度，其中缺口大小以像素值作为测量标准，如 Williams 和 Pollatsek（2007）的缺口大小采用 2 像素（）、4 像素（）、6 像素（）、8 像素（）。常见的做法是保证每个兰道环组块内的缺口大小相同，不同兰道环组块间的缺口大小随机变化。

基本兰道环图片制作好之后，接下来最重要的工作是在 EB 中设置其属性变量和参数。为了说明在 EB 软件中如何通过基础兰道环图片构建一个个刺激材料，下面以 Wang 等（2021）的研究为例进行说明，该研究中的刺激项目由 8 个缺口方向不一样的基本兰道环构成，每个刺激项目包含 9 个兰道环团簇，每个团簇由 3 个兰道环构成，见图 6-23。

图 6-23　Wang 等（2021）实验所用材料

第一步，在“DataSource”中，为所有兰道环分别设置 3 组变量：兰道环代码（图 6-24 中的灰底凸显内容，如 c1_1 表示第一个团簇中第一个兰道环的代码）、兰道环图片名称（图 6-25，如 c1_1_image 表示第一个团簇中第一个兰道环的图片）和兰道环位置坐标（图 6-26，如 c1_1_loc 表示第一个团簇中第一个兰道环的坐标位置）。

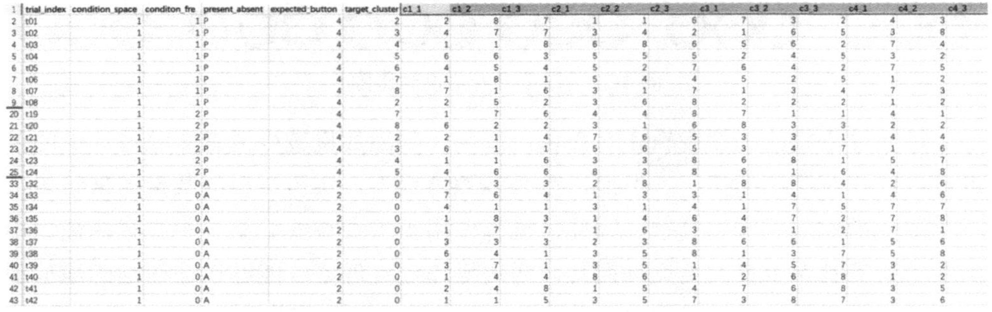

1	trial_index	condition_space	conditon_fre	present_absent	expected_button	target_cluster	c1_1	c1_2	c1_3	c2_1	c2_2	c2_3	c3_1	c3_2	c3_3	c4_1	c4_2	c4_3
2	t01	1	1	P	4	2	2	8	7	1	1	6	7	3	2	4	3	
3	t02	1	1	P	4	3	4	7	7	3	4	2	1	6	5	3	8	
4	t03	1	1	P	4	4	1	1	8	6	8	6	5	6	2	7	4	
5	t04	1	1	P	4	5	6	6	3	5	5	5	2	4	5	3	2	
6	t05	1	1	P	4	6	4	5	4	5	2	7	6	4	2	7	5	
7	t06	1	1	P	4	7	1	8	1	5	4	4	5	2	5	1	2	
8	t07	1	1	P	4	8	7	1	6	3	1	7	1	3	4	7	3	
9	t08	1	1	P	4	2	2	5	2	3	6	8	2	2	2	1	2	
20	t19	1	2	P	4	7	1	7	6	4	4	8	7	1	1	4	1	
21	t20	1	2	P	4	8	6	2	2	3	1	6	8	3	3	2	2	
22	t21	1	2	P	4	2	2	1	4	7	6	5	3	3	1	4	4	
23	t22	1	2	P	4	3	6	1	1	5	6	5	3	4	7	1	6	
24	t23	1	2	P	4	4	1	1	6	3	3	8	6	8	1	5	7	
25	t24	1	2	P	4	5	4	6	6	8	3	8	6	1	6	4	8	
33	t32	1	0	A	2	0	7	3	3	2	8	1	8	8	4	2	6	
34	t33	1	0	A	2	0	7	6	4	1	3	3	1	4	1	4	6	
35	t34	1	0	A	2	0	4	1	1	3	1	4	1	7	5	7	7	
36	t35	1	0	A	2	0	1	8	3	1	4	6	4	7	2	7	8	
37	t36	1	0	A	2	0	1	7	7	1	6	3	8	1	2	7	1	
38	t37	1	0	A	2	0	3	3	3	2	3	8	6	6	1	5	6	
39	t38	1	0	A	2	0	6	4	1	3	5	8	1	3	7	5	8	
40	t39	1	0	A	2	0	3	7	1	3	5	1	4	5	7	3	2	
41	t40	1	0	A	2	0	1	4	4	8	6	1	2	6	8	1	2	
42	t41	1	0	A	2	0	2	4	8	1	5	4	7	6	8	3	5	
43	t42	1	0	A	2	0	1	1	5	3	5	7	3	8	7	3	6	

图 6-24　兰道环代码变量示例

1	trial_index	condition_space	conditon_fre	present_absent	expected_button	target_cluster	c1_1_image	c1_2_image	c1_3_image	c2_1_image	c2_2_image	c2_3_image	c3_1_image	c3_2_image	c3_3_image	c4_1_image	c4_2_image	c4_3_image
2	t01	1	1	P	4	2	2.png	8.png	7.png	1.png	1.png	6.png	7.png	3.png	2.png	4.png	3.png	2.png
3	t02	1	1	P	4	3	4.png	7.png	7.png	3.png	4.png	2.png	1.png	6.png	5.png	3.png	8.png	2.png
4	t03	1	1	P	4	4	1.png	1.png	8.png	6.png	8.png	6.png	5.png	6.png	2.png	7.png	4.png	3.png
5	t04	1	1	P	4	5	6.png	6.png	3.png	5.png	5.png	5.png	2.png	4.png	5.png	3.png	2.png	2.png
6	t05	1	1	P	4	6	4.png	5.png	4.png	5.png	2.png	7.png	6.png	4.png	2.png	7.png	5.png	3.png
7	t06	1	1	P	4	7	1.png	8.png	1.png	5.png	4.png	4.png	5.png	2.png	5.png	1.png	2.png	2.png
8	t07	1	1	P	4	8	7.png	1.png	6.png	3.png	1.png	7.png	1.png	3.png	4.png	7.png	3.png	6.png
9	t08	1	1	P	4	2	2.png	5.png	2.png	3.png	6.png	8.png	2.png	2.png	2.png	1.png	2.png	7.png
20	t19	1	2	P	4	7	1.png	7.png	6.png	4.png	4.png	8.png	7.png	1.png	1.png	4.png	1.png	7.png
21	t20	1	2	P	4	8	6.png	2.png	2.png	3.png	1.png	6.png	8.png	3.png	3.png	2.png	2.png	8.png
22	t21	1	2	P	4	2	2.png	1.png	4.png	7.png	6.png	5.png	3.png	3.png	1.png	4.png	4.png	4.png
23	t22	1	2	P	4	3	6.png	1.png	1.png	5.png	6.png	5.png	3.png	4.png	7.png	1.png	6.png	1.png
24	t23	1	2	P	4	4	1.png	1.png	6.png	3.png	3.png	8.png	6.png	8.png	1.png	5.png	7.png	4.png
25	t24	1	2	P	4	5	4.png	6.png	6.png	8.png	3.png	8.png	6.png	1.png	6.png	4.png	8.png	1.png
33	t32	1	0	A	2	0	7.png	3.png	3.png	2.png	8.png	1.png	8.png	8.png	4.png	2.png	6.png	1.png
34	t33	1	0	A	2	0	7.png	6.png	4.png	1.png	3.png	3.png	1.png	4.png	1.png	4.png	6.png	8.png
35	t34	1	0	A	2	0	4.png	1.png	1.png	3.png	1.png	4.png	1.png	7.png	5.png	7.png	7.png	2.png
36	t35	1	0	A	2	0	1.png	8.png	3.png	1.png	4.png	6.png	4.png	7.png	2.png	7.png	8.png	4.png
37	t36	1	0	A	2	0	1.png	7.png	7.png	1.png	6.png	3.png	8.png	1.png	2.png	7.png	1.png	4.png
38	t37	1	0	A	2	0	3.png	3.png	3.png	2.png	3.png	8.png	6.png	6.png	1.png	5.png	6.png	1.png
39	t38	1	0	A	2	0	6.png	4.png	1.png	3.png	5.png	8.png	1.png	3.png	7.png	5.png	8.png	4.png
40	t39	1	0	A	2	0	3.png	7.png	1.png	3.png	5.png	1.png	4.png	5.png	7.png	3.png	2.png	8.png
41	t40	1	0	A	2	0	1.png	4.png	4.png	8.png	6.png	1.png	2.png	6.png	8.png	1.png	2.png	6.png
42	t41	1	0	A	2	0	2.png	4.png	8.png	1.png	5.png	4.png	7.png	6.png	8.png	3.png	5.png	4.png
43	t42	1	0	A	2	0	1.png	1.png	5.png	3.png	5.png	7.png	3.png	8.png	7.png	3.png	6.png	7.png

图 6-25　兰道环图片名称变量示例

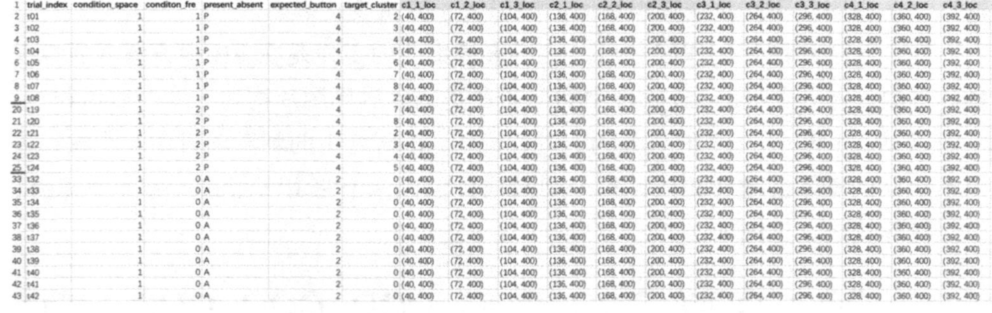

1	trial_index	condition_space	conditon_fre	present_absent	expected_button	target_cluster	c1_1_loc	c1_2_loc	c1_3_loc	c2_1_loc	c2_2_loc	c2_3_loc	c3_1_loc	c3_2_loc	c3_3_loc	c4_1_loc	c4_2_loc	c4_3_loc
2	t01	1	1	P	4	2	(40, 400)	(72, 400)	(104, 400)	(136, 400)	(168, 400)	(200, 400)	(232, 400)	(264, 400)	(296, 400)	(328, 400)	(360, 400)	(392, 400)
3	t02	1	1	P	4	3	(40, 400)	(72, 400)	(104, 400)	(136, 400)	(168, 400)	(200, 400)	(232, 400)	(264, 400)	(296, 400)	(328, 400)	(360, 400)	(392, 400)
4	t03	1	1	P	4	4	(40, 400)	(72, 400)	(104, 400)	(136, 400)	(168, 400)	(200, 400)	(232, 400)	(264, 400)	(296, 400)	(328, 400)	(360, 400)	(392, 400)
5	t04	1	1	P	4	5	(40, 400)	(72, 400)	(104, 400)	(136, 400)	(168, 400)	(200, 400)	(232, 400)	(264, 400)	(296, 400)	(328, 400)	(360, 400)	(392, 400)
6	t05	1	1	P	4	6	(40, 400)	(72, 400)	(104, 400)	(136, 400)	(168, 400)	(200, 400)	(232, 400)	(264, 400)	(296, 400)	(328, 400)	(360, 400)	(392, 400)
7	t06	1	1	P	4	7	(40, 400)	(72, 400)	(104, 400)	(136, 400)	(168, 400)	(200, 400)	(232, 400)	(264, 400)	(296, 400)	(328, 400)	(360, 400)	(392, 400)
8	t07	1	1	P	4	8	(40, 400)	(72, 400)	(104, 400)	(136, 400)	(168, 400)	(200, 400)	(232, 400)	(264, 400)	(296, 400)	(328, 400)	(360, 400)	(392, 400)
9	t08	1	1	P	4	2	(40, 400)	(72, 400)	(104, 400)	(136, 400)	(168, 400)	(200, 400)	(232, 400)	(264, 400)	(296, 400)	(328, 400)	(360, 400)	(392, 400)
20	t19	1	2	P	4	7	(40, 400)	(72, 400)	(104, 400)	(136, 400)	(168, 400)	(200, 400)	(232, 400)	(264, 400)	(296, 400)	(328, 400)	(360, 400)	(392, 400)
21	t20	1	2	P	4	8	(40, 400)	(72, 400)	(104, 400)	(136, 400)	(168, 400)	(200, 400)	(232, 400)	(264, 400)	(296, 400)	(328, 400)	(360, 400)	(392, 400)
22	t21	1	2	P	4	2	(40, 400)	(72, 400)	(104, 400)	(136, 400)	(168, 400)	(200, 400)	(232, 400)	(264, 400)	(296, 400)	(328, 400)	(360, 400)	(392, 400)
23	t22	1	2	P	4	3	(40, 400)	(72, 400)	(104, 400)	(136, 400)	(168, 400)	(200, 400)	(232, 400)	(264, 400)	(296, 400)	(328, 400)	(360, 400)	(392, 400)
24	t23	1	2	P	4	4	(40, 400)	(72, 400)	(104, 400)	(136, 400)	(168, 400)	(200, 400)	(232, 400)	(264, 400)	(296, 400)	(328, 400)	(360, 400)	(392, 400)
25	t24	1	2	P	4	5	(40, 400)	(72, 400)	(104, 400)	(136, 400)	(168, 400)	(200, 400)	(232, 400)	(264, 400)	(296, 400)	(328, 400)	(360, 400)	(392, 400)
33	t32	1	0	A	2	0	(40, 400)	(72, 400)	(104, 400)	(136, 400)	(168, 400)	(200, 400)	(232, 400)	(264, 400)	(296, 400)	(328, 400)	(360, 400)	(392, 400)
34	t33	1	0	A	2	0	(40, 400)	(72, 400)	(104, 400)	(136, 400)	(168, 400)	(200, 400)	(232, 400)	(264, 400)	(296, 400)	(328, 400)	(360, 400)	(392, 400)
35	t34	1	0	A	2	0	(40, 400)	(72, 400)	(104, 400)	(136, 400)	(168, 400)	(200, 400)	(232, 400)	(264, 400)	(296, 400)	(328, 400)	(360, 400)	(392, 400)
36	t35	1	0	A	2	0	(40, 400)	(72, 400)	(104, 400)	(136, 400)	(168, 400)	(200, 400)	(232, 400)	(264, 400)	(296, 400)	(328, 400)	(360, 400)	(392, 400)
37	t36	1	0	A	2	0	(40, 400)	(72, 400)	(104, 400)	(136, 400)	(168, 400)	(200, 400)	(232, 400)	(264, 400)	(296, 400)	(328, 400)	(360, 400)	(392, 400)
38	t37	1	0	A	2	0	(40, 400)	(72, 400)	(104, 400)	(136, 400)	(168, 400)	(200, 400)	(232, 400)	(264, 400)	(296, 400)	(328, 400)	(360, 400)	(392, 400)
39	t38	1	0	A	2	0	(40, 400)	(72, 400)	(104, 400)	(136, 400)	(168, 400)	(200, 400)	(232, 400)	(264, 400)	(296, 400)	(328, 400)	(360, 400)	(392, 400)
40	t39	1	0	A	2	0	(40, 400)	(72, 400)	(104, 400)	(136, 400)	(168, 400)	(200, 400)	(232, 400)	(264, 400)	(296, 400)	(328, 400)	(360, 400)	(392, 400)
41	t40	1	0	A	2	0	(40, 400)	(72, 400)	(104, 400)	(136, 400)	(168, 400)	(200, 400)	(232, 400)	(264, 400)	(296, 400)	(328, 400)	(360, 400)	(392, 400)
42	t41	1	0	A	2	0	(40, 400)	(72, 400)	(104, 400)	(136, 400)	(168, 400)	(200, 400)	(232, 400)	(264, 400)	(296, 400)	(328, 400)	(360, 400)	(392, 400)
43	t42	1	0	A	2	0	(40, 400)	(72, 400)	(104, 400)	(136, 400)	(168, 400)	(200, 400)	(232, 400)	(264, 400)	(296, 400)	(328, 400)	(360, 400)	(392, 400)

图 6-26　兰道环位置坐标示例

第二步，设置每个项目中兰道环变量的参数（图 6-24 中的“trial_index”变量）。

例如，在图 6-24 中，第一个试次或项目的名称为“t01”；相应的 c1_1 变量的参数等于“2”，表示这个项目中第一个团簇的第一个兰道环的代码为 2（如果 1～8 分别代表缺口方向为 0°～315°的兰道环，那么 2 代表缺口方向为 45° 的兰道环）；对应的 c1_1_image 的参数等于“2.png”，表示代码为 2 的兰道环的图片名称；位置变量 c1_1_loc 的参数等于“（40，400）”，表示这个项目中第一个团簇的第一个兰道环的中心位于 X 轴 40 像素、Y 轴 400 像素的位置。以此类推，设置这个项目中所有 12 个兰道环的参数，即完成一个试次的图片设置。在正式编程之前，研究者需要根据实际研究内容，提前设计好所有刺激项目的参数值。

第三步，在记录层的刺激呈现屏（“SENTENCE_SCREEN”）中调用上述刺激的变量。详见本节创建记录层属性设置中的“设置第一个‘Display Screen’属性”。需要注意的是，在这一步骤中，需要对一个项目中的所有位置的兰道环的图片和位置参数进行调用。在上述例子中，一个项目包括 12 个兰道环，这意味着需要依次调用“DataSource”中所设置好的这 12 个兰道环的变量信息。

三、Landolt-C 范式实验数据处理与注意事项

Landolt-C 实验数据的分析遵循一般句子阅读研究中的分析方法。首先，眼动数据的整理包括数据准确性检查、缺失值处理和极端值处理，具体操作如下。

1）数据准确性检查：①删除早期按键或错误按键导致句子呈现中断的试次，以及因被试头动等偶然因素导致的数据丢失。②排除注视点过少的试次。例如，30 个兰道环左右的项目，注视点少于等于 3 个或 5 个。③删除正确率较低或注视落点倾向只分布在句子的局部区域的试次。④排除注视在一行刺激开始或结尾的兰道环团簇区域，因为在刺激呈现之前眼睛已准备好注视第一个团簇，而最后一个团簇被排除是因为没有目标试次的手动反应可能干扰眼动。⑤排除注视发生在包含目标的兰道环团簇及其相邻前后团簇上的眼动数据，因为这些区域的眼动指标可能受到手动反应的影响。

2）缺失值与极端值处理：对于缺失值处理，要删除在眼动实验中数据记录不完整或因程序等偶然因素导致数据丢失的被试数据。对于极端值处理：①使用 DV 软件中的“clean”功能筛选或合并不符合要求的眼跳和注视数据。②删除注视时间短于 80ms（或 60ms）或长于 800ms（或 1200ms）的注视点。③采用两个或三个标准差的删除原则处理极端值，具体删除方式根据实验设定进行选择，一般采用基于被试的删除方式。如果采用线性混合模型，则无须区分被试。

其次，在完成眼动数据的整理之后，研究者还需要仔细检查数据的分布形态。在 Landolt-C 实验中，通常采用阅读眼动数据的分析方法，其中一种常见的方法是使用线性混合模型。然而，如果原始数据的分布不符合模型的要求，研究者往往会选择进行数据转换，以便更好地满足模型的假设。在 R 语言软件中，可以使用“qqnorm()”函数来查看原始数据和经过 log 转换后数据的分布形态。这个步骤对于确保数据符合模型的假设非常重要。

Landolt-C 实验的指标与阅读任务相同，通常分为整体分析和局部分析。其中，整体分析的指标包括平均注视时间、平均眼跳幅度、总阅读时间等；局部分析的指标包括首次注视时间、凝视时间、总注视时间、注视次数、跳入眼跳距离、跳出眼跳距离、首次登陆位置等。具体每个指标的分析与一般阅读实验完全相同。

第三节　Landolt-C 范式经典实验赏析

在本节中，我们将赏析由 Liu 等于 2015 年在 *Quantitative Biology*（《定量生物学》）杂志上发表的研究报告“Eye-movement control during the reading of Chinese: An analysis using the Landolt-C paradigm”（《汉语阅读中的眼动控制：基于 Landolt-C 范式的分析》）。在这项研究中，研究者结合汉字以方块字线性排列的特点，巧妙地运用 Landolt-C 范式，探讨了在汉语书写系统中读者的眼动控制问题，为前人的理论争论提供了实证依据并进行了进一步拓展。

汉语阅读中的眼动控制：基于 Landolt-C 范式的分析

一、问题提出

拼音文字研究表明，高频词语的识别速度较快，读者对其加工时间较短（Inhoff & Rayner，1986；Kliegl et al.，2006；Rayner et al.，2004）。同时，注视词语中心有助于提高识别效率，拼音文字读者借助词间空格引导眼睛跳至词中心（McConkie et al.，1988；Rayner et al.，1996）。这种眼动行为在阅读中发挥着一定作用，然而它在不同语言中的作用是否一致尚不清楚。因此，越来越多的研究者开始关注汉语这种非拼音文字阅读中的眼动控制问题。

在汉语中，词语不是由字母组合而成，也没有像空格那样明显的词间间隔。相反，词语通常由 1～4 个大小相等的方块字组成，而构成字的笔画则在 1～36 的广泛范围内变化；此外，这些方块字之间没有空格，它们以相邻的方式线性排列。因此，汉语读者必须依赖已有的语言知识来切分汉语字词（Li et al.，2009）。然而，这个切分过程常常因为容易产生歧义而变得复杂。例如，一个包含4个字的序列可以被切分为两个两字词（“当家”和“做主”），也可以被切分为一个完整的四字词（“当家做主”）（Hoosain，1991，1992；Liu et al.，2013）。

基于汉语书写系统的特点，关于读者眼动行为受词汇属性影响的问题引发了学术争论。一些研究者认为，在汉语阅读中，汉字本身比整个词汇更为重要，是决定眼睛何时移动以及移向何处的基本单位（Chen，1996；Chen et al.，2003；Feng，2008；Hoosain，1991，1992；Tsai & McConkie，2003；Yang & McConkie，1999）。另一些研究者则认为，由于在读者中汉语词汇具有心理现实性（Li et al.，2009，2013，2014；Li & Logan，2008），词汇在决定眼动行为中扮演着重要角色（Liversedge et al.，2013；Yan et al.，2006）。此外，关于眼跳目标选择也存在分歧。一种观点认为，词的首次注视位置取决于读者是否能在副中央凹中成功地进行词切分，若成功则首次注视位置倾向于词的中心，否则倾向于词的首部（Yan et al.，2010）。另一种观点则认为，眼跳目标选择没有固定的默认位置，而是根据中央凹和/或副中央凹的加工难度来调节，难度较小时，眼跳距离较长（Liu et al.，2015；Wei et al.，2013）。鉴于以上争议，研究者认为在汉语阅读中，基本的眼动控制问题，尤其是词汇加工如何影响眼动控制的问题，需要进行更深入的探讨。

在拼音文字阅读研究中，研究者通过 Landolt-C 非“阅读”任务来考察词语加工对眼动行为的影响。相关研究发现，被试似乎将这些兰道环团簇视为单词，并且倾向于选择团簇中心作为眼跳目标。与较难加工的团簇（指缺口较小且实验中出现次数较少的团簇）相比，被试对容易加工的团簇（指缺口较大且在实验中出现次数较多的团簇）的注视时间较短。为了更好地理解中文阅读中观察到的基于词的眼动行为，研究者结合汉字书写系统的特点，对 Landolt-C 范式中的刺激样式进行了设计和调整，使其更贴近实际中文阅读的情境（图1）。在这项研究中，被试需要浏览线性排列的 Landolt-squares（指带有不同缺口的正方形），并且指出目标物的数量（指不带缺口的正方形，如□）。这种方法的优势在于，在没有语言加工的情况下，它提供了一种精确操纵词汇加工难度（缺口大小）和大小（相邻非目标正方形数量）的方式。

图1 Liu 等（2015）研究中使用 Landolt-C 范式呈现的刺激

注：实验材料示例，目标是没有缺口的正方形

综上所述，该研究深入探讨了汉语阅读中词切分和识别对眼动行为的影响，主要关注两个关键问题：①识别难度如何影响词语的注视时间；②眼跳目标选择是否受到切分难度的影响。研究者假设，容易识别的词的注视时间更短，而眼跳目标选择不受词切分的影响。这一研究结果将进一步支持中文阅读中词汇加工在眼动控制的时间（when）和位置（where）两个方面发挥作用的观点（Liu et al., 2014; Wei et al., 2013），而副中央凹词切分不是决定眼睛移向何处的主要因素（Yan et al., 2010）。

二、实验方法

实验使用 40 像素×40 像素的兰道环正方形表示每个汉字，其中缺口大小为 2 像素、4 像素、6 像素、8 像素，方向可以是上、下、左、右。每个词由 1~4 个字组成，同一个词中的缺口大小和方向保持一致，不同词之间则不同。相邻字符之间的空格为 6 像素。每个"句子"包含 10 个随机选择的词，长度为 16~33 个字（平均为 25 个字）。

实验任务是中文式视觉搜索任务，共包含 64 个唯一单词，涵盖了每个词的字符数、间隙大小和方向的所有组合。每个词在实验中重复 40 次，每个句子中的目标以相同概率出现在任何一个词中，但不包括第一个词和最后一个词。被试需要浏览每个句子，并通过按键盘上的数字指出句子中出现了多少个目标。实验分为 4 个区组，每个区组包含 64 个试次。总共招募了 20 名被试（其中 12 名为男性）。

三、结果

1. 注视位置

为了探究副中央凹词切分是否影响眼跳目标选择，研究者对与注视位置相关的指标进行了第一遍阅读的分析。图 2 展示了以汉字数目、缺口大小以及练习次数（即区组的序号）为自变量的首次注视位置分布、单一注视位置分布、多次注视中的首次注视位置分布以及向前眼跳注视位置分布。结果显示，首次注视位置分布和多次注视中的首次注视位置分布倾向于词的首部，而单一注视位置分布集中在词的中心，向前眼跳注视位置分布均匀。这与前人关于文本阅读研究的结果一致。

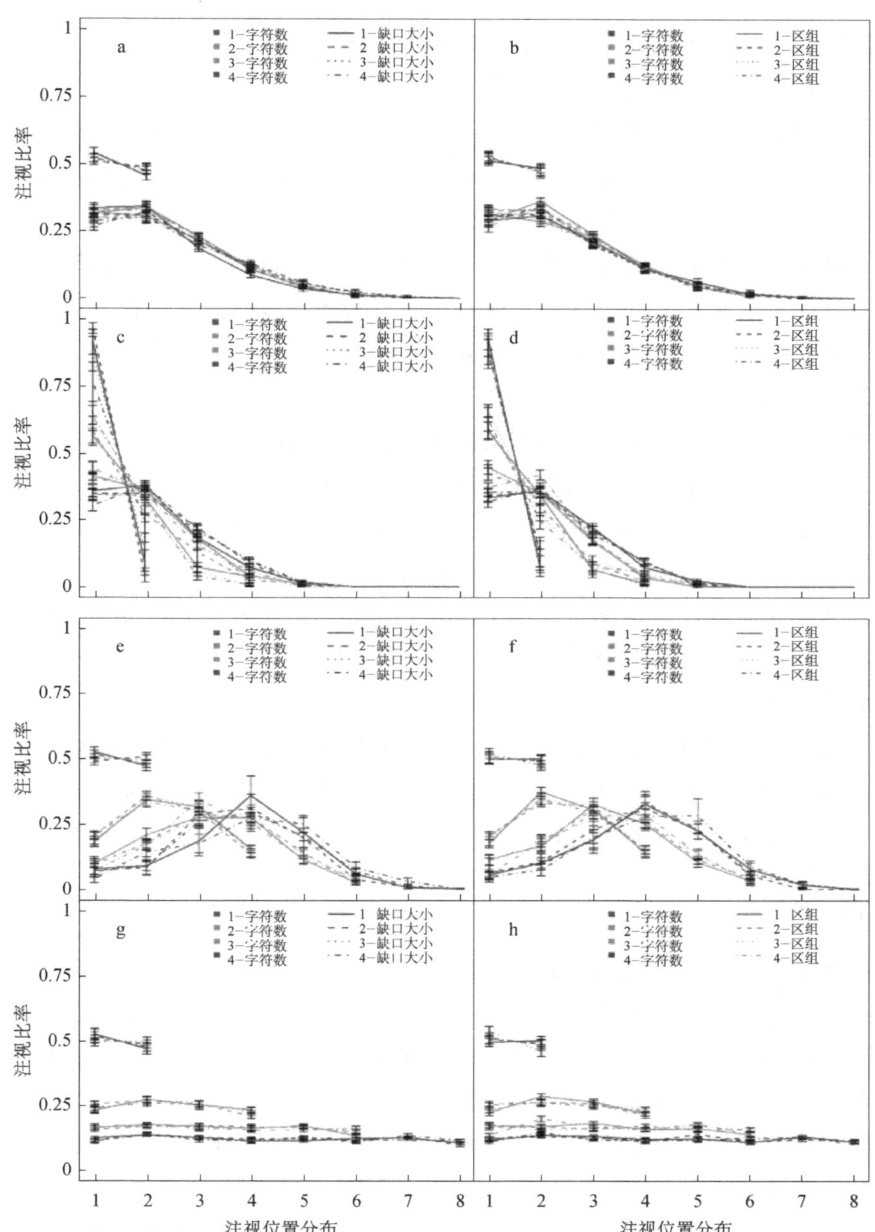

图 2　以汉字数目、缺口大小以及练习次数为自变量的注视位置分布

注：图 a、b 是对受到一次或多次注视的单词上的初始注视分布；图 c、d 是对受到两次或更多次注视的单词上的第一个多重注视的分布；图 e、f 是对仅受到一次注视的单词上的单次注视的分布；图 g、h 是在第一遍阅读时对单词的所有向前注视的分布。所有图都显示了注视位置分布与单词内字符数的关系。图 a、c、e 和 g（左列）还显示了注视位置分布与单词内间隙大小的关系，而图 b、d、f 和 h（右列）也显示了注视位置分布与练习次数（即区组的序号）的关系。误差条表示了均值的标准差

接下来，研究者使用线性混合模型进一步分析了练习次数以及n、n−1和n+1的特征（即缺口大小和汉字数目）是否会对n的向前注视位置产生影响。研究结果显示，随着词n长度的增加，所有向前眼跳的平均注视位置逐渐向右移动。值得注意的是，平均注视位置并不受n的缺口大小、n−1和n+1的特征以及练习次数的影响。换句话说，向前眼跳注视位置呈现出均匀分布，这说明在本研究中不存在偏好的注视位置。此外，研究者还观察到首次注视位置和多次注视中的首次注视位置都位于词的首部，这一发现否定了以词为中心的注视理论。如果注视确实以词为中心，那么被试的注视位置应该随着词的位置的变化而变化。

2. 眼跳长度

虽然缺口大小和汉字数目的变化似乎不影响n的向前注视位置的变化，但是，其是否会影响受到中央凹或副中央凹调节的向前眼跳长度呢？研究结果显示，向前眼跳长度会随着n−1、n、n+1的增长而增加，并随着缺口的增大而增加。这些结果与前人的研究结果一致，即向前眼跳长度会随着当前加工词（即中央凹）的难度（频率）降低以及词长的增加而增加。同时，它也会随着副中央凹词的加工难度降低和词长的增加而增加。

3. 注视时间

首次注视时间随着n长度的增加和缺口的增大而缩短；凝视时间随着n长度的增大而增长，随着n缺口的增大而缩短，同时随着n−1和n+1长度的增大而缩短；总注视时间随着n长度的增加而增长，而随n缺口的增大而缩短。

四、讨论

本研究旨在探究中文式视觉搜索任务中“词汇”加工对眼动行为的影响，以便更好地理解实际中文阅读中观察到的基于词的效应。研究结果表明，多次注视中的首次注视位置在词首达到峰值，单一注视位置在词中心达到峰值，但所有向前眼跳注视位置的分布是均匀的，不受词长、词汇加工难度或练习的影响。此外，词长和词汇加工难度会影响注视时间和向前眼跳长度，表明当前词汇加工的变量同时动态影响着眼动控制的“何时”和“何处”，并延伸到正常中文阅读中。

首先，在“词汇”属性和练习的影响下，本研究发现向前注视位置呈均匀分布，暗示了阅读中没有特定的注视位置偏好。相反，如果存在偏好，向前注视位置可能呈正态分布，或在认知加工效率高的位置上出现峰值。先前的研究观察到多次注视中的首次注视位置偏向词首，单一注视位置偏向词中心，但本研究认为这种模式可能受到副中央凹是否成功进行了词切分的影响，而不是特定偏好。Li

等（2011）采用恒定步幅策略模拟中文阅读过程，其结果与本研究结果一致，强调了眼跳的目标不是预先设定的，而是眼跳的结果，其目的在于将视线转移到信息丰富的注视位置。

其次，本研究还发现“词汇”属性会对注视时间产生影响，与先前关于中文阅读的研究结果一致（Li et al.，2014；Liu et al.，2014；Yan et al.，2006；Yang & McConkie，1999；Rayner et al.，2005）。这证实了采用修改版的 Landolt-C 范式进行中文阅读眼动控制研究的有效性，并揭示了眼动模式中存在的知觉和认知过程之间的因果关系。这些发现强调了知觉（如基于字的缺口大小和方向用于词切分）和认知（如非目标和目标的辨别）过程在眼动模式中起着关键作用。尽管眼动控制中最明显的因果关系与决定何时将眼睛从一个位置移动到另一个位置有关，但当前研究还揭示了这种因果关系可能涉及与注视位置选择相关的决策。

最后，本研究发现“词汇”属性可能会影响向前眼跳的距离。在中文阅读中，读者可以采取多种引导视线移动的方式。一种方式是采用简单的启发式方法［如 Li 等（2011）在研究中使用恒定步幅策略］，随机将视线移到新的位置。另一种方式是利用词边界信息，将视线移至下一个未知单词的中心，类似于拼音文字（英文和德文）的眼动控制模型中的模拟情况（E-Z 读者模型：Reichle et al.，1998，2009；Reichle，2011。SWIFT 模型：Engbert et al.，2005；Schad & Engbert，2012）。然而，在本实验和涉及中文阅读的研究中，实际证据与偏好注视位置的观察相矛盾（Li et al.，2011），而且，中文阅读中的词切分本身相对困难（Li et al.，2009）。通过排除法，这两种方式不能解释在中文中对眼跳目标的选择。

基于此，本研究提出了第三种可能性——读者不是利用词边界信息，而是依赖其他某种类型的信息来决定视线移动的方向。研究者认为，这种信息可能与当前词（n 或 n+1）的加工难度有关。据此解释，读者可能会利用中央凹负荷，或者说当前词的加工难度，作为决定下一次眼跳距离的依据。相对于容易加工的词，难加工的词提供的副中央凹预视信息更少（Henderson & Ferriera，1990；Kennison & Clifton，1995），因此中央凹的负荷量为读者提供了一种衡量标准，即副中央凹词在被注视后还需要多少加工，这决定了下一次的眼跳距离（中央凹难，副中央凹信息少，眼跳距离短）。同样，从中央凹获得的关于副中央凹的信息也会影响眼跳长度。这已被用来解释中文阅读中眼跳长度受当前词难度影响的实验结果（Liu et al.，2014；Wei et al.，2013）。这一新视角为眼动控制决策提供了更深入的理解。

五、结论

本研究使用 Landolt-C 范式的变式，为中文阅读中的眼动控制提供了新的认识，支持了基于字和词的眼动控制模型，同时也为非拼音文字的眼动控制提供了有益的经验和理论启示。未来可以进一步探究其他语言和书写系统之间的差异，以深化我们对眼动控制在阅读过程中所起的作用的理解。

Chen, H. C. (1996). Chinese reading and comprehension: A cognitive psychology perspective. In M. H. Bond (Ed.), *The Handbook of Chinese Psychology* (pp. 43-62). Oxford: Oxford University Press.

Chen, H. C., Song, H., Lau, W. Y., Wong, K. F. E., & Tang, S. L. (2003). Developmental characteristics of eye movements in reading Chinese. In C. McBride-Chang & H. C. Chen (Eds.), *Reading Development in Chinese Children* (pp. 157-169). Westport: Praeger.

Engbert, R., Nuthmann, A., Richter, E., & Kliegl, R. (2005). SWIFT: A dynamical model of saccade generation during reading. *Psychological Review*, *112*, 777-813.

Feng, G. (2008). Orthography and eye movements: The paraorthographic linkage hypothesis. In K. Rayner, D. Shen, X. Bai, & G. Yan (Eds.), *Cognitive and Cultural Influences on Eye Movements* (pp. 395-420). Tianjin: Tianjin People's Publishing House.

Henderson, J. M., & Ferreira, F. (1990). Effects of foveal processing difficulty on the perceptual span in reading: Implications for attention and eye movement control. *Journal of Experimental Psychology*: *Learning, Memory, and Cognition*, *16*, 417-429.

Hoosain, R. (1991). Aspects of the Chinese language. In R. Hoosain (Ed.), *Psycholinguistic Implications for Linguistic Relativity*: *A Case Study of Chinese* (pp. 5-21). Hillsdale: Erlbaum.

Hoosain, R. (1992). Psychological reality of the word in Chinese. *Advances in Psychology*, *90*, 111-130.

Inhoff, A. W, & Rayner, K. (1986). Parafoveal word processing during eye fixations in reading: Effects of word frequency. *Perception & Psychophysics*, *40* (6), 431-439.

Kliegl, R., Nuthmann, A., & Engbert, R. (2006). Tracking the mind during reading: The influence of past, present, and future words on fixation durations. *Journal of Experimental Psychology*: *General*, *135* (1), 12-35.

Li, X., & Logan, G. D. (2008). Object-based attention in Chinese readers of Chinese words: Beyond Gestalt principles. *Psychonomic Bulletin & Review*, *15* (5), 945-949.

Li, X., Liu, P., & Rayner, K. (2011). Eye movement guidance in Chinese reading: Is there a preferred viewing location? *Vision Research*, *51*, 1146-1156.

Li, X., Rayner, K., & Cave, K. R. (2009). On the segmentation of Chinese words during reading. *Cognitive Psychology*, *58* (4), 525-552.

Li, X., Gu, J., Liu, P., & Rayner, K. (2013). The advantage of word-based processing in Chinese reading: Evidence from eye movements. *Journal of Experimental Psychology*: *Learning, Memory, and Cognition*, *39* (3), 879-899.

Li, X., Bicknell, K., Liu, P., Wei, W., & Rayner, K. (2014). Reading is fundamentally similar across disparate writing systems: A systematic characterization of how words and characters influence eye movements in Chinese reading. *Journal of Experimental Psychology: General*, *143* (2), 895-913.

Liu, P. P., Li, W. J., Lin, N., & Li, X. S. (2013). Do Chinese readers follow the national standard rules for word segmentation during reading? *PloS One*, *8* (2), e55440.

Liversedge, S. P., Hyönä, J., & Rayner, K. (2013). Eye movements during Chinese reading. *Journal of Research in Reading*, *36*, 1-3.

McConkie, G. W., Kerr, P. W., Reddix, M. D., & Zola, D. (1988). Eye movement control during reading: I. The location of initial eye fixations on words. *Vision Research*, *28* (10), 1107-1118.

Rayner, K, Sereno S. C., & Raney, G. E. (1996). Eye movement control in reading: A comparison of two types of models. *Journal of Experimental Psychology. Human Perception and Performance*, *22* (5), 1188-1200.

Rayner, K., Ashby, J., Pollatsek, A., & Reichle, E. D. (2004). The effects of frequency and predictability on eye fixations in reading: Implications for the E-Z reader model. *Journal of Experimental Psychology: Human Perception and Performance*, *30* (4), 720-732.

Reichle, E. D. (2011). Serial-attention models of reading. In S. P. Liversedge, I. D. Gilchrist, & S. Everling (Eds.), *The Oxford Handbook on Eye Movements* (pp. 767-786). Oxford: Oxford University Press.

Reichle, E. D., Warren, T., & McConnell, K. (2009). Using E-Z reader to model the effects of higher-level language processing on eye movements during reading. *Psychonomic Bulletin & Review*, *16*, 1-21.

Reichle, E. D., Pollatsek, A., Fisher, D. L., & Rayner, K. (1998). Toward a model of eye movement control in reading. *Psychological Review*, *105*, 125-157.

Schad, D. J., & Engbert, R. (2012). The zoom lens of attention: Simulating shuffled versus normal text reading using the SWIFT model. *Visual Cognition*, *20* (4-5), 391-421.

Tsai, J. L., & McConkie, G. W. (2003). Where do Chinese readers send their eyes? In J. Hyönä, R. Radach, H. Deubel. (Eds.), *The Mind's Eye* (pp. 159-176). Amsterdam: North-Holland.

Wei, W., Li, X., & Pollatsek, A. (2013). Word properties of a fixated region affect outgoing saccade length in Chinese reading. *Vision Research*, *80*, 1-6.

Yan, G., Tian, H., Bai, X., & Rayner, K. (2006). The effect of word and character frequency on the eye movements of Chinese readers. *British Journal of Psychology*, *97* (2), 259-268.

Yan, M., Kliegl, R., Richter, E., Nuthmann, A., & Shu, H. (2010). Flexible saccade-target selection in Chinese reading. *Quarterly Journal of Experimental Psychology*, *63* (4), 705-725.

Yang, H. M., & McConkie, G. W. (1999). Reading Chinese: Some basic eye-movement characteristics. *Reading Chinese Script: A Cognitive Analysis*, *207*, 222.

参 考 文 献

李馨, 刘璟尧, 于慧婧, 姜心荷, 梁菲菲, 王永胜, 白学军. (2019). 汉语阅读中的眼跳目标选择: 词汇信息与视觉复杂性的作用. *心理与行为研究*, *17* (4), 496-503.

Ans, B., Carbonnel, S., & Valdois, S. (1998). A connectionist multiple-trace memory model for polysyllabic word reading. *Psychological Review*, *105* (4), 678-723.

Bicknell, K., & Levy, R. (2012). The utility of modelling word identification from visual input within models of eye movements in reading. *Visual Cognition*, *20* (4-5), 422-456.

Corbic, D., Glover, L., & Radach, R. (2007). The Landoldt-C string scanning task as a proxy for visuomotor processing in reading. A pilot study. *Poster Session Presented at the 14th European Conference on Eye Movements.* Zurich, Swizerland.

Craik, F. I. M., & Tulving, E. (1975). Depth of processing and the retention of words in episodic memory. *Journal of Experimental Psychology*: *General*, *104* (3), 268-294.

Ferreira, F., & Henderson, J. M. (1990). Use of verb information in syntactic parsing: Evidence from eye movements and word-by-word self-paced reading. *Journal of Experimental Psychology*: *Learning, Memory, and Cognition*, *16* (4), 555-568.

Forster, K. I., & Chambers, S. M. (1973). Lexical access and naming time. *Journal of Verbal Learning and Verbal Behavior*, *12* (6), 627-635.

Goldinger, S. D. (1998). Signal detection comparisons of phonemic and phonetic priming: The flexible-bias problem. *Perception & Psychophysics*, *60* (6), 952-965.

Hooge, I. T. C., & Erkelens, C. J. (1998). Adjustment of fixation duration in visual search. *Vision Research*, *38* (9), 1295-1302.

Inhoff, A. W., & Rayner, K. (1986). Parafoveal word processing during eye fixations in reading: Effects of word frequency. *Perception & Psychophysics*, *40* (6), 431-439.

Just, M. A, & Carpenter, P. A. (1980). A theory of reading: From eye fixations to comprehension. *Psychological Review*, *87* (4), 329-354.

Kennison, S. M., & Clifton, C. (1995). Determinants of parafoveal preview benefit in high and low working memory capacity readers: Implications for eye movement control. *Journal of Experimental Psychology*: *Learning, Memory, and Cognition*, *21* (1), 68-81.

Kliegl, R., Nuthmann, A., & Engbert, R. (2006). Tracking the mind during reading: The influence of past, present, and future words on fixation durations. *Journal of Experimental Psychology*: *General*, *135* (1), 12-35.

Li, X, Bicknell, K., Liu, P., Wei, W., & Rayner, K. (2014). Reading is fundamentally similar across disparate writing systems: A systematic characterization of how words and characters influence eye movements in Chinese reading. *Journal of Experimental Psychology*: *General*, *143* (2), 895-913.

Li, X, Liu, P., & Rayner, K. (2011). Eye movement guidance in Chinese reading: Is there a preferred viewing location? *Vision Research*, *51* (10)，1146-1156.

Liu, Y., Reichle, E. D., & Gao, D. G. (2013). Using reinforcement learning to examine dynamic attention allocation during reading. *Cognitive Science*, *37* (8), 1507-1540.

Liu, Y., Reichle, E., & Huang, R. (2015). Eye-movement control during the reading of Chinese: An analysis using the Landolt-C paradigm. *arXiv*.

Liu, Y., Li, X., & Pollatsek, A. (2014). Cognitive control of saccade amplitude during the reading of Chinese: A theoretical analysis and new evidence. Manuscript submitted to review.

Liu, Y., Reichle, E. D, & Li, X. (2015). Parafoveal processing affects outgoing saccade length during the reading of Chinese. *Journal of Experimental Psychology: Learning, Memory, and Cognition*, *41* (4), 1229-1236.

McClelland, J. L., & Rumelhart, D. E. (1981). An interactive activation model of context effects in letter perception: Part I. An account of basic findings. *Readings in Cognitive Science, 88* (5), 275-407.

McConkie, G. W., Kerr, P. W., Reddix, M. D., & Zola, D. (1988). Eye movement control during reading: I. The location of initial eye fixations on words. *Vision Research*, *28* (10), 1107-1118.

McDonald, S. A., Carpenter, R. H. S., & Shillcock, R. C. (2005). An anatomically constrained, stochastic model of eye movement control in reading. *Psychological Review*, *112* (4), 814-840.

O'Regan, J. K. (1990). Eye movements and reading. *Reviews of Oculomotor Research, 4,* 395-453.

Rayner, K. (1979). Eye guidance in reading: Fixation locations within words. *Perception*, *8*, 21-30.

Rayner, K., Ashby, J., Pollatsek, A., & Reichle, E. D. (2004). The effects of frequency and predictability on eye fixations in reading: Implications for the E-Z reader model. *Journal of Experimental Psychology: Human Perception and Performance*, *30* (4), 720-732.

Rayner, K., & Fischer, M. H. (1996). Mindless reading revisited: Eye movements during reading and scanning are different. *Perception & Psychophysics*, *58* (5), 734-747.

Rayner, K., Li, X, Juhasz, B. J, & Yan, G. (2005). The effect of word predictability on the eye movements of Chinese readers. *Psychonomic Bulletin & Review*, *12* (6), 1089-1093.

Rayner, K, Sereno, S. C., & Raney, G. E. (1996). Eye movement control in reading: A comparison of two types of models. *Journal of Experimental Psychology: Human Perception and Performance*, *22* (5), 1188-1200.

Reichle, E. D. (2010). The emergence of adaptive eye movements in reading. *Abstract Book of the 4th China International Conference on Eye Movements*, *20.* China, GuangZhou.

Reichle, E. D, & Laurent, P. A. (2006). Using reinforcement learning to understand the emergence of "intelligent" eye-movement behavior during reading. *Psychological Review*, *113* (2), 390-408.

Reichle, E. D., & Perfetti, C. A. (2003). Morphology in word identification: A word-experience model that accounts for morpheme frequency effects. *Scientific Studies of Reading*, *7* (3), 219-237.

Reichle, E. D., Pollatsek, A., Fisher, D. L., & Rayner, K. (1998). Toward a model of eye movement control in reading. *Psychological Review*, *105* (1)，125-157.

Reicher, G. M. (1969). Perceptual recognition as a function of meaninfulness of stimulus material. *Journal of Experimental Psychology*, *81* (2), 275-280.

Reilly, G. R., & Radach, R. (2006). Some empirical tests of an interactive activation model of eye movement control in reading. *Cognitive Systems Research*, *7* (1), 34-55.

Schilling, H. E. H., Rayner, K., & Chumbley, J. I. (1998). Comparing naming, lexical decision, and eye fixation times: Word frequency effects and individual differences. *Memory & Cognition*, *26* (6), 1270-1281.

Starr, M. S., & Rayner, K. (2001). Eye movements during reading: Some current controversies. *Trends in Cognitive Sciences*, *5* (4), 156-163.

Trukenbrod, H. A., & Engbert, R. (2007). Oculomotor control in a sequential search task. *Vision Research*, *47* (18), 2426-2443.

Vanyukov, P. M., Warren, T., Wheeler, M. E., & Reichle, E. D. (2012). The emergence of frequency effects in eye movements. *Cognition*, *123* (1), 185-189.

Vitu, F., O'Regan, J. K., Inhoff, A. W., & Topolski, R. (1995). Mindless reading: Eye-movement characteristics are similar in scanning letter strings and reading texts. *Perception & Psychophysics*, *57* (3), 352-364.

Wang, M., Blythe, H. I., & Liversedge, S. P. (2021). Eye-movement control during learning and scanning of English pseudoword stimuli: Exposure frequency effects and spacing effects in a visual search task. *Attention, Perception, & Psychophysics*, *83* (8), 3146-3161.

Wei, W., Li, X., Pollatsek, A. (2013). Word properties of a fixated region affect outgoing saccade length in Chinese reading. *Vision Research*, *80*, 1-6.

Williams, M. L., Burnap, P., & Sloan, L. (2017). Towards an ethical framework for publishing Twitter data in social research: Taking into account users' views, online context and algorithmic estimation. *Sociology*, *51* (6), 1149-1168.

Williams, C. C., & Pollatsek, A. (2007). Searching for an O in an array of Cs: Eye movements track moment-to-moment processing in visual search. *Perception & Psychophysics*, *69* (3), 372-381.

Williams, C. C., Pollatsek, A., Reichle, E. D. (2014). Examining eye movements in visual search through clusters of objects in a circular array. *Journal of Cognitive Psychology*, *26* (1), 1-14.

Yan, M., Kliegl, R., Richter, E. M., Nuthmann, A., & Shu, H. (2010). Flexible saccade-target selection in Chinese reading. *Quarterly Journal of Experimental Psychology*, *63* (4), 705-725.

Yang, H. M., & McConkie, G. W. (1999). Reading Chinese: Some basic eye-movement characteristics. *Reading Chinese Script: A Cognitive Analysis*, *207*, 222.

Yang, S. N, & McConkie, G. W. (2001). Eye movements during reading: A theory of saccade initiation times. *Vision Research*, *41* (25), 3567-3585.

Yan, G., Tian, H., Bai, X., & Rayner, K. (2006). The effect of word and character frequency on the eye movements of Chinese readers. *British Journal of Psychology*, *97* (2), 259-268.